忽必烈的
终极密码 上

柯胜雨

著

辽宁人民出版社

© 柯胜雨　2022

图书在版编目（CIP）数据

忽必烈的终极密码 / 柯胜雨著 . —沈阳：辽宁人民
出版社，2022.9
ISBN 978-7-205-10465-8

Ⅰ . ①忽… Ⅱ . ①柯… Ⅲ . ①忽必烈（1215-1294）
—传记 Ⅳ . ① K827=47

中国版本图书馆 CIP 数据核字（2022）第 081245 号

出版发行：辽宁人民出版社
　　　　　地址：沈阳市和平区十一纬路 25 号　邮编：110003
　　　　　电话：024-23284191（发行部）　024-23284304（办公室）
　　　　　http : //www.lnpph.com.cn
印　　　刷：北京长宁印刷有限公司天津分公司
幅面尺寸：165mm×235mm
印　　张：31
字　　数：260 千字
出版时间：2022 年 9 月第 1 版
印刷时间：2022 年 9 月第 1 次印刷
责任编辑：赵维宁
封面设计：乐　翁
版式设计：一诺设计
责任校对：吴艳杰
书　　号：ISBN 978-7-205-10465-8

定　　价：99.80 元（上、下册）

目录 / CONTENTS

第一章 幼年时代

一、一代天骄成吉思汗

伊吕两衰翁，历遍穷通，一为钓叟一耕佣。

若使当时身不遇，老了英雄。

汤武偶相逢，风虎云龙，兴王只在笑谈中。

直至如今千载后，谁与争功？

这是北宋政治家王安石得志之后写的一首颇具豪迈情怀的诗词《浪淘沙令》，诗词中表达了对英雄的无比羡慕与崇敬之意。

英雄是何物？英雄武功卓著、所向披靡、万人景仰。

王安石之后半个世纪，北方的金朝毁盟，大举南下，赵宋王朝摇摇欲坠。岳飞率领岳家军奋起抗金。虽然岳飞惨死于风波亭，但是南宋军民在山河破碎之际，高唱《满江红》，日益思念岳飞抗金报国的赤子之心。宋孝宗淳熙五年（1178 年），在南宋军民的强烈要求下，朝廷追封岳飞为鄂王，谥号武穆。

岳武穆是英雄吗？岳武穆不是英雄，世间就没有英雄二字了。

宋宁宗开禧二年（1206 年），志大才疏的南宋宰相韩侂胄企图复制岳武穆的荣耀，贸然发动开禧北伐。这是张浚北伐四十年之后，南宋的又一次主动进攻金国。

韩侂胄精神固然可嘉，结局却很可悲。宋军沿着淮河，在长达千余里的战线上全面出击。结果将帅庸愚，军民怨恨，遇到金军，不战自溃。韩侂胄兵败身死，头颅成了赵宋王朝向金国跪拜乞降的垫膝物，受尽了金人的践踏，就差没成为金国皇帝的夜壶。

鹬蚌相争，渔翁得利。

宋金百年战争杀得血流成河，两败俱伤。蒙古乞颜部酋长铁木真却趁机崛起，在鄂嫩河源头登基即位，号称成吉思汗，蒙古帝国横空出世，一只无比雄健的苍鹰破壳而出，从此蒙古人有了自己的纪元。

长春子丘处机曾经警告世人，那些骑着矮脚马的蒙古人必将征服整个世界。但是习惯于将其他民族狠狠踩踏在脚下的金人，反而嘲笑这个臭道士杞人忧天，对此置若罔闻。

铁木真和他的蒙古帝国正是在金人的夜郎自大和藐视之下，犹如草原上的鹠鸟一飞冲天。据史书记载，这个前所未有的军事天才其实是目不识丁的。但是在冷兵器时代，蒙古人没有必要操作繁杂的现代作战系统，他们仅仅依靠手中的大刀、长矛以及腰间的弓箭，照样可以像猖狂的飓风，席卷亚欧大陆，让整个地球为之颤抖。

铁木真的宏伟事业是从征服西夏开始的。这个由党项人建立的王国，成了阻挡蒙古人长弓铁蹄南进的绊脚石。

经过三次征伐之后，傲视中原近两百年的西夏，终于低垂着高贵的头颅，无可奈何地向铁木真俯首称臣。

扫清了南进和东征的障碍，铁木真开始挑战曾经的宗主国——金国。

成吉思汗五年（1210年），承平已久的金国北边突然硝烟弥漫，整日沉溺于酒池肉林之中的金国皇帝完颜永济，登时吓得屁滚尿流。出来混迟早要还的。曾经肆无忌惮地凌虐着周边各族的大金帝国，从此过上了生不如死的苦难日子。

第二年，铁木真正式向金国开战。在野狐岭大会战中，铁木真摧毁了数倍于己的四十万金国精锐部队，吹响了蒙古帝国大崛起的最强音。

铁木真挟大胜之余威，继续扫荡黄河中下游，无情地将不可一世的大金帝国捣成一个千疮百孔的烂蜂窝，并进围金国都城中都（今北京市）。

金宣宗完颜珣不得不竖起白旗求和，又是送公主，又是送金帛、童男女和战马，讲和诚意十足，连哄带骗，总算把铁木真恭恭敬敬地送出了居庸关。

但是铁木真一走，金宣宗就打起了逃跑的主意。

成吉思汗九年（1214年）五月十八日，金宣宗混杂在叮当响的骆驼群之中，仓皇南逃，跑到了开封。

金国迁都了，远在千里之外鱼儿泺避暑的铁木真气得七窍生烟："这头要跟我和亲，那边又避我而去，分明另有图谋！"二话没说，立即派遣部将三摸合拔都、石抹明安直扑中都。铁木真则在中都以北五百余里的桓州（今内蒙古自治区正蓝旗上都镇）坐镇指挥。

攻打中都只是蒙古人的偏师和附庸兵契丹人，但是对付金军的精锐部队绰绰有余。次年（1215年）五月初二，金宣宗南迁一年之后，金军留守将领完颜承晖和抹然尽忠，一个吞药自尽，一个弃城遁逃，蒙古人不战而克中都。

中都，又称燕京、幽州，扼守华北平原的咽喉部位。谁得到幽州，谁就很容易拥有中原，进而统治整个中国。

后晋石敬瑭割让的幽云十六州，成了后来宋辽战争的焦点。可是契丹人牢牢控制住了幽州，就等于紧紧掐住北宋的咽喉，让赵氏王朝喘息不得。

女真人控制了幽州，北宋终于窒息而亡，之后的南宋也是呼吸困难。

后来的靖难之役，朱棣从燕京起兵一路杀奔南下，建文帝被迫从地道溜出金陵城。

清兵入关，燕京陷落，大明旋即告终。

日寇挑起卢沟桥事变，中华民族危在旦夕。

幽州的得失，确实攸关华夏的命运。

攻陷中都，通往中原的大门也就豁然洞开。铁木真踏出了十几年征战生涯中最关键的一步，而这一步也势必将改变整个东亚的命运。

但是铁木真并没有继续往南大阔步前进，酷暑难耐，他只好待在桓州的营帐里，悠闲地看着长长的运输队伍，携带着中都皇宫里的金帛财物，连同被凄凄的泪水冲淡了粉黛眉宇的美女们，就像草原上明月夜泼洒着银光的涓涓细流，缓缓向北远去。

整个中都被洗劫一空之后，血腥的屠杀和肆虐的大火又降临了。暴行持续了一个多月，在确信这座繁华的都城彻底化为灰烬之后，铁木真这才下令兵分几路，继续南下攻城略地。

短短一两个月之内，金国有八百六十二座城池沦陷。女真人在华北地区的统治土崩瓦解，疆土日蹙，受到蒙古和南宋的南北夹击，被压成一条扁长的三明治。现在，只要把这条三明治吞吃了，蒙古人就可以向更远方的长江流域进发，那儿是更令人垂涎三尺的富庶国度——南宋。

在铁木真的眼中，鄂嫩河和克鲁伦河才是世界的中心，金国是汉人之国，而偏安一隅的南宋则成了尚未开化的野蛮国度。铁木真的使命就是要征服所有的野蛮国度，包括畏兀儿、南宋、西夏、花剌子模等等。

铁木真的词典里充斥着征服和屠杀这两个词。人，活在世上最大的乐趣就是征服和屠杀。所谓的英雄，如果没有了征服和屠杀，就成了一躯空壳。

铁木真曾经把四杰——木华黎、博尔术、赤老温、博尔忽，还有四狗——速不台、哲别、忽必来、者勒蔑以及他们的子弟都召集起来聚会。

铁木真首先问博尔术："你说说，男子汉最大的快乐是什么？"

博尔术对生活似乎很知足，他回答："伟大的汗，男子汉带着冬天掉光了羽毛、春天重新长满羽毛的灰鹰，骑着浑身都是肥膘的好马，穿着漂亮的衣裳，然后在新芽初萌的季节到处狩猎。这就是男子汉最大的快乐！"

博尔术的答案让铁木真很不满意，又问博尔忽。

博尔忽的回答很有气概："男子汉的最大快乐就是放出鹰鹘，看着它们冲入云霄，用利爪扑落灰头鸟，然后抓走。"

铁木真也不满意，接着又问忽必来的儿子们。那些纨绔子弟的回答更令铁木真失望："狩猎时放出猎鹰，就是男子汉最大的快乐！"

铁木真连连摇头："你们说的都不好！镇压叛乱、征服敌人，而后连根拔除，剥夺他们所拥有的一切，让那些已婚的妇女哭号涕泣，以泪洗面。骑在他们平滑的骏马背上，睡在他们美貌女人柔软的肚皮上，凝视着她们玫瑰色的脸颊，亲吻着她们甜蜜的嘴唇。这才是男子汉最大的快乐！"

现在，中都城内，寡妇和孤儿的惨叫声响彻寰宇，还有腾空而起的硝烟，铁木真的嘴边浮现出一丝得意的微笑。他要将征服者的快乐人生传遍每一个子孙。

就在攻陷中都之后三个多月，八月二十八日（1215 年 9 月 23 日），铁木真嫡四子拖雷的妻子唆鲁禾帖尼，在克鲁伦河畔为铁木真又增添了一个孙子——忽必烈。

二、忽必烈的父亲拖雷

铁木真有六个儿子，其中四个为正室孛儿帖所生：术赤、察合台、窝阔台和拖雷。

铁木真十八岁成亲时，蔑儿乞人抢走了新娘子孛儿帖，把她送给部族里的勇士赤勒格儿做老婆。孛儿帖被解救出来之后，在回家的途中产下了一个胖娃娃。那时缺乏 DNA 亲子鉴定技术，恐怕连孛儿帖自己也不清楚是谁播撒下的种子。

本来欢欢喜喜把妻子从龙潭虎穴里救出来，却有一顶大大的绿帽子从天而降，不偏不斜正砸中自己的脑袋，让铁木真郁闷不已。于是给孩子取名术赤，意即不速之客。

由于术赤来历不明，所以跟三个弟弟感情不和，察合台更是视他为野种。实际上，术赤也是四兄弟中最有野性的一个。他的狂暴勇猛，与察合台的热情豪放、窝阔台的老成稳重以及拖雷的多谋善断，形成鲜明的反差。

四个儿子中，拖雷最受铁木真的疼爱，基本上一天二十四个小时跟其父形影不离。凡是征战大事，铁木真总要先与拖雷商议之后再做定夺。由此拖雷获得了一个雅号——那可儿，意思就是亲密的战友。

这个拖雷幼年的经历跟铁木真一样，充满了艰险、坎坷。

南宋庆元二年（1196 年），铁木真为报父祖之仇，攻杀塔塔儿部族。除了一个叫合儿吉勒失剌的之外，凡是比车轴高的塔塔儿人被赶尽杀绝。合儿吉勒失剌侥幸脱身，可是溜达几天之后，饿得前肚皮贴着后肚皮。于是又跑回来了，结果昏了脑袋，竟然闯进了铁木真母亲诃额仑的营帐里。

合儿吉勒失剌说的第一句话就是："我是来讨饭吃的！"

诃额仑老妈妈一瞧，怪可怜的，大发善心，既然是讨饭吃的，那边坐吧！

合儿吉勒失剌就在门后床边坐下。

这时候，五岁的小拖雷晃着脑袋，蹦蹦跳跳走进营帐，见到生人，又急急忙忙跑出去。

合儿吉勒失剌立即起身，老鹰抓小鸡似的，把小拖雷夹在腋下就往外走。还抽出一把明晃晃的腰刀，要把小拖雷宰了，以报铁木真灭族之恨。

诃额仑登时吓傻了，惊呼一声："拖雷小命休矣！"

四杰之一博尔忽的老婆阿勒塔妮刚好坐在营帐里，见此情状，急中生智，飞也似的冲出去，一手揪住合儿吉勒失剌的辫子，另一手猛地扯住他握刀的手。合儿吉勒失剌遭此突袭，"当"的一声，手中的刀震落掉下。铁木真的两个猛士者台、者勒蔑正在帐后宰杀一头秃角黑牛，准备大吃一顿。听到阿勒塔妮的叫喊，两人双手鲜血淋漓，操着一把大斧头就冲了出来，把合儿吉勒失剌剁成肉酱。小拖雷终于逃过一劫。

遭此大难，铁木真更加疼惜拖雷这个小儿子。

南宋嘉泰三年（1203 年）秋天，铁木真征讨克烈部，酋长脱斡邻汗（铁木真的义父王罕）向西逃窜，被乃蛮人所杀。脱斡邻汗的弟弟札合敢不放下屠刀，投降铁木真。

札合敢不有三个楚楚可怜的女儿，结果全都成了铁木真的家人。长女亦巴合别吉被铁木真享尽之后，甩给了大功臣主儿扯歹。次女必克秃忒迷失旭真赏给了长子术赤。三女唆鲁禾帖尼则成了拖雷的小媳妇，那一年拖雷才十二岁。

蒙古人当初之所以能够征服世界，离不开蒙古女人旺盛的生育能力。生生不息，孕育着一代又一代的传奇人物。铁木真的母亲诃额仑，铁木真的妻子孛儿帖以及拖雷的妻子唆鲁禾帖尼，她们都是历史上赫赫有名的英雄母亲，真正撑起了蒙古帝国的半边天。

但是十一二岁的小朋友除了搂搂抱抱咂咂嘴，能懂个啥？直到五年之后，唆鲁禾帖尼才为拖雷生下了第一个儿子蒙哥。日后的历史证明，他将是一个伟大的君主。

又过了七年，此时的唆鲁禾帖尼已到生儿育女的最佳年龄，随着一声惊天动地的啼哭，唆鲁禾帖尼产下了第二个儿子——忽必烈。日后的历史证明，他将是成吉思汗之后蒙古又一位伟大的君主。

忽必烈降临之时，他的父亲拖雷以及祖父铁木真，还在三四千里之遥的中都城内，为征灭金国而殚精竭虑。此时金国已经蜷缩到黄河岸边去了，这条三明治看起来虽然很美味诱人，却难以一口咽下。

蒙古人缺乏舟船，中原屋舍鳞次栉比，层层叠叠，根本就没有足够的草料供养战马。再说离开克鲁伦河已有一年多了，铁木真急着回家含饴弄孙，拖雷也急着见儿子，于是掉转马头，北归了。

回到克鲁伦河与僧库尔河汇流处的曲雕阿兰，也就是铁木真的总部大斡耳朵时，已经是成吉思汗十一年（1216年）的秋天了。草原上依旧马嘶羊鸣，一片喧闹。忽必烈就像小牛犊一般，笑脸盈盈，蹒跚奔来。

铁木真饱含深情地凝视着这个陌生的小孙子，他感到一阵滑稽。忽必烈仿佛是从木炭堆里挖出来似的，浑身黑黝黝的，跟其他的孩子都不一样，火红的脸蛋，火红的微笑。

铁木真不由得哈哈大笑："这小子黑乎乎的，真像克烈部的舅舅们！"

铁木真命令看傻了眼的拖雷，让唆鲁禾帖尼把忽必烈交给一个乳汁饱满的奶娘去喂养！

唆鲁禾帖尼就将忽必烈交给了拖雷的小妾撒鲁黑，一个乃蛮族妇女。撒鲁黑此时也是身怀六甲，很快就要临盆了。两个月后，撒鲁黑产下了一个叫末哥的男孩。撒鲁黑把末哥交给一个西夏国的乳娘，自己则成了忽必烈的专职奶妈。

撒鲁黑充足的奶汁如同绵绵的春雨，灌注了忽必烈的肚子，让他跟身边的羊群一起苗壮成长。

草原是个超级大家庭，没有战争的时候，其乐融融。但是铁木真和他的子孙们，注定不会沉溺于安逸之中。安宁持续了不到一年，草原上又杀气腾腾了。铁木真回到克鲁伦河之后，本来准备积蓄力量，一鼓作气，扫灭金国。但是从西方传来令他愤怒的消息，中亚的花剌子模杀人越货。

一支由铁木真钦点的庞大商队，包括四百五十个商人以及大量的金银巴厘失（蒙古货币单位），前往花剌子模贸易时，竟然在锡尔河畔的讹答剌城，遭到花剌子模人的血洗。只有一个骆驼夫侥幸逃回，将同伴们的悲惨遭遇报告铁木真。

仇恨的铁幕又笼罩在草原上。两三岁的忽必烈第一次看到了恐怖的景象，到处都是嘶鸣的战马，蒙古勇士们把手中的铁戈磨得锐利无比，叮当叮当的打铁声飞越九天。帐里的油灯通宵达旦，妇女们紧绷着脸，昼夜不息地穿针引线制作皮鞋、护腿。

拖雷每次回到家里，总是脸色严峻，再也不用粗壮的胳膊抱起忽必烈了。唆鲁禾帖尼和乳娘撒鲁黑也是整天神情紧张，一声不吭。忽必烈想哭，好像整个世界都抛弃了他。

最令忽必烈失望的是，那位和蔼而又威严的大胡子爷爷早已不见了好几天。

他到底躲哪里去了？

铁木真孤身一人跪在一个山头上，解下腰带披在脖子上，光着脑袋瓜，向苍天叩首，祈祷了三天三夜："我不是战争的挑动者！万能的神啊，赐予我复仇的力量吧！"

花剌子模人的卑鄙行径触动了铁木真愤怒的神经，血腥的战争又开始了。

成吉思汗十四年（1219年）三月，草原上所有精壮的男人都汇聚在克鲁伦河的大斡耳朵。铁木真举行誓师大会，向西方大国花剌子模开战。

花剌子模本来是里海与咸海之间的一个小邦，定都阿姆河左岸的乌尔根奇。境内黄沙茫茫，只能依靠引水灌溉绿洲搞一些种植业勉强糊口，所以国势弱小一直受到外来政权的欺凌。北宋时期，花剌子模是塞尔柱帝国的附庸国，要向塞尔柱苏丹进献不菲的贡品。

后来金朝灭了辽朝，辽朝大将耶律大石跑到中亚去建立了一个西辽帝国。耶律大石虽然是完颜阿骨打的手下败将，但来到中亚之后，浴火重生，开始称王称霸。他不但灭了塞尔柱帝国，而且成了花剌子模的新主子，威风凛凛，不可一世。

花剌子模苏丹被迫称臣，每年要进贡三万金第纳尔。

风水轮流转，三十年河东，三十年河西。

南宋庆元六年（1200年），苏丹阿老丁·穆罕默德上台之后，花剌子模扬眉吐气，开始走上了扩张的道路，把疆土伸展到西亚的两河流域和阿拉伯海，并对西辽帝国反攻倒算，确立了在中亚的霸主地位。但阿老丁·穆罕默德的野心不止于此，他又对辽阔而富庶的蒙古草原流下了贪婪的口水。谋杀蒙古商队，就是阿老丁·穆罕默德向铁木真发出的一个清晰的挑衅信号。

不宰了这个老家伙，蒙古帝国还真将无安宁之日！

"西征！西征！"铁木真登高一呼，蒙古人万众一心。

可是西征还没有开打，蒙古帝国就差点儿祸起萧墙。

在誓师大会之上，因为汗位的继承问题，脾气暴烈的术赤差点儿与察合台火并起来。

铁木真无奈之下，只好指定性情温顺的窝阔台为自己的接班人。平息事端之后，铁木真拨出一支偏师给木华黎让他去攻打金国。自己跟四个儿子亲率十二万大军，踏上了轰轰烈烈的西征之旅。

男人们都去打仗了，草原上似乎空荡荡的，只剩下女人和小孩，还有成群的牛羊了。就像被倾盆大雨清洗之后的大地，没有血腥味，只有清新的安谧。

蒙古妇女的肚子真是上天赐予蒙古帝国最好的宝物，除了填充食物之外，还时刻准备着从里边钻出一个活灵活现的棒小子。忽必烈业已五岁了，除了十二岁的哥哥蒙哥，唆鲁禾帖尼还给了忽必烈一个三岁的弟弟旭烈兀。

而这时，唆鲁禾帖尼的肚子圆得像一个大西瓜，看样子又要给忽必烈一个惊喜了。

三、窝阔台继位

当忽必烈在克鲁伦河边过着幸福的童年生活时，铁木真和他的儿子们正为开辟人类历史上最庞大的帝国而浴血奋战。可是就在不断开疆拓土的同时，铁木真家族却如初春莅临之际河面上的坚冰，渐渐出现了裂缝。

开裂的原动力就是四十年前该死的蔑儿乞人给新婚的铁木真戴上的一顶绿帽子，也给未来的蒙古大帝国埋下了一颗深水炸弹：长子术赤的血统问题。

西征花剌子模前夕，在决定汗位继承人时，次子察合台公然引爆这颗深水炸弹，将浮露出来貌合神离的亲情炸裂成一个个令人痛彻心扉的碎片。

由于术赤跟几个弟弟尿不到一个壶里去，所以在进攻花剌子模的路线上，术赤独立一路，自讹答剌向西北的咸海进攻，而后与察合台会攻花剌子模的旧都乌尔根奇。

可是在攻城时，术赤与察合台芥蒂颇深，谁也不愿意服从谁。两路蒙古军各自为战，相互扯腿，结果胡乱猛轰了六个月，乌尔根奇却岿然不动。

铁木真闻讯之后暴跳如雷，任命窝阔台为总指挥，从中和稀泥，协调好术赤与察合台的关系后，才于成吉思汗十六年（1221 年）四月将乌尔根奇夷为平地。

乌尔根奇之战后，术赤大闹情绪，拒绝参与接下来的任何军事行动，与西征大军分道扬镳，径直东归，从中亚的乌尔根奇回到额尔齐斯河畔的蒙古军补给基地。

成吉思汗十八年（1223 年）春天，在花剌子模前线的铁木真听到了西夏国即将叛乱的消息之后，留下哲别和速不台继续扫荡俄罗斯草原，自己率西征军主力凯旋。途中避暑于以酷寒著称的豁兰八失山口，此地接近唐朝名将高仙芝与阿拉伯军队鏖战过的怛逻斯城。术赤特意从额尔齐斯河赶来，献上了一千头灰马和一大群野驴。术赤的这一举措表明，他与铁木真的父子之情虽然出现龃龉，但是还没有糟糕到公开决裂的地步。

从豁兰八失回来，已是成吉思汗十九年（1224年）的深秋了。西征进行了七年，虽说只是弹指一挥间，却让铁木真迈入了花甲之年。铁木真的家族也发生了细胞裂变，孛儿帖的四个儿子，共繁衍了四五十个孙子。拖雷正室唆鲁禾帖尼也有四个儿子，十七岁的蒙哥、十岁的忽必烈、八岁的旭烈兀、六岁的阿里不哥。

跟术赤之间的相互猜忌让铁木真郁郁不乐，但是到额敏河畔（《元史》称在乃蛮境阿拉马克委）之后，又让铁木真重拾温馨的天伦之乐。忽必烈和旭烈兀兄弟，就像两个阳光灿烂的小大使，从克鲁伦河的大斡耳朵，跑了三千里的路，来到这里，恭迎铁木真的归来。

哥儿俩还给爷爷献上了各自的见面礼，忽必烈射杀的是一只野兔，旭烈兀射杀的是一只山羊。

根据蒙古的习俗，晚辈狩猎成功后，长辈要在晚辈的大拇指上擦拭肉和油脂，以示祈福。铁木真也期待通过这一简单的礼节，将自己征服世界的快乐人生传承给两个小孙子。涂上油脂之时，两兄弟的动作让世人看到了这两个未来大君主之间的性格差异。忽必烈轻柔握住了铁木真的大拇指，他善良、包容的禀性一览无遗。旭烈兀则紧掐着铁木真的大拇指，疼得这个经受过世间所有苦难的大男人也忍不住叫出声来。

铁木真笑骂道："旭烈兀这个小坏蛋要将我的手指头掐断了！"

忽必烈、旭烈兀两兄弟的尽情嬉闹，勾起铁木真心中对西征期间失去亲人的悲痛。

尽管花剌子模被毁灭了，可是蒙古人也付出了不菲的代价。铁木真的爱孙、察合台长子木阿秃干在范延堡（今阿富汗巴米安）被打死，铁木真的驸马爷脱忽察儿在你沙不儿（今伊朗内沙布尔）也惨遭不测。更令铁木真伤心的是，长子术赤已经在心灵上远离自己而去了。

虽然草原那么辽阔无垠，但铁木真还是觉得太拥挤了。四个儿子、四五十个孙子住在一起，整天都是吵吵嚷嚷。自己行将就木，化为一土。没有成吉思汗的蒙古帝国一旦分裂，势必不堪设想。与其身后发生惨痛的四分五裂，不如在世之时就来一个心平气和的分家。铁木真感到一阵无奈的悲凉，蒙古帝国真的该分家了。

于是在成吉思汗二十年（1225 年），人类有史以来最为庞大的世界性帝国，被划分成八个兀鲁思。所谓的兀鲁思，相当于周朝时期的诸侯国，包括领地和封民，配备有得力的辅臣和一支强大的护卫军队，实际上就是一个独立的汗国。

在蒙古帝国的东部，以呼伦湖为中心分布着铁木真四个弟弟的兀鲁思，通称为东道诸王或者左翼宗王：呼伦湖以北，是铁木真二弟合撒儿的兀鲁思；呼伦湖以南，是三弟合赤温的兀鲁思；呼伦湖东南，是四弟铁木哥的兀鲁思；呼伦湖以西，是铁木真异母弟别里古台的兀鲁思。

而蒙古帝国的西部，是铁木真三个儿子的兀鲁思，通称为西道诸王或者右翼宗王：广阔的花剌子模旧地，分给长子术赤。西辽旧地，分给次子察合台。乃蛮旧地，分给三子窝阔台。

按照蒙古人"幼子守灶"的氏族传统，铁木真最疼爱的儿子——四子拖雷，则管辖着克鲁伦河畔大斡耳朵为中心的中央兀鲁思以及十三万军队中的十万人。

拖雷守护着蒙古人的祖业，也就是图拉河、鄂嫩河、克鲁伦河之间的地区。那儿是铁木真的发迹之地，是蒙古帝国的心脏地带。但是据有些学者的说法，中央兀鲁思归历代蒙古大汗直接掌管，铁木真只是暂时让拖雷托管而已。一旦窝阔台继位之后，拖雷就要把中央兀鲁思归还给窝阔台。拖雷另外有自己的兀鲁思领地和封民，在漠北的谦州（今俄罗斯图瓦共和国）和中亚的吉尔吉斯，有五千户，毗邻察合台兀鲁思。

分家之后，铁木真的四个弟弟和三个儿子，各奔东西。术赤的汗帐最为遥远，在距离大斡耳朵有五千里之遥的哈萨克斯坦图尔盖和乌拉尔斯克之间；察合台的汗帐在新疆伊犁河南岸的阿力麻里；窝阔台的汗帐在新疆额敏河畔的叶密立、霍博之地。

术赤跑到自己的封地之后，整天狩猎游玩，日子倒过得逍遥自在。但此时术赤已成了断线的风筝，彻底与铁木真失去了联络。他假装重病染身，再也没有入觐过铁木真，父子缘分终于走到了尽头。

铁木真对这个逆子心灰意冷，他甚至怀疑术赤躲在遥远的汗帐中，密谋图反。于是决定亲自出兵讨伐术赤，清理门户。但很快就传来消息，术赤在狩猎时，死在咸海以北的草原上，时间大约在成吉思汗二十二年的正月（1227年2月）。当时铁木真已经把立国超过两百年的西夏打得奄奄一息，末代皇帝李睍不久就摇晃着白旗，走出兴庆府，向蒙古人投降了。

术赤的死去对整个蒙古帝国来说是不幸中的大幸，因为避免了一场骇人的父子残杀。

七月十二日（8月25日），一代天骄成吉思汗也在甘肃清水县溘然归西，灵柩运到成吉思汗生前夏季驻跸之地萨里川——克鲁伦河上游西边的噶老台泊宫帐。最后，悄悄葬于神秘的起辇谷。

成吉思汗逝去之后，由守护着中央兀鲁思的四子拖雷监国，代行大汗的职权。

三年丧毕，蒙古帝国的左翼宗王包括铁木哥、合撒儿的儿子也苦及也孙格等，右翼宗王包括察合台、窝阔台、术赤长子拔都等，以及拖雷等中央兀鲁思的宗王、公主们、驸马们、万户长们、千户长们等，齐聚曲雕阿兰的大斡耳朵，召开忽里勒台大会，以决定蒙古帝国的新领袖。王公大臣们有的主张干脆让监国的拖雷转正，有的则誓死拥护窝阔台。各方势力暗中较劲，互不退让。大会上吵吵嚷嚷，持续了四十天而不决。

如果再这样天翻地覆下去，蒙古帝国早晚会土崩瓦解。第四十一天，成吉思汗的托孤重臣、契丹人耶律楚材再也忍不住，他站出来了。

从小就浸润在儒家思想之中的耶律楚材决定做一件惊天动地的大事，他要用汉人的正统思想让蒙古人获得脱胎换骨般的嬗变。他搬出成吉思汗生前的遗诏，奏请拖雷，要求拥立窝阔台为大汗。

耶律楚材告诉拖雷："悠悠万事，唯此最大！窝阔台既为受命之君，如不早早即位，日久必生乱。"

眼见拥护窝阔台的势力越来越强大，就连二哥察合台也倒向窝阔台那一边。形势比人强，于是拖雷做出了一生最难做出的选择，交出托管的中央兀鲁思领地及封民，宣布拥戴窝阔台为蒙古帝国新的领袖。

拖雷这么一表态，左右翼宗王都无话可说了。

拖雷监国的第三年（1229 年）八月二十四日，在曲雕阿兰的大斡耳朵，成吉思汗的幼弟铁木哥代表左翼宗王，扶着窝阔台的左手，察合台代表右翼宗王，扶着窝阔台的右手，在宗王、大臣们的前呼后拥之下，把四十三岁的窝阔台拱上了汗位。窝阔台又称合罕皇帝，即元太宗。

蒙古帝国进入了窝阔台时代。

四、蒙哥南征金国

窝阔台即位之后，决心高举铁木真"快乐人生"的大旗，完成其父未竟的事业，继续向那些还没有臣服的地区进军。但是打仗要耗银子啊，而各占领区惨遭蒙古铁骑的蹂躏之后，百废待兴，哪来的银子？

窝阔台首要的任务就是要尽快恢复占领区残破的经济，征收赋税，积蓄钱粮。窝阔台把这个光荣的使命交给了两位大能人：一位是将自己拱上汗位的耶律楚材。窝阔台让他驻守中都，以户为单位，催征中原地区的赋税。同时任命史天泽、刘嶷、石抹札刺儿三人为万户，镇守中原。另一位是花刺子模人牙刺瓦赤，驻守费耳干纳盆地东部的忽毡城，以丁口为单位，征缴西域地区的赋税。

耶律楚材和牙刺瓦赤二人兢兢业业，绞尽脑汁，于是五花八门的货币，从西域来的金第纳尔、银第纳尔，从中原来的金元宝、银锭子，甚至还有铜钱，源源不断地流往曲雕阿兰的大斡耳朵。

国库充足了，战争也开始了。

铁木真在世之时，蒙古帝国就像一只巨大的八脚章鱼，把触须伸向世界的每一个角落。向东，将朝鲜半岛上的高丽国变为自己的附庸；向西，相继消灭了西辽、花刺子模；向西北，越过崎岖的高加索山脉，横扫伏尔加河流域；向南，吞并了西夏，夺取金国的半壁江山。

但是黑衣大食（即阿拉伯帝国阿拔斯王朝）的哈里发谟斯塔辛，还优哉游哉地躲在巴格达城里，控制着两河流域。阿老丁·穆罕默德的儿子扎兰丁也在试图复辟花刺子模王朝，于是窝阔台派遣雪你惕部人绰儿马罕，率三万人前去讨伐。

保加尔人、撒哈辛人、钦察人，还在乌拉尔河、伏尔加河之间广袤无垠的草原上游荡着。术赤生前讨伐未果，于是窝阔台派遣阔阔台、速不台，也率三万人马，去了结术赤的遗愿。

而成吉思汗生前念念不忘的那条三明治——金国，仍然摆放在黄河南岸，似乎已不再那么可口了。窝阔台要在它还没有腐烂发霉之前，一口吞下肚。

金章宗完颜璟听说窝阔台要南下亲征，赶紧派遣祭酒兼司农卿（教育部长兼农业部长）裴满阿虎带，给窝阔台拉去了一大牛车的金帛，说是要给成吉思汗献点孝心。

不料完颜璟热脸贴冷屁股，窝阔台把裴满阿虎带骂得狗血喷头："金狗皇帝一直拒绝投降，让伟大的成吉思汗死在军中，此恨此仇我若不报，枉为蒙古大汗！我要你们的金帛做什么？"于是立即下令，出兵征讨金国。

窝阔台二年（1230年），草原上旌旗如云海般翻滚，万马嘶鸣，剽悍的蒙古骑士身上的甲胄在烈日的照射之下耀眼夺目，让沙浪涌动的大漠变成愤怒之海。

窝阔台让神箭手斡勒答合儿留守各大斡耳朵，自己跟着拖雷及其长子蒙哥，率蒙古军主力，如同奔腾的怒涛，咆哮着南下，讨伐金国。

蒙古人的百年血仇到了最后清算的时刻了！

忽必烈的兄长蒙哥是年二十三岁，正值风华正茂之年，有幸在蒙、金殊死较量之中得到血与火的洗涤，令忽必烈、旭烈兀哥儿俩眼红不已。而他们的英雄父亲——蒙古帝国最伟大的统帅之一拖雷，也将在其后的征途上书写更为辉煌的篇章。

拖雷初露峥嵘是在第一次蒙金战争中，他紧随成吉思汗，风风火火，铁蹄踏破河北、山东各郡县。西征花刺子模时，拖雷开始独立指挥，逐渐成长为一名智勇双全、威震敌胆的军事将才。

他奉成吉思汗之令，从忒耳迷（今乌兹别克斯坦捷尔梅兹）出发，像一阵暴风，狂扫伊朗高原的呼罗珊地区，先后攻陷马鲁城（今土库曼斯坦马勒东）、你沙不儿城、也里城（今阿富汗赫拉特）。战火的洗练，造就了拖雷的残忍与狡诈，所经之处，城墙被摧毁，壕沟被填平，居民被屠戮。到处尸横遍野，男人的胸脯、女人的脖颈，成了山鹰、豺狼竞相掠夺的美味。

此番南征金国，窝阔台可谓倾巢而出，志在必得。而拖雷将用自己卓著的军事才干，奠定蒙古帝国一统天下最坚实的基础。

这时候金国皇帝是金宣宗的儿子完颜守绪，听到蒙军南下，吓得手足无措，赶紧召开朝会，商议对策。最后讨论出上中下三个方案：上策攻，完颜守绪渡河亲征，与窝阔台做巅峰对决。中策跑，避敌锋芒，完颜守绪逃到陕西去，留得青山在，不愁没柴烧。下策堵，干脆放弃陕西，集中兵力固守潼关，凭借黄河天险，把窝阔台堵在北岸。

蒙古人嗜杀成性，跟窝阔台做面对面的直接碰撞，那简直就是把自己送进虎口！完颜守绪想一想就浑身发抖。可是堂堂大金皇帝，未战先逃，老祖宗完颜阿骨打岂不气得在坟墓里直打滚？

完颜守绪毫不犹豫地挑选最后一个方案：堵。蒙古人远道而来，只要堵个一年半载的，他们就会气竭而去。

于是完颜守绪就把国中悍将完颜合达、移剌蒲阿摆放在闵乡，如此一来，既可以守卫潼关，堵住蒙古人，又可以驰援陕西、拱卫河南，真可谓一石三鸟。

窝阔台、拖雷南下抵达河东重镇平阳（今山西临汾）时，发现去路被挡住了，拖雷立即想出了批亢捣虚的进攻方略。由他率一部分兵力，西入陕西，绕过黄河天险，然后来一个大迂回，从陕西向东进攻河南，直捣金国的心脏——开封。

窝阔台打开地图一瞧，这个四弟深得成吉思汗的真传，果然会打仗。当即拍板，行！你办事我放心！马上分出四万精兵，交给拖雷。

拖雷自河津渡过黄河之后，如入无人之地，瞬间就拿下了同州、华州，而后一路向西，直取长安、凤翔。

完颜守绪这才后悔得肠子都青了。一旦长安、凤翔陷落，整个陕西都是蒙古人的。

大金国只剩下河南一隅了，南边又是世仇宋朝，自己就成了瓮中之鳖。

赶紧下令驻守闵乡的完颜合达、移剌蒲阿，让他们西进救援凤翔。

完颜合达、移剌蒲阿接到命令，犯愁了。怎么救啊？在黄河北岸还有一个虎视眈眈的窝阔台，自己一离开岗位，他就会毫不犹豫地乘虚而入，强渡黄河。只要渡过了黄河，善于打野战的蒙古骑兵就会像开闸的洪水，瞬间摧垮所有的一切。

可完颜守绪严令如山啊，于是完颜合达、移剌蒲阿硬着头皮，勉强出了潼关。结果只走了五六十里，到达华阴之后碰到蒙古军。双方还没有大打，完颜合达、移剌蒲阿就鸣金收兵，趁夜缩入潼关。

凤翔登时成了一座孤城，窝阔台三年（1231 年）四月，拖雷袭取凤翔，势如破竹，将全陕收归囊中。

可是就在拖雷捷报频传的同时，另一路蒙古军统将速不台却在陕西与河南的交界处——倒回谷被金国名将完颜陈和尚打得鼻肿眼青。

速不台不可不说是一个大牛人。他是成吉思汗的四狗之一，曾经扫荡高加索和南俄罗斯草原。成吉思汗十八年（1223 年），他跟神箭手哲别以两万多的兵力，在顿河以西的迦勒迦河畔大破俄罗斯联军八万之众，创造了世界战争史上的一大奇迹。

没想到完颜陈和尚比速不台更牛，更擅长以少胜多。此人又名完颜彝，与拖雷同龄，是金国中唯一能够大胜蒙古人的将领。完颜陈和尚手下有一支由回纥人、乃蛮人、羌人、汉人等混编而成的雇佣部队——忠孝军。忠孝军虽然是杂牌军，但军队作风过硬，战力之强，令凶悍的蒙古骑兵也黯然失色。在抗击蒙古人的战场上，其他金军部队一败涂地，唯有完颜陈和尚的忠孝军凯歌高奏，红旗飘扬，也算得上当时的一朵奇葩。

完颜陈和尚的传奇开始于一年前的大昌原之战。他仅以四百忠孝军，击溃八千蒙古兵，这是金国与蒙古交战二十年来唯一的一次胜捷。

现在完颜陈和尚又创下了一项纪录，竟然把威震亚欧大陆的速不台打趴了，在无往不胜、所向披靡的蒙古征战史上还真是闻所未闻，见所未见。

窝阔台气得就要呕血，破口大骂速不台："你可是成吉思汗的四狗之一啊，是蒙古帝国最锋利的一柄尖刀。如今却败在完颜陈和尚那只小金狗手下，成吉思汗的颜面何存？蒙古帝国的颜面何存？"

速不台如同斗败的雄鸡，耷拉着脑袋，垂头丧气，一语不发。

拖雷实在看不下去了，劝说窝阔台："胜败乃兵家之常，这一次速不台阴沟里不小心翻了船，也没什么。可让他将功赎罪！"

既然拖雷为速不台求情了，那就让他跟着拖雷打仗吧！于是速不台成了拖雷的副手。

但是拖雷屯兵于渭水流域，下一步该怎么走心中一点谱也没有。完颜合达、移剌蒲阿屯兵于阌乡、潼关，扼住了东进的要隘。关中通往河南的孔道蓝关也被蒙古人最为头痛的完颜陈和尚控制了。拖雷束手无策，从未这么无奈过。

这时候有一个叫李国言的投降金人给拖雷支招："金国把都城南迁到开封去，快二十年了。金国皇帝之所以拒不投降，还不是仗着潼关、黄河天险。如果我们从宝鸡南下，借道宋国的汉中，不到一个月就可以抵达邓州、唐州，绕到开封的屁股后面，大事可定。"

拖雷听得喜不自禁，窝阔台也是乐翻了天，十年前成吉思汗西征花剌子模时，南宋皇帝曾经派遣使者鸿胪寺少卿苟梦玉到西域的铁门关，去谒见成吉思汗，商谈结盟抗金的事宜。如今该是赵宋践行盟约的时候了。

窝阔台马上派遣精通汉语的速不罕，通好于南宋，借路淮东以进攻河南。并且约请南宋也出兵北上，灭了金国这个共敌。没想到借路不成，反而葬送了速不罕的一条小命。

速不罕走到了沔州青野原时，成了南宋沔州统制张宣的刀下鬼。消息传来，拖雷怒不可遏，干脆一不做二不休，杀到汉中去。八月，拖雷率三万人马，由大散关入汉中。而后兵分两路，一路向南，袭击四川，自大安至葭萌，又渡嘉陵江，最远杀到距离成都只有三百里的西水，大肆屠戮之后这才北返。另一路向东，攻破凤州、华阳、洋州，屯兵于南郑，准备袭取汉中与襄汉之间的交通要隘——饶风关。

十二月，拖雷攻克饶风关，通往汉江流域的大门豁然洞开。蒙古将领各种欢庆，迂回战术终于获得成功。

五、三峰山歼灭战

拖雷率蒙古大军自饶风关以东的金州（今陕西安康）滚滚而来，比泛滥的长江水还要可怕，吓得金国皇帝完颜守绪浑身冷汗直冒，赶紧又召集朝中大臣，商议拒战之策。

金国的大臣们都认为，蒙古军从大漠而来，转战万里，早已疲惫不堪。不如屯兵开封周围各县，并让大将守住洛阳、潼关、孟津、怀州等要地。开封城内军粮有数百万斛，足以坚守数年。我们只要下令各州县坚壁清野，让蒙古人野无所掠，攻战不得，日子一长，粮食吃光了，他们只有乖乖退兵而去了。

完颜守绪却不同意："南迁二十年来，老百姓倾家荡产，卖田卖地，甚至卖老婆卖孩子来供养军队。现在大敌来临，不思迎战，只想退保京城。即使开封侥幸保住了，我还有什么脸去面对世人？"

完颜守绪心下一横，把阌乡、潼关的完颜合达、移剌蒲阿以及商州的完颜陈和尚都调到邓州去，准备跟拖雷决一死战。

十二月二十五日，拖雷的三万人马走出宋境，全都渡过汉江，与完颜合达、移剌蒲阿对峙于邓州西边的禹山。双方一接触，完颜合达、移剌蒲阿就避入邓州，坚守不出战。

拖雷屡攻不下，兵锋转向东边的唐州。

次年（窝阔台四年，1232 年）正月，拖雷取道唐州北上开封，在襄城击溃了金军的阻击部队。与此同时，河中的窝阔台由河清县白坡渡过黄河，并迅速攻克郑州，与拖雷的部队一南一北，遥相呼应，将金军主力切割为孤立的开封、邓州两大集团。

十四日，一小股蒙古骑兵突然出现在开封城外，城中顿时一阵惊扰，邓州的完颜合达、移剌蒲阿慌忙率十五万人驰援开封。蒙金之间的最后一次大决战——三峰山会战打响了。

邓州的金军卷起铺盖走人了，倒令拖雷一时措手不及。拖雷跑去问速不台："金军有我们的五倍之多，该怎么办？"

速不台很果断："决不能让这股敌人跑到开封去！我们只有在运动战中将他们消灭。敌人虽然众多，但是他们一整天都待在邓州城内，根本就受不住行军之苦。兵书上说，佚而劳之，亲而离之，攻其无备，出其不意。我们只要派一小队人马去沿途骚扰他们，很快就会把敌人搞垮的。"

于是拖雷派遣失吉忽秃忽率三千骑兵，尾追金军之后，时不时搞一些挑衅的小动作，气得完颜合达、移剌蒲阿呼呼大叫："敌人只有三千，而我们却不敢迎战，岂不都成了胆小鬼？"

金军左追右赶，总算在南阳以北的沙河揪住了那三千纠缠不休的蒙古人。完颜合达、移剌蒲阿刚刚摆开阵势，准备一战，蒙古人却全都不见了。

金军跑了一天，又困又饿，就停下来做饭、休憩。可是还没等架锅烧火，那股讨厌的蒙古人突然间又出现了，不是射箭就是扔石头，就像可恨的苍蝇，赶也赶不走。

吃饭不成，睡觉也不成，金军叫苦连天，完颜合达只好下令边走边战，等进入了钧州城再做休整。就这样，三千蒙古骑兵牵着十五万金军的鼻子，在平原上穿梭大游行。到了距离钧州三十五里处的黄榆店，金军饥困交加，实在走不动了，全都累趴在地上。

偏偏在这时候，老天爷又助蒙古人一臂之力。

正月十六日，天气寒冷，呼啦啦地飘起鹅毛大雪来。金军几乎被冻僵了，刀槊兵器冷得一沾手就粘掉了一大块肉，哪里举得起？

蒙古人歼敌的机会来了。

拖雷一声令下，突然从地底下涌出来了三万余恶煞一般的蒙古骑兵，朝着金军没命地冲杀。蒙古人砍下大树，塞住了金军逃往钧州的所有路口。

眼见十五万金军就要困死在黄榆店，完颜合达下令突围。手下悍将杨沃衍率领一支敢死队，杀出一条血路。后面的金军溃围而逃，躲入黄榆店东边的三峰山。

三峰山由连绵的三座山峰组成，故名。山上有少数倒刺酸枣和甜柿，但时值隆冬，树木都光秃秃的，别说吃的，连烧火的木柴也难找。更可怕的是，大雪三天不止，雪融泥泞，十来万金军木桩似的，僵立在风雪之中，饥寒交迫，冻得如茄子一般，黑紫黑紫的。

山下的蒙古人越来越多，除了拖雷的三万人马，窝阔台也从郑州派来了一万骑兵。拖雷也不急于上山进剿金军，只是在山脚下四面安扎营寨，围个水泄不通。

蒙古人躲在暖和的营寨里，烤着热烘烘的篝火，啃着散发出诱人香味的鸡腿，大碗喝酒，大块吃肉，仿佛是在过节似的。吃饱喝足之后，又分成几个方阵，昼夜不停，轮番进攻山上的金军。

三峰山却成了金军的人间地狱，已经断炊三天三夜了，就连能够在暴风雪中合眼打个盹也成了奢望。经过数日的折磨之后，金军鬼不像鬼，人不像人，精神全都崩溃。

但是困兽犹斗，拖雷又怕金军绝地死战，一时难以歼灭。穷寇勿迫，围师必阙。于是拖雷故意让开一条逃亡钧州的生路，金军如遇大赦，争先恐后夺路出逃。杨沃衍、樊泽、张惠三人竟然为了活命大打出手，一时间队伍大乱，兵将相失，闹哄哄的如无头苍蝇，四处乱窜。

拖雷令旗一挥，蒙古精兵乘势大肆冲杀，如虎入羊群，任意践踏。金军全线溃散，声如山崩。金将杨沃衍、樊泽、张惠三人战死，武仙仅率三十余骑，逃入竹林，跑到密州去。

移剌蒲阿不知去向，完颜合达和完颜陈和尚率残部数百骑逃入钧州城。

在郑州的窝阔台听到南边的喊杀声，又派遣别里古台之子口温不花、成吉思汗的四杰之一赤老温前来增援，结果赤老温等还未到，金军已溃于三峰山，遂与拖雷合围钧州。

蒙古人士气大振，只一个冲锋，就攻克钧州城。完颜合达躲进地洞里，被蒙古人揪出来，一刀劈成两半。大猛人完颜陈和尚也是英雄末途，怕死后不能留名，自投蒙古军营，大呼："我乃金国大将，想见你们的统帅！"

拖雷很纳闷，问："你到底是谁？"

完颜陈和尚昂首挺胸："我就是大昌原、倒回谷大败蒙古军的大金国忠孝军总领完颜陈和尚！"

拖雷兴奋不已："那你是来投降的吧？"

完颜陈和尚脸不改色："我是来送死的。死于乱军之中，世人都会说我辜负了大金国。死在你的手下，才能扬名于世！"

拖雷很敬佩完颜陈和尚，想把他挖过来："既来之，则安之！向我投降吧，我必重用你！"

完颜陈和尚怎么也不肯降，结果双脚都被砍断，浑身血淋淋的，大呼而死。金军的另一主将移剌蒲阿在逃亡开封的途中，也被蒙古人截住了，当场斩杀。悲壮的三峰山大会战至此落下帷幕，以拖雷的大获全胜而告终。此役，拖雷消灭了金军最后的主力部队和抗击蒙军的最杰出将领，为金国挖了一个特大号的坟坑。金国的覆灭已成定局。

三月，窝阔台挟三峰山大胜之余威，又进攻洛阳城。蒙军在城外架起了攻城利器石炮，朝着城中狂轰滥炸。

洛阳守军只有三峰山败兵三四千以及忠孝军百余人。在这个关头，守将完颜撒合辇背部肿了一个大毒疮，无法出战。这个完颜撒合辇很有种，想到自己无法报效朝廷，纵身一跳，摔死在城外的臭水沟里。城中群龙无首，但是人们并不慌张，马上推举警巡使强伸为府金事。强伸长得歪瓜裂枣，相貌丑陋，可是膂力过人，英勇善战。在强伸的指挥之下，兵民众志成城，上下一心，坚守洛阳长达三个月之久，让窝阔台占不到丁点儿便宜。

窝阔台只好灰溜溜地撤兵。北返之际，窝阔台拨出三万人马给速不台，让他攻打开封城。保卫开封的金军不到四万人，却要防守着周长百余里的城墙和十四个宫门，兵力严重不足，开封城岌岌可危。幸亏金国宰相完颜白撒发出勤王号令，招募兵勇，各地援兵相继云集，城中守军迅速超过十万人。

三月二十二日，速不台开始总攻开封。这次攻城大战可以说是当时的高科技战争，速不台投入威力巨大的石炮以及类似于今天装甲车的"牛皮洞"。而金军拥有当时世界上最先进武器——震天雷和飞火枪。震天雷以铁罐装火药，炮起火发，其声如雷，杀伤力非常之大，可穿透铁甲。飞火枪又称梨花枪，是近距离杀伤性火器，在长矛的前端捆绑着两尺长的火药筒，里边填满木炭、铁渣、硫黄等。交战时突然点火，可喷射出丈余长的烈焰。

蒙古骑兵虽然骁勇无比，但是一遇到金军的震天雷和飞火枪，马上被轰得血肉横飞、肢体四散。顿时开封城内外巨石乱飞，炮声隆隆，硝烟弥漫。惨烈的攻防战持续了十六昼夜，蒙金双方死伤数十万人。速不台忌惮金军的震天雷和飞火枪，一时之间无法破解，只好打出讲和的旗号。

完颜守绪求之不得，立刻派遣户部侍郎杨居仁，从宜秋门带出数不清的酒食犒赏蒙古人，又暗地里向速不台贿赂金帛、奇珍异宝。速不台得到了好处，马上下令撤军，退屯汝州。

窝阔台的攻金战争暂告一个段落。

六、拖雷之死

四月，窝阔台跟着拖雷、蒙哥，北归大草原。窝阔台取道真定，过中都，出古北口。时值盛暑降临，窝阔台突感身子不适，就暂驻在官山九十九泉（今内蒙古自治区卓资北灰腾梁）以避暑气。

可是住了两个月，窝阔台的病情不但没有好转，反而越来越严重，中邪似的，连话也说不出口。身边的蒙古人吓得六神无主，大家紧张兮兮的，恐怕合罕皇帝就要命丧九十九泉了。于是把草原上的萨满巫师，还有中原的占卜师，能够请得到的，通通请到九十九泉去。结果烧香的烧香，占卜的占卜，跳神的跳神，把一个景色秀丽的九十九泉搞得乌烟瘴气。胡闹了一阵，巫师们总算找出了窝阔台的病因。原来在讨伐金国时，蒙古人杀戮过多，惹毛了金国的土地神、河神，于是都跑出来作祟。

过了几天，窝阔台病情略见好转，不但能睁眼说话，而且还可以喝下水。巫师告诉他："金国的神灵在作祟，不过可以用身边最亲近的人做替身，祈禳消灾。但是谁做了替身，就等于把灾难转移到谁的身上。"

这时候窝阔台身边最亲近的人就是弟弟拖雷了。能够做替身，让合罕皇帝安然逃过一劫，也只有拖雷一个人了。

拖雷毫不犹豫地走到窝阔台面前，心平气和地说："伟大的成吉思汗像精心挑选剽悍生猛的骒马那样，在几个兄弟中选上了兄长作为汗位的继承人，让你担负起领导蒙古帝国的重任，让我时时刻刻陪伴在你身边，你忘记的时候提醒你，你沉睡的时候唤醒你。可现在要是失去了你，我该提醒谁，又唤醒谁呢？万一你有个三长两短，草原上的亿万百姓就会成为无家可归的孤儿。我曾经用刀斧劈开鳟鱼的脊，横切鲟鱼的背。我曾经战胜金狗移剌蒲阿、完颜合达。我相貌堂堂，身躯伟岸，是侍奉神灵的最合适人选。神通广大的巫师啊，让我做兄长的替身，你快来诅咒我吧，让兄长早日康复！"

于是巫师们面对淡定的拖雷，叽里呱啦地诅咒了一大堆话。然后又从窝阔台床头拿起一个木瓶子，里面装的是巫水。只要拖雷喝下，合罕皇帝马上就没事了。

拖雷依然是那么淡定，抓起木瓶子，不管什么味道，一骨碌倒进肚子。所有的人当场泪奔，拖雷，你是世界上最高尚、最无私的人！几天之后，窝阔台大病痊愈，完全恢复正常。

但是拖雷在回大漠的路上生了病。九月，死在阿剌合的思之地（意即杂色山崖之地），享年四十一岁。

拖雷之死，给历史留下一个谜。有人猜测拖雷是被鸩杀的，背后主谋就是窝阔台。

窝阔台尽管稳稳当当地坐在蒙古帝国最高的位置上，但是拖雷仍是蒙古帝国最有权势的人。卧榻之侧，岂容他人鼾睡？三峰山大战后，拖雷的威望更是如日中天。若不早除，必成大患。于是窝阔台施展借刀杀人之计，指使巫师在巫水里下毒。

拖雷临死之前喝得酩酊大醉，他也预料到了自己的命运，喃喃自语："我醉了，等我清醒过来时要请窝阔台好好照顾孤单年幼的侄儿们、寡居的弟媳。我还要说什么呢？我醉了。"说罢拖雷走出营帐，扑通一声倒在地上，从此永远睡着了。

拖雷之死，是蒙古帝国的一大损失，他非凡的军事才干无人能出其右。对家人唆鲁禾帖尼，蒙哥、忽必烈等几个兄弟来说，拖雷的过早离世，是他们一生中最大的悲哀。

剪除了拖雷，窝阔台又处心积虑，准备对拖雷的遗孀唆鲁禾帖尼及她的儿子下黑手。

唆鲁禾帖尼这个女人可不简单，伊利汗国（波斯）的历史学家拉施特赞扬她具有最充分的坚定、谦逊、羞耻心和贞洁。

唆鲁禾帖尼凭借着自己的冷静、机智和勇敢，与窝阔台巧妙周旋，有力地维护了拖雷家族的领地和封民，并含辛茹苦，把四个儿子拉扯长大，教育他们成为蒙古帝国中最有智慧的四个人。

有一次，唆鲁禾帖尼要求窝阔台把一个精明的商人赏赐给拖雷家族，可是窝阔台却很吝惜。为此唆鲁禾帖尼哭哭啼啼："我心爱的拖雷是为谁而死的，难道你忘记了吗？"

就这么一句话勾起了窝阔台对拖雷之死的愧疚，他告诉旁人："唆鲁禾帖尼有权利获得这个赏赐，她就像一个无辜的少女，一个纯情的新娘子，温柔安静，无可指摘。"立即下令把那个商人赏给拖雷家族。

不久，窝阔台又打起了唆鲁禾帖尼的歪主意。唆鲁禾帖尼年轻守寡，一定寂寞难耐，不如把这个美貌的寡妇嫁给自己的儿子贵由。如果得逞，唆鲁禾帖尼继承的拖雷兀鲁思，就能轻而易举地转到自己的名下去。

于是窝阔台给唆鲁禾帖尼下了一道诏书，想用蒙古帝国大汗的权威来逼迫唆鲁禾帖尼乖乖就范。

但是唆鲁禾帖尼令世人看到了一个坚贞烈女的形象。她用温柔的语言，粉碎了窝阔台的计谋。唆鲁禾帖尼客客气气地回话："大汗的诏令至高无上，我怎么能违逆呢？只是我有个心愿，一定要把这些年幼的孩子抚养成人，让他们受到最良好的教育，彼此不分开，相互不离弃，同心同德，共创美好人生！"

贵由似乎对这个守身如玉的寡妇兴味索然，于是窝阔台的暗度陈仓之计不了了之。

软的不行，就来硬的。窝阔台未经宗亲们的允许，就擅自把拖雷家族中的两千速勒都思人转给自己的第二个儿子阔端。

拖雷兀鲁思的几个万夫长和千夫长对此愤愤不平，当着唆鲁禾帖尼及蒙哥和忽必烈等四兄弟以及宗亲们的面，大骂窝阔台："按照成吉思汗的诏敕，这两千速勒都思人都是属于我们的，窝阔台却私自给了阔端那小子。成吉思汗的诏令不容违背，我们也宁死不答应！我们要去见窝阔台，当面质问他是怎么做大汗的？"

一时群情激愤，眼见一场风波就要凭空而起，唆鲁禾帖尼急得直跺脚，这么一闹事，岂不是把光秃秃的脑袋瓜伸进马蜂窝，逼着窝阔台痛下杀手？

俗话说忍是身之宝，不忍祸之殃。唆鲁禾帖尼循循告诫那些鲁莽的万夫长和千夫长："你们的话非常公正！但是我们所继承的领地和封民，并无不足之处。我们什么都不缺啊！更何况我们的领地和封民，都是归合罕皇帝一人所管。他很清楚自己在做什么，我们要服从他的旨意啊！"

几句话说得人们心服口服。

虽然两千速勒都思人被划走了，但是唆鲁禾帖尼以最小的代价换来了整个拖雷家族的安宁。政治是不流血的战争，政治是妥协的艺术。唆鲁禾帖尼是一个颇懂政治权谋的女人，她用超群的坚忍与智慧，捍卫了拖雷家族的利益，也捍卫了蒙古帝国的团结。

这时候从南方传来消息称，金国杀死了蒙古的讲和使者，蒙金又将兵戎相见，窝阔台再也没有心思去对付唆鲁禾帖尼这个绵里藏针的寡妇了。

窝阔台北返之时，曾经派遣唐庆到开封去，告诉金国皇帝完颜守绪，要想苟延残喘，必须废去皇帝的称号，俯首称臣，并亲自去大漠觐见窝阔台。

此时的完颜守绪虽然四面楚歌，但是体内仍然流着通古斯人鲜红的血液。女真人也是不屈不挠、很讲气节的。头可断，血可流，腰却不能折。要我完颜守绪向蒙古人点头哈腰，那就先割下我的脑袋吧！

于是唐庆来了之后，完颜守绪假装生病，在卧榻上接见他。唐庆受到了冷遇慢待，不由得火冒三丈，竟然在大殿之上噼里啪啦地骂个不停。结果引起金国举朝共愤，当夜金国飞虎卒申福等人闯入宾馆，将唐庆剁成碎肉。

国使惨遭杀害，窝阔台愤怒到了极点，谈判桌上得不到的，那就用血与火来解决吧！

蒙金和谈破裂，战争又开始了。

第二章　蒙古征伐

一、蒙宋结盟与冲突

战争还没有打响，龟缩在开封城内的完颜守绪就寝食不安，度日如年。此时开封完全沦为一座孤城，粮尽援绝，瘟疫横行，死尸盈城。几个月来，从城中抬出去的棺材就超过九十万具。曾经繁华一时的六朝古都开封，竟成了惨不忍睹的人间鬼域。

开封再也待不下去，完颜守绪决定弃城而走。可是要往哪儿去呢？

速不台的三万大军还在开封以西、三百里之外的汝州，死死盯住了自己。黄河以北、山东半岛全都是蒙古人的天下。有人建议，逃到河南商丘去。此地四面环水，蒙古人缺乏战船，可以求得自保。

窝阔台五年（1233 年）正月初一，完颜守绪上演了一场滑稽的大逃亡。他借口要渡过黄河，北上抗击蒙古人。结果渡河之后，蒙古骑兵蜂拥而至。混战之中，完颜守绪悄悄地扯上六七个大臣，趁着黑夜，跳上一只小船，溜之大吉，逃到商丘去。

皇帝一走，开封城内树倒猢狲散。

四月，速不台兵不血刃进入开封，上演金国版的靖康之耻，将金国的太后、皇后以及后宫嫔妃佳丽、宗室男女五百多人，塞进三十七辆牛车，全部运到蒙古鄂尔浑河上游的和林去。

开封与商丘不过二百五十里，蒙古军队一个冲锋就可以杀到。完颜守绪在商丘也待不下了，又是大逃亡，跑到开封以南四百里的蔡州去。蔡州毗邻宋境，再跑就进入了南宋，变成一个仰人鼻息的流亡政府。

完颜守绪宁为玉碎，不为瓦全。已经退无可退了，蔡州，将成为大金帝国最后的抵抗阵地。

窝阔台听说完颜守绪跑到蔡州去了，不由大骂，这个狗皇帝逃得比速不台的追兵还要快！打开地图一瞧，顿时又乐了。蔡州距离南宋不过百里，如果能与南宋结盟，金国的灭亡只在弹指之间。

于是窝阔台派遣金军降将王檝，去南宋商议南北夹击金国的事宜。王檝到了襄阳，南宋京湖安抚制置使（京湖战区总司令）史嵩之热情款待了他。上一次蒙古使者速不罕被杀，结果招来了拖雷的疯狂报复，无数汉人惨遭屠戮，令史嵩之犹有余悸。

夹攻金国兹事体大，史嵩之不敢大意，让人快马加鞭，驰报临安的宋理宗赵昀和宰相史弥远。这个史弥远的父亲史浩也做过宰相，不过是一位很有正义感的宰相。史浩做过一件千古传颂的大好事，为岳武穆平反昭雪。

可惜虎门出犬子，老子英雄儿坏蛋。史弥远是位赤裸裸的政治野心家，他的一生唯一愿望就是独揽朝政。为了满足自己日益膨胀的野心，史弥远不择手段，剪除异己。主持开禧北伐的韩侂胄，就是被史弥远杀掉的。

史弥远做过最胆大妄为的事，就是捏造宋宁宗遗诏，废掉太子赵竑，改立流落民间的皇室远房宗亲赵昀为皇帝，即宋理宗。

赵昀即位之后，一整天就关在书房里潜心研修程朱理学，把朝政大事都交给宰相史弥远处理。史弥远由此成了南宋实际掌权人，他的门生、党徒遍布全国。京湖战区总司令史嵩之就是他的堂侄（史嵩之的曾祖父史师木跟史弥远的祖父史师仲是亲兄弟）。

史弥远执政期间，一改其父史浩的抗金政策，奉行屈辱的投降主义政策，降金乞和，为世人所不齿。

凡是小人都有个共同点：欺善怕恶、欺软怕硬。

蒙古和金国，随便得罪一个，南宋都会有麻烦。如今蒙古是一只血口大张的恶狼，金国却是奄奄待毙的老羊。史弥远想都不用想，该是抛弃金国、倒向蒙古的时候了。

更何况金国与南宋是世仇，令无数汉人刻骨铭心的靖康之耻就是拜金人所赐。所以蒙古遣使寻盟的消息传开之后，临安城内外沸腾一大片。

复仇的声浪一潮高过一潮，已经彻底淹没了宋金唇亡齿寒的微弱声音。

赵昀和史弥远毫不犹豫地指示史嵩之："告诉窝阔台，大宋永远跟蒙古人站在同一条战线上！"

史嵩之是个很有头脑的人，他马上派遣邹伸之到开封去，跟蒙古人做一笔交易。南宋出兵帮助蒙古灭金国，但是必须把黄河以南的领地归还给南宋。那些地方本来就是姓赵的，也是宋室南迁一百年来朝夕梦想的故土！

窝阔台的答复只有一个字：行！于是蒙宋结盟毫无悬念。

结盟没几天，史弥远就呜呼哀哉了。但是宋军的行动丝毫不受影响，仍按原计划有条不紊地进行着。

十月，南宋的京西路兵马钤辖（京西军区司令）孟珙率军两万，运米三十万石，自驻地枣阳北上，拉开了蒙宋夹攻蔡州的序幕。

这个孟珙堪称南宋后期最杰出的军事家，被誉为十三世纪中国最伟大的"机动防御大师"。他的曾祖父孟安、祖父孟林，均在岳飞的旗帜下英勇战斗过。北攻蔡州的宋军也大都是岳家军的后裔，在他们身上依稀可以看到当年令金人悲叹的"撼山易撼岳家军难"的英雄气概！

金国的末日终于来临了。

孟珙犹如岳武穆的魂灵附体，一路上势如破竹，所向披靡。十二月初，孟珙兵临蔡州城下，宋军一鼓作气，拔除蔡州城外围据点柴潭楼，与南下的蒙古军统将塔察儿（成吉思汗四杰之一博尔忽次子）胜利会师。初九，孟珙又攻破蔡州外城，进逼土门。十九日，蒙宋两军合攻西城。

第二年（窝阔台六年，1234 年）正月初九，总攻蔡州开始。蒙古大将肖乃台、史天泽主攻北门，孟珙主攻南门。战斗异常激烈，喊杀声此起彼伏，听得完颜守绪心惊肉跳，连求生欲望都没有了，于是传位给东面元帅完颜承麟。

孰料传位仪式还没有结束，孟珙就攻破南门，宋军如潮水般蜂拥而入。金军节节溃退，完颜守绪绝望之下，自尽于幽兰轩。金将完颜仲德及军士等五百余人也纷纷投水溺死。

完颜承麟退保子城，听到完颜守绪的死讯之后，斗志全无，这个只做了半天的皇帝唯一的使命就是将完颜守绪火化，然后收拾骸骨埋葬在汝河边。

但是焚烧的火焰还没有熄灭，宋军与蒙古人便一拥而上，争抢完颜守绪的尸骨和宝玉、法物。完颜承麟连跑都来不及，就死于乱刀之下，立国一百二十年的金国至此谢幕。

金国灭亡之后，蒙宋如约瓜分战利品，包括领土。陈州、蔡州西北地分属蒙古，窝阔台置河南道管辖，任命刘福为总管。

但在瓜分领土时留下一笔糊涂账，蒙宋双方前线将领没有明确规定河南三京的归属。河南三京是指东京开封、西京洛阳、南京商丘。蒙古军自蔡州被撤之后，这三城就陷入无政府状态，基本上都是靠金军的残余势力来维持治安秩序。

河南三京，是宋人心中永远的伤痛。这时候大权奸史弥远已死，宋理宗亲政，他对河南三京也是念念不忘。金灭之后四个月中，宋理宗就三次派人祭拜河南境内的赵宋祖陵。

光复河南三京，在南宋的确有群众基础，也得到了少数将领的支持。特别是镇江守将赵范、滁州守将赵葵两兄弟，对南宋无防深为忧虑，于是提出一个"踞关守河"的国防构想，也就是占据潼关，凭借黄河与蒙古对峙。

赵范、赵葵兄弟的构想马上被当时的宰相郑清之采纳，却遭到朝中众人的竭力反对，史嵩之、乔行简、真德秀、吴渊、吴潜等等。反对的理由一大堆，蒙宋刚刚结盟，一旦贸然北上，那就等于单方面撕毁盟约，开启战端，成了麻烦制造者，势必招来蒙古的报复。再者江淮一带旱灾、蝗灾连年不断，粮食歉收，军粮紧缺。蒙古人不比金人，打起仗来那可不是一般的狠。宋人连金人都打不过，还想打蒙古人吗？

但是河南三京这三个又大又红的苹果实在太诱人了，一旦三京光复，头顶上的光环将是一圈又一圈地缠绕着，岂止是流芳千古！宋理宗、郑清之、赵氏兄弟，越想脑袋越热，最后力排众议，开战！

开战初期，宋军根本就没有遇到像样的抵抗，蒙古人好像蒸发了似的，一个都不见，简直是在做愉快的长途旅行，一路畅通无阻。

六月，庐州知州全子才率淮西兵一万，光复南京商丘。

七月，全子才又光复东京开封，捷报传来，临安城内欢呼雷动。半个月之后，赵葵率淮西军五万从滁州来到开封，与全子才紧紧拥抱。激动之余赵葵却生气地发现，全子才半个月来一直待在开封城内，并未乘胜袭取西京洛阳。全子才如实相告："军中已经没有粮食了。而且河南各地饱受战火洗劫之后，到处杂草丛生，根本无法就地筹粮。"

事到如今，只好硬着头皮干下去了。于是赵葵令淮西将领徐敏子率一万三千人先行，杨谊率一万五千人强弩军为后应，各带足五日口粮，西取洛阳。

七月二十八日，宋军顺利进入洛阳，至此河南三京全部光复。由于这一年是宋理宗端平元年，所以此次的宋军行动史称端平入洛。赵葵在开封激动得就要痛哭一场，了不起啊！几代人的梦想终于在我赵葵手中成为现实！从今之后，世人崇拜的偶像将有两个武穆，一个是北伐未捷、饮恨风波亭的岳武穆，一个是光复三京、饮马黄河边的赵武穆！

但是异想天开的赵葵万万没有料到，这一切都是蒙古人预先设计好的诱敌深入的圈套。此时此刻，蒙古统帅塔察儿正在黄河北岸摆下一个巨大的布袋阵，悄悄地往宋军头上套过来。

七月二十九日，在洛阳城东三十里龙门镇的杨谊强弩军饿得两眼发绿，正准备架锅开饭，突然杀出了数不清的蒙古骑兵。宋军根本就抵挡不住蒙古骑兵的冲击，一败涂地，几乎被包饺子了，杨谊仅以身免。

八月初一，塔察儿开始收紧布袋口，蒙古军反攻洛阳城。守城的徐敏子一万三千人已经断粮好几天，连战马都宰掉充饥了。士气低落，不堪一击，徐敏子只好突围南退。结果被蒙古人穷追猛打，宋军伤亡殆尽。

在开封的赵葵和全子才情况也不妙，因为襄阳的史嵩之故意拖延补给，严重缺粮，再加上蒙古人开掘黄河堤岸，淹死数不清的宋军，所以洛阳败讯一传来，赵葵和全子才乱了手脚，赶紧撤退。再不撤军，就连自己的命也要搭进去了。

光芒四射的"端平入洛"至此化为泡影，成了千古笑料。最糟糕的是，宋军将自身的脆弱与腐败暴露无遗，激起了蒙古人的贪婪欲望。

十二月十五日，蒙古派遣王檝出使南宋，痛斥宋人违信背约，挑起战端。蒙宋全面战争从此爆发了！

二、蒙古第一次西征

可是在蒙古人眼中，宋军的战斗力远远不如金军。如果说金军是鱼腩部队，尚需要一支偏师去消灭它，那么宋军就是一戳即破的鱼泡部队。杀鸡焉用牛刀？只要派出契丹人、女真人组成的附庸军就能够把南宋打得底朝天。

蒙宋战争，对南宋来说，是关系到国家生死存亡的全面战争；而对蒙古来说，只不过是无关痛痒的征服战争。蒙古人需要征服的地方实在太多了，偏安一隅的南宋顶多是冰山的一角。

亲征中原，那些巍峨的宫殿看得窝阔台眼花缭乱。大斡耳朵的汗帐虽然住起来很舒服，冬暖夏凉，但是跟中都、开封、洛阳的皇宫相比，实在是太寒碜了。以后把南宋的皇帝抓到大斡耳朵去，住进帐篷，岂不打心眼里把蒙古人瞧扁了？

窝阔台七年（1235年），在蒙古帝国鄂尔浑河上游的和林，从中原来的数不清的能工巧匠日夜不停地忙碌着，他们在燕京工匠大总管刘敏的监督之下，要按照窝阔台的设想，建造一座辉煌的宫殿——万安宫。

从这一年起，蒙古帝国的都城从克鲁伦河、僧库尔河汇流处的曲雕阿兰，西迁到和林来。

但是在万安宫还没有竣工之前，窝阔台就邀请东部四个兀鲁思的左翼宗王、西部三个兀鲁思的右翼宗王，还有中央兀鲁思的亲王、大臣们，齐聚和林。

当然，除了让他们一同参观未来的大都城之外，还要召开一次忽里勒台大会，这是蒙古帝国的最高国事会议。

于是和林的草原上人头攒动，红旗招展，热闹非凡。久违了的察合台老兄，带着贱奴所生的穆直·耶耶以及撒班、也速蒙哥、拜答儿、合答海等诸子，还有木阿秃干的几个儿子拜住、不里、也孙都哇、哈剌旭烈等等，从伊犁河招摇而来，他们代表的是察合台家族。

术赤的长子拔都，带上兄弟别儿哥、伯克迭儿、昔班等，来自更遥远的里海，他们代表术赤家族。虽然术赤生前被骂是蔑儿乞野种，但是窝阔台对拔都毕恭毕敬，因为他是成吉思汗的嫡长孙，第三代黄金家族的领头羊。

窝阔台的儿子贵由、阔端、阔出、哈剌察儿、合失、合丹等等，也趾高气扬地出现在和林。又是贵又是阔，从名字就知道他们不同寻常，因为他们掌握着蒙古帝国的未来。

代表拖雷家族的是蒙哥、忽必烈、旭烈兀、阿里不哥，他们看起来彬彬有礼，举止端正，言谈大方，行为得体。老天不负有心人，唆鲁禾帖尼的精心浇灌终于结出了硕果。

由于察合台是老大，又是窝阔台继位的坚定支持者，所以窝阔台在忽里勒台大会召开之前，秘密召来察合台。

两兄弟的脑袋瓜亲热地凑在一起，窝阔台摊开地图，指指点点："成吉思汗的子孙命中注定就要成为整个世界的主人！可现在这个世界很不安宁！在乌拉尔河、伏尔加河之间的广袤无垠草原上，生存着突厥康里人、钦察人、俄罗斯人、撒哈辛人、波兰人、匈牙利人、北高加索的阿兰人等部落。近来他们组成了什么钦察联盟，盟主叫八赤蛮，据说此人浑身是胆，又仗着乌拉尔河、伏尔加河为屏障，不听从蒙古的号令，我行我素，是可忍孰不可忍！在花剌子模，阿老丁·穆罕默德的遗孽扎兰丁发动叛乱，到处杀人放火。在黄河以南，宋国把我的诏令当作耳边风。还有东边的高丽，降而复叛。请察合台兄长帮我完成这一神圣的使命！"

一说到打仗，察合台就劲头十足。察合台给窝阔台支招，可以派遣斡豁秃儿、蔑格秃二人去增援绰儿马罕，让他们把扎兰丁这小子宰了。至于要彻底征服乌拉尔河、伏尔加河的那些不要命的家伙，我们只有做到比他们更不要命。

窝阔台很兴奋："不吝赐教！"

察合台的右手伸出了四个手指头，说了四个字："长子西征。"察合台继续解释说："长子，乃右翼宗王的领头羊。如果我们派遣右翼宗王的长子出征，则兵力众多，士气高涨，人心思战，以压倒一切敌人！我听说那边的游民虽然武器锐不可当，但是他们愤怒时就会用来杀死自己。我们就让他们自行了断好了！"

察合台说了很多，对南宋却只字不提，也不值得一提。蒙古人就是闭着眼睛，也可以轻松灭了南宋。察合台说得口沫溅飞，窝阔台也是听得津津有味。两兄弟你一言我一语，一个人类历史上最为庞大的征战计划诞生了：向世界上每一个有生命迹象的地方进军！

夏天，忽里勒台大会胜利召开。大会之上，窝阔台隆重宣布蒙古帝国要征服全世界，为继承成吉思汗的遗志，兵分三路，西征钦察、俄罗斯，东征高丽，南征赵宋。

窝阔台号令："蒙古各部，每家出一人西征，一人南征。中原地区，每户一人南征，一人征高丽。此次西征，凡管领百姓的宗王，应命其长子出征。不管领百姓的宗王们，以及万户长、千户长、百户长、十户长们，无论何人，也应命其长子出征。公主、驸马们，也应照规矩命其长子出征。"

窝阔台任命拔都为西征军总司令，老将速不台为副总司令。下辖四个纵队：

第一纵队，来自术赤家族。拔都为统帅，斡儿答、昔班、唐古弒各率所部从之。

第二纵队，来自察合台家族。不里为统帅，此人是察合台长子木阿秃干之长子。察合台三子拜答儿从之。

第三纵队，来自窝阔台家族。贵由为统帅，窝阔台第六子合丹从之。

第四纵队，来自拖雷家族。蒙哥为统帅，拖雷第八子不者克从之。

另有铁木真第六子阔列坚所部，为独立纵队。此人是蔑儿乞部大美女忽兰所生，因铁木真生前异常宠爱忽兰，故而视阔列坚为嫡出。

这支只有在好莱坞魔幻大片里才会看到的传奇军队超过了十二万人，清一色的蒙古勇士，是精粹中的精粹，战斗力之强在人类历史上冷兵器时代绝无仅有。

由于蒙古军的精干主力都被抽调西征了，所以攻打南宋的部队补充了大量的汉人、女真人等外族成员。即便如此，战斗力也不容小觑。虽然比不上拔都的梦之队，但是横扫东亚绰绰有余。

南征军分三路。蒙古将军口温不花、汉将史天泽为左路，主攻江淮；窝阔台三子阔出、札剌儿人也柳干、汉将张柔为中路，主攻荆襄；窝阔台次子阔端、蒙古将军塔海为右路，主攻四川。

东征高丽，几乎都是来自中原的汉人或女真人，统将札剌亦儿人唐古鲁火出、副将高丽人洪福源。

忽里勒台大会之后，西征的西征，东讨的东讨，南伐的南伐，成吉思汗的孙子们相互拥抱拜别，他们将各自回到自己的封地，进行战争总动员。每个人脸上喜气洋洋，充满了必胜的信念。

忽必烈和旭烈兀两个兄弟却愁眉苦脸的，老大蒙哥即将远去，连年幼的不者克也出征了，唯独他们将留在空荡荡的草原上，一整日就看着蓝蓝的天空发呆。

唆鲁禾帖尼则躲在一旁，悄悄地观察着成吉思汗的其他孙子。拔都眉宇之间，英气逼人，威武盖过其父术赤。窝阔台的几个儿子，贵由、阔端、阔出等等，满脸傲气，仿佛只有他们才是草原上的主人。察合台的儿孙们则肩并肩站列在一起，横眉冷对拔都，眼神不可捉摸。

唆鲁禾帖尼心中隐隐约约感到一阵不安，恐怕西征途中，那堆争强好胜的兄弟们将不会风平浪静。

闰七月，唐古鲁火出的东征军进攻高丽安边都护府。八月，南征赵宋的阔出中路军攻入唐州。窝阔台史无前例的大征伐由此开始！

拔都的西征军由于路程过远，兵力过多，直到次年（1236年）春天才在里海以东的吉尔吉斯草原上集结完毕。

入夏之后，草原上一片葱绿。西征军分成左右两翼，左翼，蒙哥为第一梯队，贵由为第二梯队。右翼，拔都为第一梯队，不里为第二梯队。两翼人马齐头并进，如同惊涛骇浪，滚滚向西而去。

秋天，老将速不台打响了西征的第一枪，他亲自出马，奔袭一千五百里，灭了伏尔加河中游的保加尔王国。

窝阔台九年（1237年）春，西征军兵锋直指伏尔加河下游的钦察联盟。临行之前，窝阔台特别交代拔都、速不台等人，要重点照顾一下钦察盟主八赤蛮。此人擅长游击战术，经常袭扰蒙古帝国，令窝阔台恨之入骨。

为了力求生擒八赤蛮，速不台来一个闪电战术，还是扑了空，只抓住他的老婆，缴获一批没用的杂物。狡猾的八赤蛮早溜走了，躲进伏尔加河两岸的密林之中，打起游击战。

蒙哥自告奋勇，纵然是大海捞针，也要把八赤蛮缉拿归案。很快地，八赤蛮就露出他的狐狸尾巴。蒙哥发现了一处扎营的痕迹，有个病恹恹的老太婆告诉他，八赤蛮刚刚来过，如今就躲在伏尔加河口靠近里海的孤岛上。

这时候刚刚刮了一阵大风，把海水都刮浅了，赤脚就可以踩过去。蒙哥大喜："得来全不费工夫，此乃老天助我也！"立刻带领一队人马摸上小岛，把八赤蛮逮了个正着。这个八赤蛮是条硬汉子，蒙哥逼着他跪下磕头，八赤蛮破口大骂："我也是一国之主，岂能苟且偷生！何况我不是骆驼，干吗要向人跪下？"八赤蛮宁死不屈，终成蒙哥的刀下鬼。

保加尔和钦察两战告捷只不过是万里长征跨出的第一步，未来的路既艰难又遥远。西征军在伏尔加河东岸休整几个月之后，踏上了新的征程。

十一月，西征军冒着严寒，挺进北俄罗斯。十二月初九，攻陷梁赞城。阔列坚率二万五千人继续向莫斯科方向进攻，结果在科洛姆纳城下阵亡。

摧毁梁赞公国之后，第二年（1238年）初，西征军从科洛姆纳杀入弗拉基米尔公国。西征军利用抛石机，向莫斯科城猛轰五天，石块、火罐如同雨点般落下。在一片火海和屠戮的悲伤之中，莫斯科城度过了建城九十年纪念日。

正月二十二日，西征军又攻破弗拉基米尔城，尤里二世大公的妃子和儿子避入基督教堂，躲在十字架下，以祈求主的庇护。结果被蒙古人的一把大火全部送到上帝面前。

紧接着，西征军又兵分三路，扫荡北俄罗斯全境。在锡季河之战中，蒙古人打死弗拉基米尔大公尤里二世，让俄罗斯人沦为亡国奴长达两个世纪。

弗拉基米尔公国被抹去了，下一个轮到北欧波罗的海边的诺夫哥罗德公国。末日即将来临，诺夫哥罗德城内的居民陷入大恐慌。眼见诺夫哥罗德公国就要再次在地图上消失，这时候温暖的天气拯救了他们。冰雪消融，道路泥泞不堪，西征军铁蹄陷入沼泽，前进不得，只好转向西南。

穿越斯摩棱斯克大公国，向契尔尼戈夫大公国行进时，蒙古人在科瑟斯科城遭遇到了出师以来最猛烈的抵抗。科瑟斯科国王瓦夕里不识好歹，放射毒箭，妄图螳臂当车。

激战两个月，守军用大石块和火箭击退了西征大军无数次的肉弹进攻。蒙古人前赴后继，伤亡惨重，超过四千人，却动不了科瑟斯科城的一根毫毛。

速不台和蒙哥没辙了，只好求助于拔都。拔都大怒，立即调派察合台长孙不里、窝阔台六子合丹前去增援。混入城内的蒙古人在里应外合之下，科瑟斯科城迅速被攻破。按照蒙古人投降从宽、抗拒从严的原则，全城很快就淹没在血泊之中。

踢走了挡路石之后，西征军转向东南，在炎夏来临之际，回到伏尔加河下游的钦察草原，让疲惫的战马饱餐丰茂的水草。

休整之后，拔都决定从南俄罗斯杀入欧洲，为此必须扫除高加索山脉北麓的阿兰人，以免后顾之忧。十多年前，成吉思汗第一次西征时，哲别和速不台曾经路过此地，但未能彻底征服整个高加索。这一次故地重游，速不台志在必得。

阿兰人的都城马加斯（今俄罗斯联邦印古什共和国的首都），坐落在高耸入云的崇山峻岭之中，濒临亚速海，地形险要，易守难攻。马加斯跟第聂伯河中游的基辅，被窝阔台视为两块最难啃的硬骨头。攻打马加斯城，就交给最会啃骨头的蒙哥。

十一月，蒙哥率部出征。经过三个月的血战，翌年（1239 年）正月，蒙哥将陡峭的山城马加斯夷为平地，有十一个部落向蒙古人俯首称臣，完成了成吉思汗生前未遂的心愿。

蒙哥再立奇功，成为西征军中最耀眼的将星之一，丝毫没有辜负唆鲁禾帖尼妈妈的期许啊！

但是就在西征大军节节胜利的时刻，唆鲁禾帖尼所预料的不安终于出现了，拔都跟贵由、不里在马加斯大捷的庆功酒会上闹得天翻地覆。

三、遗恨多瑙河

事情经过是这样的。

蒙哥凯旋之后，人们都很兴奋。很快又要远征东欧和中欧了，各路将领不得不暂时分开。于是有人提议，趁着蒙哥大胜，举行一次盛大酒会，让兄弟们喝个痛快，好散好聚啊！

这个建议马上得到了一致通过。于是西征军在伏尔加河下游宿营地，搭起了一个巨大的帐篷。大家都把军中的美酒抬出来，准备喝个四脚朝天。

在祝酒之时，拔都身为成吉思汗的嫡长孙，又是西征军的统帅，再加上连续打了胜仗，一时高兴，就抢先喝了一两杯。这本来没什么，凡事都有个头。拔都最为年长，别说先喝一两杯，就是先喝一两桶，也是允理惬情的。

没想到偏有两个人不服拔都这个头：贵由和不里。贵由是窝阔台的嫡长子，早把自己视为汗位的继承人。而不里是察合台的嫡孙，其父木阿秃干是成吉思汗生前最宠爱的孙子。

成吉思汗西征之时，木阿秃干命丧范延堡下。成吉思汗悲痛万分，攻下之后疯狂屠城。从活人到牲畜，杀个精光，连孕妇肚子里的胎儿也不放过。哪怕是微小的蚂蚁，也不允许居住于此，让范延堡成为世界上最恐怖的地方。由于木阿秃干的缘故，不里成了察合台家族的宠儿。

此外察合台与术赤之间的恩怨世人皆知，而且术赤为蔑儿乞野种的观念已经深入到每一个人心中。现在这个蔑儿乞野种的余孽竟然大抢风头，傲慢的贵由受不了，心存偏见的不里也受不了。于是贵由、不里两人没等拔都喝完第二杯酒，就变脸拂袖而去。

贵由、不里一走，一个叫合儿合孙的跟屁虫也紧随其后。此人是铁木真三弟合赤温的儿子额勒只带的儿子。三人如果是悄悄而去，人们还当内急上茅厕去了，事情也就算了。偏偏他们在乘马离开之前，各丢下几句很伤感情的话。

不里愤愤不平地说：“拔都是什么好鸟？还不是跟我们一个身份，尊贵的成吉思汗孙子。为什么他先喝酒了？他只不过是长着胡子的婆娘，我一脚就可以踹倒他。”

贵由也骂了一句：“他不过是带着弓箭的婆娘，我要用木棍打烂他的胸脯！”

两人这么一说，合儿合孙更起劲了：“给他的肛门插一条木尾巴吧！”

这可是一个恶毒的诅咒。蒙古人战败而死的，重病而死的，凡是不得好死的，都要在他的头上绑一条狐狸尾巴以羞辱他。

三人的话犹如三把尖刀，插得拔都心口直流血。

拔都气愤不过，于是修书一封，从数千里之外送到和林去，请窝阔台做个主。

窝阔台看了之后，把贵由骂得昏天黑地："这犯贱的蠢驴，听了谁的话，竟敢对兄长满口胡说。他只不过是只臭蛋，竟敢与兄长敌对。让他去当先锋，攀登山一般高的城，把十个手指的指甲磨尽！"

虽说贵由是长子，但窝阔台最喜欢的是第三子阔出，有意传位于他。可在三年之前，阔出率中路军进攻襄阳城时被宋军打死，令窝阔台伤痛不已，于是决定让阔出的长子失烈门继承大统。

为了确保自己死后汗位顺利移交给失烈门，窝阔台早就想借机对贵由予以当头棒喝。这回贵由可是自撞枪口了！窝阔台对三人做了处分决定：贵由贬为探马赤。探马赤是冲锋陷阵的先头兵。合儿合孙论罪当斩，但怕有人说大汗偏心，一并贬为探马赤。让贵由、合儿合孙两人听从拔都的命令，任意驱使。而不里就交给察合台自行处置吧！

处罚令一到，军中立即炸开了锅。要是真的按照窝阔台的话去做，右翼三大宗王岂不彻底撕破了脸？

这时候，成吉思汗八十八位功臣中排名第五十四位的苟吉、军事检察官晃豁儿台及蒙哥等人赶紧出来灭火，他们联名写信告诉窝阔台："成吉思汗留下遗训，野外的事只能在野外处理，家里的事只能在家里处理。如今让合罕皇帝恼怒的事，只是一件野外的小事。恳请合罕皇帝降恩，一切都交给拔都处理好了！"

窝阔台想一想，有理！只不过是兄弟之间的吵架，何必劳师动众，闹得沸沸扬扬？于是下令把合儿合孙交给拔都处置，把不里的事通报察合台。至于混蛋儿子贵由，待在军中，早晚会出事，干脆把他叫回来算了。

贵由灰溜溜地从伏尔加河回到了鄂尔浑河畔的和林，又被窝阔台狠狠地训斥了一顿。虽然此事不了了之，贵由也平静地回到了拔都身边，但是从此二人结下了不解之怨。

贵由风波平息之后，西征军空前团结，以迅雷不及掩耳之势席卷欧洲。

窝阔台十二年（1240年）秋，西征军渡过顿河，大肆抄掠南俄罗斯。十一月十九日，攻陷基辅城。继而扫荡加里奇公国，至次年（1241年）春，控制俄罗斯全境。其后又突入波兰、匈牙利境内，欧洲震动，刮起一阵令人谈虎色变的"黄祸"旋风。

二月二十七日，西里西亚大公亨利二世组织一支由波兰、日耳曼、条顿骑士团组成的德波联军，在柏林与布拉格之间的勒格尼兹，跟西征军展开命运大决战。结果德波联军几乎被全歼，统帅亨利二世亦被斩落下马。

两天之后，塞育河畔的莫希，匈牙利国王贝拉四世倾其举国之力，发动十四万大军再次跟七万蒙古军对决，这是欧洲历史上规模最大的会战之一。

蒙古人让欧洲的基督教徒们看到了只有上帝才拥有的毁灭力量。匈牙利大军在蒙古人飓风般的扫荡之下，丢盔弃甲，尸体像海水枯竭后沙滩上的死鱼，密密麻麻。

两次大会战均遭惨败，全欧洲仿佛经历了一次八级地震。已经没有一支军队可以挡住蒙古人的疯狂进攻，本来就落后的欧洲就像猪圈里的一盆兰花，被糟蹋得一塌糊涂。

七月，蒙古人又杀到维也纳附近的新城，城中仅有士兵五十人，弓箭手二十人，岌岌可危。附近的奥地利王公、加林西大公等闻讯赶紧率军来援，总算把蒙古人逼退了。

十一月，拔都渡过封冻的多瑙河，进攻匈牙利的格兰城，贵由驻扎在多瑙河的东岸，为拔都后援。而窝阔台第六子合丹继续南下追击贝拉四世，一直把他赶到亚得里亚海里去。

蒙古人在欧洲取得令人炫目的战绩同时，在东方亚洲也是频频得手。

南征赵宋的左路军，渡淮之后，攻占扬州、滁州、和州，饮马长江边。入川的右路军，在二王子阔端的指挥之下，将战线推至大理国交界处的嘉定、叙州、泸州。只有中路军出师不利，统帅阔出战死，在襄阳城又遭到南宋名将孟珙的有力打击，战事陷入胶着状态。

讨伐高丽的唐古鲁火出轻松跨过鸭绿江，一路飞奔而下。高丽王王皞早已吓破了胆，躲藏在江华岛上。唐古鲁火出挖空脑袋，耍尽各种手段，甚至断绝粮食逼降，王皞才答应求和。

只要再打几个月，从东方的鸭绿江，到西方的多瑙河，在长达一万七千里的欧亚大陆上，亿万民众就会战战兢兢地跪伏在窝阔台的脚下。历史却给世人开了一个超级大玩笑，正当窝阔台即将超越耶稣基督，被加冕为新的人类之主时，窝阔台却像喜马拉雅顶峰的巨大冰雕，轰然倒塌坠落，立即震撼了整个世界。

按照汉文史籍的记载，窝阔台之死，奥都剌合蛮脱不了干系。

此人是畏兀儿大奸商，深受窝阔台的宠幸，一年之前官居提领诸路课税官（税务总局局长），负责中原的赋税收入。结果奥都剌合蛮以权谋私，大放高利贷，差点儿把蒙古帝国的经济拖入灾难的深渊。

十一月初七，窝阔台出外打猎，回到和林附近的月帖古忽兰山。这儿曾经是克烈部酋长脱斡邻汗的地盘，又唤作野马川（今蒙古国布林干市西南、古尔班布拉格东南）。当夜宿在野马川西北的野骆驼宫帐。奥都剌合蛮为了讨好窝阔台，献上了大量的酒，喝得窝阔台不省人事。第二天黎明，侍卫发现窝阔台死了。

可是波斯的史学家认为，献酒的是窝阔台的私人厨师。他的母亲就是唆鲁禾帖尼的姐姐亦巴哈别吉，曾经是成吉思汗的妃子，后来嫁给了主儿扯歹。亦巴哈别吉按照唆鲁禾帖尼的指示，每年都要进宫伺候窝阔台。那一天亦巴哈别吉照例来了，还让儿子做了美味佳肴，备了好酒来款待窝阔台。夜间，窝阔台在梦乡之中因酒精中毒而死去。

窝阔台突然弃世，和林城中顿时乱成一锅粥。几个皇后妃子为了争夺实权，打成一团。最后狡猾的二皇后脱列哥那——史称乃马真皇后胜出。

脱列哥那是蔑儿乞部酋长答亦儿兀孙之妾，答亦儿兀孙曾经把草原上的第一美女忽兰献给铁木真。后来铁木真灭了蔑儿乞部，答亦儿兀孙被杀，脱列哥那成了战利品，也被窝阔台抢去了。

也有说她只是一位出身蔑儿乞的有夫之妇，铁木真灭掉蔑儿乞部后，脱列哥那跟其他两位女人被察合台、窝阔台兄弟俘虏。

脱列哥那并不很漂亮，却别有一番风韵，看得窝阔台垂涎三尺。窝阔台急不可耐地对察合台说："我们用暴力把她们占了吧！"

霸王硬上弓的勾当察合台似乎很不屑，窝阔台却兴致勃勃地昂起头，大阔步迈过去，把脱列哥那推倒在地。就这样，脱列哥那成了窝阔台的第二个妻子，生下儿子贵由。

窝阔台生前多次表态要让三太子阔出的长子失烈门来继承汗位，但脱列哥那是个权力欲极强的女人，为了攫取朝政，决心把贵由拱上汗位，然后垂帘听政。

脱列哥那用金钱收买了宗属和亲王们的心，向他们派出使者，声称在新大汗选定之前，为确保帝国的各个机构正常运转，应当有人摄政。

宗王之中最有威信的察合台公开支持脱列哥那，因为她的儿子有权继承汗位。于是未经过忽里勒台大会的批准，脱列哥那就狡诈地夺取了蒙古帝国的政权，成了草原上的武则天。

脱列哥那执政之后，忠臣被贬，奸佞得志。各色各样的跳梁小丑粉墨登场，在广袤的草原上尽情地耍弄自己的诡计和伎俩。

有位狡黠的呼罗珊女战俘法提玛摇身一变，竟然成了朝中最有权势的人，脱列哥那对她言听计从。在法提玛的煽动之下，草原上刮起了一股血腥的妖风。第一重臣、中书令耶律楚材被甩在一旁。右宰相镇海（此君是聂思脱里教徒、克烈部人）、财政大臣牙剌瓦赤被通缉，两人趁夜逃跑，投奔二王子阔端寻求庇护。

大奸商奥都剌合蛮跟脱列哥那暗地里有一腿，取代牙剌瓦赤成了财政大臣。脱列哥那甚至还把盖上御玺的空白诏书交给奥都剌合蛮，让他随意涂鸦。

在脱列哥那的随意践踏之下，蒙古帝国渐渐出现分崩离析之危。草原上一有风吹草动，就弄得人心惶惶。于是各宗王的银票和书信就像雪片一般，在草原上飞来飞去。

大家都在笼络人心，大家都在寻求靠山。只有拖雷家族的掌门人唆鲁禾帖尼静如止水，从容淡定。尽管此时成吉思汗制定的法律《大札撒》已被脱列哥那废除，但是唆鲁禾帖尼和她的儿子忽必烈、旭烈兀、阿里不哥一如既往地安分守己，由是深得人心。

唆鲁禾帖尼坚信，只有像激流之中的磐石那样岿然不动，日后才能够翱翔于蓝天。

乃马真称制元年（1242年）三月，窝阔台的死讯传到西征欧洲的蒙古军中，统帅拔都和速不台当即下令撤军。

这时候匈牙利国王贝拉四世逃难到亚得里亚海中的孤岛上，对面的克罗地亚斯普利特就驻扎着合丹的蒙古部队，日夜监视着自己，吓得贝拉四世魂不附体。撤军令一下，合丹扬长而去，经过塞尔维亚，东去与拔都大军会合。贝拉四世不停地在胸口画十字："上帝保佑，终于获救了！"

获救的不仅仅是贝拉四世一个人，全欧洲的人民，包括未被征服的神圣罗马帝国的臣民们，站在一片废墟之上，齐声颂呼上帝的伟大与怜悯。

四、短命的贵由汗

拔都回到了伏尔加河，西征大军各作鸟兽散，贵由率先赶回大漠奔丧。不久，又传来了察合台死去的消息，汗位留给了木阿秃干的第四子哈剌旭烈，加剧了人们对蒙古帝国前途的担忧。

拔都不想再回到中亚去了，此次征服的大片领土一旦放弃，那么成吉思汗子孙们的英勇奋战，岂不全部付之东流？

更何况贵由回去之后，不出意料将成为下一任大汗，拔都决心远离这个傲慢而且危险的家伙。于是他不走了，就留在伏尔加河下游，准备寻找一处宝地，在那儿建立自己的汗帐。

拔都终于在伏尔加河汇入里海之处找到了自己的心仪之地——撒莱城（今俄罗斯阿斯特拉罕）。一个全新的蒙古汗国——金帐汗国横空出世了。金帐汗国的辖地东起额尔齐斯河，西至俄罗斯，幅员之辽阔，与成吉思汗时代的蒙古帝国不相上下。

拔都之弟、术赤第五子昔班在西征时立下了汗马功劳，拔都把乌拉尔山以东的鄂毕河与额尔齐斯河一带领地分给他，昔班由此建立了青帐汗国。

拔都的哥哥斡儿答虽为术赤长子，却将汗位让给了拔都。投之以桃，报之以李，拔都就把东方锡尔河一带的领地分给斡儿答，由此建立白帐汗国。

金帐汗国并不像其他的汗国或兀鲁思那样，由蒙古大汗册封，而是拔都独自创立的，蒙古帝国出现了实质性的裂变。拔都成了欧洲的成吉思汗，金帐汗国也成了西方的蒙古帝国。

而此时蒙古帝国因为脱列哥那的乱政，已经陷入了空前的危机。

乱世年头，天子兵马强壮者为之。谁的胳膊粗，谁说了算。镇守漠北、辽东的成吉思汗四弟铁木哥揭竿而起，率部向西杀奔和林而来，想浑水摸鱼，夺取汗位。

铁木哥一来，所有的军队和兀鲁思也都蠢蠢欲动。脱列哥那吓得目瞪口呆，赶紧派人告诉铁木哥："我可是你的侄儿媳妇，原本把希望都寄托在你的身上。现在你这么大动干戈，整个帝国都将动荡不安啊！"

脱列哥那好言抚慰之后，还把服侍窝阔台的铁木哥第七子斡鲁台送了回去。一见到斡鲁台，铁木哥就两眼泪汪汪，开始为自己的鲁莽行动感到后悔了。这时候，又传来消息称，贵由已经抵达额敏河畔的汗帐，很快就会回到和林了。

抢夺汗位没戏了，铁木哥只好打起退堂鼓，借口是为窝阔台奔丧而来，最后悄然收兵打道回家，蒙古帝国终于躲过了一场浩劫。

贵由到了和林之后，对脱列哥那也是唯唯诺诺，不敢逼她交出大权。但是蒙古帝国不能没有大汗，于是脱列哥那发出请帖，广邀各大宗王及其后裔、亲王们、大臣们，齐聚和林，召开忽里勒台大会，以推举贵由为新汗。

由于拔都是宗王之首，亲族中的最年长者，所以请帖第一个给拔都送去，但是拔都一拿到请帖，连瞧也不瞧，就丢进了垃圾堆。想让贵由这小子做大汗，八字还没有一撇呢！

拔都借口得了脚病、痛风病，无法亲自参加忽里勒台大会。

拔都不来，忽里勒台大会就开不成，贵由也就无法登上汗位。脱列哥那乐得不行，那我就一直临朝称制了。大忠臣耶律楚材郁闷不已，小人得志横行，一个强盛的帝国被搞得满目疮痍，海内鼎沸。眼见朝政日衰，自己满腹经纶，却报国无门，落个忧愤成疾，终于在乃马真称制三年（1244年）五月含恨而去。

耶律楚材死后，蒙古帝国越加混乱，各大宗王趁机扩充势力，自相攻战。

由于拔都的反对，忽里勒台大会始终没有召开。汗位空缺超过四年，庞大的蒙古帝国出现了崩溃的迹象。草原上怨声载道，这样子下去早晚会国将不国。

脱列哥那一整天担惊受怕，再也无法继续临朝称制下去。

乃马真称制五年（1246年）的夏天，脱列哥那跟窝阔台的其他五位皇后，再次广发请帖，邀请各宗王以及文武百官，在翁金河的宿瓮都行宫（今蒙古国阿尔拜赫雷市西塔尔嘎特）召开忽里勒台大会，选举新大汗。

这次大会可以说是一场规模空前的国际性盛会，与会者千奇百怪，从高高在上的王侯到四处布道的传教士，来自亚欧大陆的各个地方。

率先抵达宿瓮都行宫的是拖雷家族的唆鲁禾帖尼跟她的四个儿子，然后是窝阔台家族的阔端及其儿子。

占据漠北、辽东实力雄厚的铁木哥叛乱不成，这回又厚着脸皮，屁颠屁颠地来了。

察合台家族的代表有哈剌旭烈汗王、察合台五子也速蒙哥及六子拜答儿、木阿秃干的次子不里及三子也孙脱花。

拔都心中仍然对贵由耿耿于怀，但蒙古帝国这么乱，如果再不选出新汗，自己真的就要成为历史罪人了。于是拔都派遣斡儿答、昔班、别儿哥等兄弟，代表自己赴会。

除了左右翼各大宗王外，还有来自小亚细亚的鲁木苏丹、格鲁吉亚的两个维德王子、叙利亚阿尤布王朝侯王的兄弟、摩苏尔赞吉王朝的使臣、暗杀鼻祖"山中老人"阿老丁的部下、罗马教皇英诺森四世委派的意大利传教士若望·柏郎嘉宾等等，也一同见证了这次别具一格的忽里勒台大会。

大会之上，王公们一致同意将汗位交给窝阔台家族的成员，在阔端、失烈门和贵由三人中选一个。脱列哥那对贵由继任是志在必得，她提出三个理由：阔端太老，失烈门乳臭未干，只有贵由就像冉冉升起的太阳，精力充沛，英武刚毅。

在脱列哥那的操纵之下，七月十二日，贵由登基即位，成了蒙古帝国第三任大汗。

但是各大宗王心中仍然不服，甚至想在贵由的登基大典上图谋不轨。孰料突然间雷电大作，暴雨倾盆而下，很快就让宿瓮都行宫淹没在数尺深的大水之中，宗王们受此惊吓，只好各自散去。

为了重拾蒙古大汗的崇高威望，贵由决心杀鸡儆猴。他首先拿叛乱未遂的铁木哥开刀，让蒙哥和斡儿答去审讯铁木哥，最后按照《大札撒》将他处死。而后贵由又以大汗的至尊身份插手察合台汗国的家务事。他以"立子不立孙"为由，废黜了汗王哈剌旭烈，把自己的密友、察合台第五子也速蒙哥扶上王位。也速蒙哥也是酗酒成性，结果大权旁落在王后和穆斯林大臣火者·巴海乌丁手中。

尽管贵由做了大汗，但是脱列哥那仍然把权柄紧紧握在手中。直到两三个月之后，随着脱列哥那的撒手而去，才把权柄交还给贵由。

贵由亲政之后做的第一件事就是清算脱列哥那的过失，惩办给帝国带来灾难的两个邪恶之徒——法提玛和奥都剌合蛮。一阵雨点般的棍杖之后，法提玛不得不承认是自己谋害了阔端，于是她受到应有的惩处，被裹入一块大毛毯中，然后扔到水中活活淹死。处理完法提玛，贵由又把奥都剌合蛮这只大蛀虫送上断头台。

右宰相镇海、财政大臣牙剌瓦赤则官复原职，贵由汗还起用了耶律楚材的儿子耶律铸为中书省事。短短几个月，贵由赏罚分明，铲除了脱列哥那统治时期的弊政，一切又重新回到了正常的轨道上。

但是窝阔台家族的腐败堕落，在唆鲁禾帖尼心中点燃了拖雷家族问鼎草原的希望之光。拖雷的生命是不会白白丧失的，唆鲁禾帖尼坚信自己的儿子一定可以成为草原上真正的主人，一定！

这时候右翼四大宗王的形势是这样的：窝阔台家族跟察合台家族走得很近，却跟术赤家族水火不相容。唆鲁禾帖尼则韬光养晦，让拖雷家族与其他右翼三宗族保持等距离，因而能够左右逢源，进退自如。

拖雷家族要想抗衡窝阔台家族，必须寻找可靠的同盟者。精通政治谋略的唆鲁禾帖尼想到了一句话：敌人的敌人就是朋友。而贵由的仇敌拔都，毫无疑问就是最可靠的战友。唆鲁禾帖尼决定远交近攻，暗结雄踞伏尔加河畔的拔都。

打铁还需自身硬，拖雷家族要想重掌执政大权，依靠一个拔都是远远不够的。无论是朝中斗争，还是战场上的厮杀，首先是敌我双方脑细胞的较量。必须拥有众多的智杰之士，方能彻底击败窝阔台家族和察合台家族。唆鲁禾帖尼万万想不到，她的第二个儿子忽必烈，早就延揽中原地区的汉人英才，为拖雷家族组建了一个前所未有的智囊团。

忽必烈的"英才计划"最早开始于脱列哥那攫取大权的那一年（1242年）。中原的高僧海云禅师偕同爱徒子聪和尚，不辞辛劳，北上和林，为二十八岁的忽必烈讲经说法。

尽管子聪和尚比忽必烈年少一岁，但是听了精妙绝伦的演讲之后，忽必烈立即恭恭敬敬地尊称子聪和尚为师父。

这个子聪和尚确实不简单，生得一副仙风道骨，志气高雅。他俗名刘侃，金国河北邢州的土豪。自幼就是一个过目不忘、出口成章的神童。成吉思汗十五年（1220年），邢州被蒙古悍将木华黎攻破，建立都元帅府。刘侃之父刘润投靠木华黎，成了都元帅府中的一名军官。刘侃就跟着刘润，在都元帅府度过了朝气蓬勃的少年时光。

可是在十七岁时，刘侃被任命为邢台节度使府令史，成了一个低下的办事文员。对志向高远的刘侃来说，整天待在府中玩弄笔墨，简直是在浪费生命。有一天，刘侃气愤地把手中的毛笔摔在地上，仰天长叹："我家世代为官，到了我这一代却沦为不入流的刀笔小吏。好男儿生不逢时，还不如避开红尘，隐居以求志！"

那时候王重阳的全真教风靡金国，从此刘侃成了一个道士。但是不久之后，刘侃就厌烦了整日画符念咒的道观生活，改行跳槽，又做了和尚，法名子聪，号藏春散人。

当和尚得出外云游化缘，子聪和尚跟着师父虚照禅师，云游到山西大同南堂寺。在那儿，子聪和尚与海云禅师不期而遇了。

海云禅师对子聪和尚的谈吐不凡与博学多才大为惊奇，就带上他到漠北去见忽必烈了（忽必烈的封地在和林以西的鄂尔浑河西岸）。忽必烈跟子聪和尚意气相投，一整天就待在一起，谈佛论道。结果发现，这个和尚除了佛学，也精通奥妙无比的易数之术，什么《易经》、邵雍的《皇极经世书》，说起来头头是道。至于天文地理、律历、三式六壬、奇门遁甲，子聪和尚更是无不精通，一开口就能说上七天七夜。忽必烈试着跟他谈论天下大事，子聪和尚也是了如指掌，滔滔不绝。忽必烈拍案大叫："子聪大师简直就是济世之才！你别回中原，从今之后就留在我的府中。"

有一个山西大同的秀才赵璧，远近闻名。忽必烈把他召到漠北去，聊了几句，忽必烈也很兴奋："你也别回中原了，跟着子聪大师一道辅佐我吧！"

忽必烈对待赵璧非常客气，不呼其名，只尊称秀才。赵璧不但有薪水，而且还配备了三名下人。忽必烈的夫人弘吉剌·察必甚至亲手为赵璧剪裁衣裳，赵璧的待遇由此可见一斑。

赵璧感激涕零，又替忽必烈招来了曾经中过金国状元的山东名士王鹗。忽必烈对他也是很器重，每每赐座，总是尊称他为状元。

到了贵由二年（1247 年），忽必烈在中原有了自己的封地，正是子聪和尚的老家河北邢州。邢州地处中原交通要冲，饱受战火洗劫，苛捐杂税繁重，搞得民不聊生。

忽必烈忧心忡忡，智囊团该派上用场了。子聪向忽必烈推荐了自己的老同学张文谦，忽必烈把他召到府内一瞧，果然才思敏捷，办事干练。忽必烈二话没说，立即任命张文谦为王府书记（秘书长）。

这时候的忽必烈就像一块吸水海绵，中原地区只要稍有名头的，不论三教九流，尊卑贵贱，一律聘请。而且忽必烈招聘人才方式非常前卫，跟时下流行的猎头相类似。

河北真定张德辉是个大贤才，被忽必烈聘用之后，又推荐了魏璠、元裕、李冶等二十多位名士。结果中原地区的精英分子，就像入网的鱼儿，一个不漏地进了忽必烈的府邸。

智囊团成员队伍在不断扩大，王府之中人头攒动，黑压压的一大片，随便一个都有定国安邦之才，忽必烈由是成了草原上最有竞争力的宗王。拖雷家族成为草原上的主人只是时机而已。

天道酬勤，很快地，拖雷家族的春天来临了。

由于拔都屡屡拒绝出席忽里勒台大会，术赤家族与窝阔台家族的矛盾冲突已到了临界点。旧恨新仇一起算，贵由再也无法忍耐拔都的怠慢无礼，决定除掉他。

贵由患有手足抽搐症，于是借口说伏尔加河的凉爽气候对自己的病很有好处，想到那里去疗养，暗中却调派大军，准备亲征拔都。

不料贵由的秘密行动被唆鲁禾帖尼探知了。这正是与拔都结盟的绝佳良机，唆鲁禾帖尼没等贵由的大军离开和林，就派遣使者去伏尔加河密报拔都："请做好准备，贵由已经向你们进军了！"

兵贵神速，先发制人。拔都也迅速集结军队，昼夜不停地向东方开拔。

贵由三年（1248年）三月，拔都大军抵达阿剌豁马黑（今新疆维吾尔自治区博尔塔拉），贵由大军也抵达乌伦古河上游急转拐弯处的横相乙儿，两军相距一千三百里。

双方剑拔弩张，眼见一场血战不可避免。这时候却传来消息，贵由死了，时年四十三岁，亲政时间不超过两年。贵由汗后被追尊为元定宗。

五、拖雷家族的胜利

贵由一死，仗还没开打也就结束了。蒙古帝国虽然避免了血光之灾，但是麻烦又来了，该由谁来继承汗位呢？

贵由的后宫倒是有好几个，皇后是出身厄鲁特部的海迷失（或说她是蔑儿乞部人）。儿子也有三个，长子忽察、次子脑忽都是海迷失所生。三子禾忽，生母是一个妃子。

可是贵由生前没有指定储君，因而无论谁坐在大汗的宝座上，都注定是一只叼着金块的野鹿，成为贪婪的猎人竞相狩猎的目标。

自从乃马真皇后窃取权柄以来，整个帝国乌七八糟，每况愈下，已经到了败亡的临界点。成吉思汗辛辛苦苦打下的江山，实在受不了接踵而来的瞎折腾。

幸运的是，海迷失倒不像乃马真皇后那样充满权力欲。贵由死后，海迷失循规蹈矩，按照惯例下令封锁道路，禁止任何人自由来往，并将灵柩运到额敏河畔的叶密立，那儿是窝阔台兀鲁思宫帐所在地，也是贵由生前的封地。

料理丧事的同时，海迷失分别向唆鲁禾帖尼、拔都及其他宗王，派去了告哀使，并征询宗亲们的意见，自己应该继续留在叶密立，还是要回到和林。

唆鲁禾帖尼多多少少有点意外，赶紧给海迷失送去了一大堆安慰的话以及衣服、一顶象征已婚的高帽子。

拔都仍然驻军在阿剌豁马黑，尽管与贵由有着解不开的仇怨，但是如今阴阳相隔，还有什么怨恨不能化解的？于是拔都也向海迷失说些节哀顺变之类的客套话，并衷心祝愿她跟着贵由的两个大臣合答、镇海，同心同德，把国家治理好。

由于自己年老体衰，还患有脚病，所以拔都就拜托那些年轻的宗王，把必须办的事都办起来。

客套话归客套话，接下去最要紧的就是尽快选出新汗，以免重蹈乃马真皇后的覆辙。

拔都仍然是所有宗王中最年长的，由他出任蒙古大汗是众望所归。只可惜自己拥有一个庞大的金帐汗国，足以跟蒙古帝国分庭抗礼。加上年事已高，一身都是病，所以拔都暮气沉沉，对争夺汗位根本就提不起兴趣。

拔都告诉海迷失："你暂时别走了，让那些宗王、亲王、大臣，都到我这儿来，召开忽里勒台大会，推举新汗。"

但是拔都的话立即招来一片抗议声。按例忽里勒台大会应当在蒙古旧地举行，于是两个宰相合答、镇海公开拒绝赴会。忽察、脑忽兄弟俩也只在阿剌豁马黑住了一两天，就借口萨满巫师不允许久留，逃之夭夭。不过他们临走之前留下和林长官帖木儿，委托他告诉拔都：拔都对所有的宗王来说都是兄长，无论他命令什么，他的话就是法律。

前来开会的三三两两，察合台家族与拔都素来势不两立，只有被赶下台的哈剌旭烈等失势者，带着借助拔都力量抢回政权的念头屁颠屁颠而来。窝阔台家族也只有一个合答罕。

亲王之中有已故元老速不台之子兀良哈台、铁木真异母弟别里古台之子也速不花。

拖雷家族唯拔都马首是瞻，蒙哥、阿里不哥及庶弟末哥三兄弟信心爆棚而来。他们将是这一次忽里勒台大会的主角。

得知贵由的死讯之后，唆鲁禾帖尼抢先一步，派蒙哥到阿剌豁马黑去见拔都，借着探病拉关系。只要能够与拔都联手，拖雷家族就会顺利地重返帝国政权的巅峰。

由于唆鲁禾帖尼已经铺就了一条团结友好的大道，所以拔都与蒙哥一拍即合，窝阔台家族必须无条件退出政治舞台。

拔都见面后的第一句话就是热情洋溢地夸赞蒙哥："你是拖雷的长子，成吉思汗发迹之地的守护者。更何况你聪明仁慈，具备治国之才。有你蒙哥在，谁还能称汗呢？"

蒙哥还有点顾虑："父死子继，兄终弟及。窝阔台家族是不会乖乖交出政权的。"

拔都立即把窝阔台家族批得体无完肤："窝阔台的几个儿子违背老爸的遗言，不把权力交给失烈门，不遵古法、不敬宗亲，让脱列哥那这个婆娘轻易得逞，搞得整个国家混乱不堪。由此看来，窝阔台的后裔根本就没资格继承汗位！"

好了，不要再说下去了。蒙哥激动得泪流满面，"有拔都兄长这句话我蒙哥死而无憾！"

于是这次史上最冷清的忽里勒台大会成了拖雷家族执政前的预备会议。

会议一开始，拔都就提议："继承汗位的应当身经百战、饱尝人生酸甜苦辣，并曾经率军远征近讨、屡立功勋。而蒙哥正是这样的一个人！"

果然不出所料，拔都话没说完，窝阔台家族的亲信就猛烈地开火反击。

海迷失的代言人野里知吉带第一个发难。野里知吉带是札剌亦儿人，贵由生前对他委以重任，驻守在阿塞拜疆的木干草原以及伊朗北部的大不里士，辖境从中亚的阿姆河到西亚的摩苏尔，帐下兵力异常雄厚。

手握枪杆子，就试图抢夺话语权。

野里知吉带指责拔都："窝阔台大汗生前指定皇孙失烈门为储君，在座各位都亲耳听闻。一抔之土未干，六尺之孤安在？如今失烈门仍在，一旦把汗位让给他人，将置皇孙于何地啊？"

野里知吉带的话太有分量了，不但宗王们无话可说，就连拔都也哑火了。

眼见拖雷家族迈向执政之路即将被封死，蒙哥的庶弟末哥发言了："窝阔台大汗的遗命谁敢不遵？但是不要忘记了，是谁违背了窝阔台大汗的旨意？是谁把乃马真皇后和贵由拱上汗位的？"

末哥以其矛攻其盾，狠狠地将了野里知吉带一军。

大会之上唇枪舌剑，交锋的激烈程度一点也不亚于战场。由于拔都为蒙哥强力背书，宗王们紧急磋商之后，不得不决定，明年春天在曲雕阿兰举行全体宗王参加的忽里勒台大会，正式拥立蒙哥为汗。在这之前，仍由海迷失皇后抱着年幼的失烈门垂帘听政。

阿剌豁马黑会议之后，术赤第三子别儿哥、拔都长子撒里答奉拔都之命率军三万，护送海迷失、蒙哥等人回到和林。

但是海迷失摄政之后，完全把国事抛在脑后，一整天就关在和林的密室里头，跟那些萨满巫师鬼混在一起，干着不可告人的勾当。

海迷失的两个儿子忽察、脑忽大为不满，就在海迷失宫殿的对面建立了两个府邸，形成三足鼎立之势。他们擅自签署文书、颁布旨令，宰相镇海又优柔寡断，搞得人们晕头转向，莫知所从，朝中比马蜂窝还乱。

唆鲁禾帖尼实在看不下去了，大骂忽察、脑忽兄弟祸国殃民。两兄弟却仗着有察合台汗王也速蒙哥背后撑腰，根本就不买唆鲁禾帖尼的账。他们的倒行逆施不但没有丝毫收敛，反而愈演愈烈，蒙古帝国又渐渐脱离轨道，缓慢地滑向堕落的深渊。

由于忽察、脑忽兄弟的抵制，原定于海迷失称制二年（1250年）春天召开的忽里勒台大会没有下文了。急得拔都和唆鲁禾帖尼的使者如织布一般来回穿梭，可是到了年底仍旧连个影儿都没有。

负责保护蒙哥安全的别儿哥有点害怕，赶紧报告拔都，夜长梦多，日久必生变。

拔都干脆一不做二不休，指示别儿哥："强行拥立蒙哥为大汗。谁胆敢反对，谁就掉脑袋！"

在关键的时刻又是拔都挺身而出。拔都的话如春风化雨，深入到草原上的每一个人心中。蒙哥登上汗位，是逆水行舟，不进则退。唆鲁禾帖尼不敢大意，这可是决定拖雷家族命运的非常时刻。

于是唆鲁禾帖尼暗地里大做手脚，开始施展怀柔战术，给老百姓们小恩小惠，给宗亲和大臣们送礼送钱。

拔都和唆鲁禾帖尼的软硬兼施、双管齐下终于发生了作用，海迷失称制三年（1251年）夏天，全体宗王参加的忽里勒台大会在曲雕阿兰的大斡耳朵隆重召开。

拔都派出兄弟别儿哥、脱哈帖木儿为代表，那些持反对意见的宗王也硬着头皮，络绎不绝地来到成吉思汗的发迹地——曲雕阿兰。

唆鲁禾帖尼仍然不敢有所松懈，继续争取那些中间派人士的支持。她给摇摆不定的宗亲们送上一句温馨的友情提示："挤骆驼奶之前必须爱抚骆驼。"意思很简单明了，你们要想过上好日子，就得先给拖雷家族一个面子。

克鲁伦河畔现在是人山人海，旌旗满天飞，可仍然不见海迷失和两个儿子忽察、脑忽以及察合台汗王也速蒙哥的踪影。

蒙哥只好做最后的努力，派失烈门去和林见海迷失母子，派阿蓝答儿去阿力麻里见也速蒙哥，分别给他们捎去了不轻不重的几句话："成吉思汗家族的大多数人都已经齐聚曲雕阿兰，由于你们的缺席，忽里勒台大会一直拖延至今。可是再也没有推迟和耽误的时间了。如果你们心系整个家族的团结和安宁，那就恳请尽快出席忽里勒台大会。如此一来，不但可以共商国是，而且猜忌和叛离的肮脏面纱，也可以轻而易举地从和睦的脸庞上摘下！"

尽管蒙哥说得如此恳切，但是海迷失、也速蒙哥等人依旧无动于衷。

蒙哥不想发脾气了，时不待我，立即下令开会。为了防止各种意外，拔都之弟别儿哥的三万人马严密地监视着曲雕阿兰的一举一动。

蒙哥的三个弟弟，分别担负重任。三十七岁的忽必烈负责大会的组织工作；末哥把守着大斡耳朵的帐门，禁止人们随意出入；旭烈兀则站在卫士们面前，禁止人们吵闹喧哗和交头接耳。

在各种保安措施的严厉管控之下，大会开得很成功，很顺利，很圆满。蒙哥毫无悬念地当选为蒙古帝国第四任大汗。根据占术师和星象家的建议，在六月十一日举行登基大典。因为星象图预兆非常吉利，那一天福星从天而降，高照头顶，就连木星和金星都要挤过来沾点光。

六月十一日，曲雕阿兰成了一片欢乐的海洋，鲜花、彩旗遮天蔽日。

所有的与会者，别儿哥、脱哈帖木儿，成吉思汗三弟合赤温之子大按只带，铁木哥、阔端、阔列坚的儿子们，以及无法全部罗列名字的宗王们、大臣们、士兵们，整齐划一地齐聚大斡耳朵。随着一声响亮的号叫，人们同时摘掉头上的帽子，把腰间的皮带披在自己的肩膀上，然后发出地动山摇的呼声："蒙哥大汗万岁！"

历史将永远记住这一天，窝阔台家族黯然地走下蒙古帝国的政治舞台，拖雷家族在蒙哥的引领之下，大阔步迈向权力的巅峰。

为了举办一次极具特色的庆祝酒宴，财政大臣牙剌瓦赤用华丽的丝绸布料，搭成一个高高的圆顶屋。来自波斯的刺绣，令人眼花缭乱。地面上则铺满了色彩绚丽的毡毯，踏上去既柔软又舒适。

七个难兄难弟，忽必烈、旭烈兀、阿里不哥、末哥、拨绰、岁哥都和雪别台，就像北斗七星，拱卫着蒙哥皇帝。

唆鲁禾帖尼两眼泛出泪花：我成功了，整个拖雷家族也成功了。孩子们，母亲为你们祝福，好好干吧！

第三章　总领漠南

一、金莲川幕府

经过拔都西征之后，这个世界安宁了许多，伏尔加河流域、钦察草原上那些顽固的游民，突厥康里人、钦察人、俄罗斯人、匈牙利人、阿兰人等，早已成为金帐汗国忠实的附属臣民。只要拔都一声令下，就会百依百顺、鞍前马后效劳于蒙古帝国。现在只剩下西亚的黑衣大食——阿拔斯王朝以及南边的赵宋王朝尚未归化。

攘外必先安内，蒙哥即位之后第一件事就是革除乃马真皇后以来的弊政，整顿吏治，加强政权建设。于是蒙哥宣布了即位之后的人事安排。

总治漠南诸路军民（中原地区最高行政长官）——皇弟忽必烈。

大断事官（最高法院院长）——忙哥撒儿。此人是察哈札剌儿人，他的祖父搠阿、父亲那海都曾经侍奉过成吉思汗的老父亲也速该。

大必阇赤（中央秘书长）——孛尔该。

和林正、副长官（正副宰相）——晃忽儿、阿蓝答儿。

燕京等处行尚书省事（燕京行省）——牙剌瓦赤、卜只儿、斡鲁不、睹答儿，助手赛典赤·赡思丁、匿咎马丁。

别失八里等处行尚书省事（别失八里行省）——讷怀、塔剌海、麻速忽

（牙剌瓦赤的儿子），助手暗部剌兀尊、阿合马、也的沙。

阿姆河等处行尚书省事（阿姆河行省）——阿儿浑，助手法合鲁丁、匿只马丁。成吉思汗灭了花剌子模之后，在木干草原和大不里士驻军镇守西亚呼罗珊地区。绰儿马罕、拜住、野里知吉带先后担任过西亚蒙古驻军的司令官。此后窝阔台又任命畏兀儿人阔儿吉思为呼罗珊地区的行政长官，负责管理当地的民政事务。阔儿吉思死后，卫拉特人阿儿浑接任统治呼罗珊。他在汗位斗争中坚决站在蒙哥那一边，由此受到蒙哥的青睐，后被提拔为蒙古帝国三大行省之一阿姆河行省的最高长官，管辖区域包括伊朗全部、阿塞拜疆、格鲁吉亚、高加索、伊拉克摩苏尔、叙利亚阿勒颇等在内的广大西亚地区。

总两淮等处蒙古、汉军（两淮战区司令）——察罕、也柳干。

统四川等处蒙古、汉军（四川战区司令）——带答儿。

统吐蕃等处蒙古、汉军（吐蕃战区司令）——和里德。

答剌罕（皇家狩猎队队长）——克薛杰。此人享有自由出入大围猎场中心地带的特权，甚至还享有刑事豁免权。

掌释教事（佛教总会会长）——海云禅师。忽必烈智囊团核心成员子聪和尚的师父。

掌道教事（道教总会会长）——全真道掌门人李志常。这个道士很牛，曾经跟随着丘处机到西域去拜见成吉思汗，著有名作《长春真人西游记》。

命运女神终于在忽必烈三十七岁时，翩然垂青了。忽必烈以皇弟的尊贵身份，统辖漠南、中原地区所有的军队和民户，成了帝国中仅次于蒙哥的第二号人物。

漠南、中原地区包括黄河流域、淮河流域等广大地区，堪称蒙古帝国人口最为密集、经济最发达的地区，也是最主要的赋税之源。中原地区的安稳，攸关国家的兴衰。治理好中原，乃是蒙古帝国日后持续扩张、征服世界的重要保障。蒙哥需要一位大贤才来担此重任。

环顾身边，几个弟弟中就以二弟忽必烈最有智慧。出入忽必烈王府的，尽是些长袍椎髻、高声吟诗的汉人。有满口之乎者也的儒生，有整天阿弥陀佛的和尚，更有画符念咒的道士，三教九流，无不毕备，虽说跟蓝天碧云、牛马成群的大草原很不协调，却也是一道独特的风景线。忽必烈在无数中原汉人精英的日夜熏陶之下，早已成为一位精通安邦之道的治国大行家。

安定中原，舍你其谁？二弟，辛苦了！

忽必烈的漠北王府在和林以西，夏天驻营于杭爱山北侧的鄂尔浑河西岸；冬季驻营于忽兰赤斤以东的陀山腹地三四百里处。但是距离中原有两三千里之遥，极不便于打理政务。于是蒙哥又赐给忽必烈一个漠南王府，准许他在燕京以北五百里的金莲川草原设立办公机构，史称金莲川开府。

金莲川草原位于桓州和抚州之间，东西有百余里，南北四五十里。此地原名曷里浒东川，北依南屏山，东、西、南三侧都是郁郁葱葱的草原，本来是金国皇帝的度假胜地，因盛开金莲花而得名。成吉思汗南下攻金时，就曾经驻跸于此。

说是开府，其实只不过是在金莲川草原上多拉几个帐篷而已，但是意义却非比寻常，标志着忽必烈开始走上独立执政的道路。原先漠北王府智囊团那套班子，也都纷纷进驻金莲川。再加上慕名而来、相继投效的一些精英人才，形成了一个载誉海内外的金莲川幕府。

金莲川幕府可谓人才济济，文臣武将、儒生术士、中原域外，各色各样身怀绝技的人物，应有尽有。名字可考的大约六十人，可以分成三个类型：

第一类，四方文学之士。主要包括三个集团的人士，首先是以邢台人刘秉忠为核心的经济之士，包括张文谦、李德辉、刘肃、李简、张耕、马亨、王恂、刘秉恕等等，由于他们都是刘秉忠招揽而来的邢台人，所以又称邢台集团。其次是理学家群体，包括大儒学家许衡、窦默、姚枢、杨惟中、赵复等人。最后是由汉族世侯为主组成的旧金遗士集团，如藁城名将董俊之子董文炳和董文用、河北土豪史秉直父子（三个儿子史天倪、史天安、史天泽）、张柔、严忠济、王鹗、张德辉、赵璧、杨果、郝经、杨奂、宋子贞、商挺、李昶、徐世隆、贾居贞、刘肃等等。

第二类，蒙古贵族。包括木华黎之孙霸突鲁、木华黎曾孙乃燕；博尔术之弟脱兀脱；蒙古帝国开国功臣畏答儿之子忙哥；蔑儿乞人阔阔等等。

第三类，西域人士。主要有畏兀儿将领叶仙鼐和阿里海牙、别失八里的孟速思（据说此人目中有火）、高昌的廉希宪（精通儒学，号称廉孟子）；阿拉伯的建筑师也黑迭儿；波斯的天文学家札马鲁丁、中亚费纳客忒（今乌兹别克斯坦塔什干）的理财能手阿合马等等。

金莲川幕府阵容庞大，精英荟萃，让忽必烈具备了足以傲视天下的雄厚资本。

开府之日，忽必烈大摆酒宴，幕僚们也是倾巢而出，热热闹闹地大干一场。酒宴之间，觥筹交错，喝得大家东倒西歪，丑态毕露，欢呼声雷动。但是姚枢却紧锁眉头，一声不吭地坐在一旁，独自喝闷酒。此人深谙帝王之学，少年时就被人看出有王佐之才，忽必烈对他大为倚重。

一瞧姚枢的脸色有点不对劲，散会之后，忽必烈特意把他留下问话："金莲川开府，乃国家之盛典，刚才大家都向我祝贺。只有你一个默默无语，不知何故？"

姚枢依旧是紧锁眉头，回答说："蒙古帝国之中，有没有像中原那样人口众多、地大物博的膏腴之地呢？你如今是应有尽有，跟皇帝还有什么两样？蒙哥大汗能放心？万一后悔了，肯定会收回去的。我建议除了保留兵权之外，其他的都交还给有关的部门，如此一来，我们就高枕无忧了。"

忽必烈这才恍然大悟："还是姚老兄考虑得远啊！"

金莲川幕府除了姚枢这样深谋远虑的人士之外，也不乏胆大如斗之人。

开府之后，忽必烈带着赵璧北上和林，向蒙哥汇报工作。蒙哥听说赵璧很有才，就请教于他："国家怎么样才可以长治久安？"

赵璧直言不讳："请先杀掉大汗身边那些不法之徒。"

这个穷酸的秀才也太不懂礼貌了，蒙哥很不高兴，就把他轰下殿。

赵璧下去之后，忽必烈也是吓得脸色纸白，大骂赵璧："秀才啊，难道你真的浑身是胆，不要命了吗？我刚才为你捏了两把汗。"

在幕僚们的辅佐之下，年富力盛的忽必烈逐渐显示出他的英明、远见与果断。

有一次，忽必烈到燕京去视察工作，发现两位长官牙剌瓦赤、卜只儿在一天之内就处置了二十八人。其中一个犯下了偷窃马匹的罪行，牙剌瓦赤和卜只儿下令把他杖责一顿之后就释放了。碰巧这时候有人献上了一把环刀，犀利无比。卜只儿让人把那个偷马贼追回来，只听见咔嚓一声，卜只儿竟然亲手用他的人头来试刀。

看得忽必烈气愤不已，召来卜只儿，痛骂一顿：判处死刑，事先就得谨慎审讯。今天一天就处决了二十八人，其中一定有许多无辜的人。那个偷马贼杖责之后，又把他杀了，这是依据哪一条法律？简直就是草菅人命！

骂得卜只儿目瞪口呆，不知所措。

张德辉和大诗人元好问到金莲川去，给忽必烈戴上了一顶"儒学大宗师"的高帽子。忽必烈欣然接受，并禀报蒙哥，要求免去那些儒生的兵赋徭役。蒙哥也很开明，立即采纳了忽必烈的建议。

忽必烈的仁慈、睿智与宽容大体如此。

金莲川开府之后，成了蒙古帝国统治漠南、中原地区的最高行政机关。而忽必烈坐拥千里沃野，励精图治，把繁华的中原地区治理得井井有条，政治清明，文化发达，经济繁荣，社会安定，成了无数汉人心中憧憬的乐土，也是草原上的蒙古人最向往的地方，更是给蒙哥吞下了一颗定心丸，接下来，该是弘扬成吉思汗"快乐人生"的时候了。

于是，宁谧的草原上又可以嗅出一股令人不安的血腥之味。

蒙哥在和林的宫殿中烦躁地走来走去，中原虽然在二弟忽必烈的整治之下，一派欣欣向荣的景象，但是蒙哥仍然寝食不安，窝阔台家族和察合台家族的势力正在暗处紧盯着自己，一旦时机来临，就会猛烈反扑过来。到那时候，拖雷家族就危如累卵了。老母亲唆鲁禾帖尼劳心费神了二十年的伟大事业，将在一夜之间丧失殆尽。

而此时唆鲁禾帖尼也是年迈体衰，风烛残年，终于在蒙哥二年（1252年）正月，无声无息地倒在草原上的凛冽北风之中。

这位英雄母亲哺育了四个超乎凡人的儿子，走过了风风雨雨的六十个春秋，终于化为一缕轻烟而去。但是她魂灵不散，将永远留在到处一片生机的草原上。

二、蒙哥汗的复仇

唆鲁禾帖尼从窝阔台家族手中夺取了政权，要想一劳永逸地解除窝阔台家族的威胁，就必须痛下杀手，将他们全部驱赶出蒙古本部。

盛夏四月的草原，随着蒙哥的降临，和林城内原本凝固的空气，嘣的一声，瞬间爆炸了。人们仿佛感受到扑面而来的滚滚热浪，蒙哥的驱逐令接二连三，窝阔台的子孙一个个地被遣散到三四千里之外的西域各地去。

第四子哈剌察儿之子脱脱被赶到叶密立（今新疆维吾尔自治区额敏县），第五子合失之子海都被赶到海押立（今哈萨克斯坦塔尔迪库尔干），第六子合丹被赶到别失八里（今新疆维吾尔自治区吉木萨尔），第七子灭里被赶到额尔齐斯河。他们犹如一盘散沙，一时间无法凝聚成坚硬的石头。

只有第二子阔端因为在汗位斗争之中当好好先生，蒙哥大为感激，让他在自己的封地——河西走廊度过余生。但是阔端死后，其子蒙哥都跟着窝阔台的第三皇后乞里吉忽帖尼，也被蒙哥赶到河西走廊以西的荒凉地带去了。

为了防备察合台家族居心不轨，蒙哥派遣不怜吉歹率十万大军，驻扎在别失八里与和林之间的交界处（今科布多、杭爱山脉一带），并朝着海都的驻地海押立和讹答剌城方向移动。又派将军不花率两万人，驻扎在吉尔吉斯和谦州的边界，只要察合台家族与窝阔台家族一有风吹草动，立即予以迎头痛击。

蒙哥的剥蒜皮战术很快就让和林城内的海迷失母子三人变成孤家寡人。为了割去这一毒瘤，蒙哥制定下"斩草计划"，必欲先除之而后快。

计划第一步，解除了贵由一系的武装。海迷失皇后的亲信、镇守中亚的野里知吉带手握重兵，早在去年冬天，就戴上了一顶违抗命令的罪名而被满门抄斩。

第二步，对海迷失和她的两个儿子忽察、脑忽进行隔离审查。他们不但躲在和林城中，占着茅坑不拉屎，而且还跟失烈门的生母合塔合失、萨满巫师等狼狈为奸，暗中施法诅咒蒙哥。

这群乌合之众不除，拖雷家族终无安宁之日。于是蒙哥让失烈门去见海迷失母子，告诉他们："要是你们是清白无辜的，那就赶紧来见蒙哥汗吧。蒙哥汗会赐予你们幸福的！"

谁都清楚这是一个圈套，去见也死不去见也死。母子三人急得像沉船上的老鼠，绝望地抱作一团。

忽察恨恨地做了一个骇人的抹脖子动作，"干脆顽抗到底，把失烈门宰了吧！"

海迷失却放走了失烈门，让他捎话给蒙哥："亲王们都曾经亲口允诺，并立下誓言，只有窝阔台的子孙才能够坐在蒙古的汗位之上，任何人都不许和他们对抗。如今你们却可耻地失信了！"

这只可恶的老母狗是不见棺材不掉泪！蒙哥怒火中烧，下诏痛斥海迷失："成吉思汗的弟弟合撒儿、铁木哥、别里古台的妻子们都来参加忽里勒台大会，海迷失却不来。要是萨满巫师以及贵由的大臣哈答黑、镇海和八剌认为应当选举某人为大汗或女主，那就随你们的便吧！"

这就等于直截了当地判处海迷失死刑。

六月，海迷失被粗暴地从和林的密室里揪出来，双手紧紧缝在一块生皮里面。她跟失烈门的生母合塔合失被送进了唆鲁禾帖尼居住过的营帐中。在那儿，由大断事官忙哥撒儿做秘密审讯。

海迷失受到了非人的虐待，衣服被剥个精光，活像一条滑溜溜的大鲇鱼，赤裸裸地站立着聆听判决。她为自己神圣的胴体暴露在众目睽睽之下而羞愤难当，又气又急，大骂忙哥撒儿："为什么要让其他男人看到了只有贵由汗才可以看到的身体？"

但是忙哥撒儿就像一个麻木不仁的旁观者，毫无表情地把判决书念完，然后让人把海迷失裹入一条毛毡，扑通一声，抛进了水中。

处死了海迷失之后，忽察、脑忽与合丹之子也孙脱一道，充军流配中原。失烈门也被拘押在和林西北的没脱赤之地，最后不堪折磨，自寻短见了。

草原上再找不到属于窝阔台家族的东西了，就连窝阔台后妃们的家财，也被亲王们瓜分一空。

解决了窝阔台家族的威胁，蒙哥挥舞着大刀又向察合台家族砍去。他下诏罢免了察合台汗王也速蒙哥，并把五年前失去汗位的哈剌旭烈重新扶上去。哈剌旭烈对此感激涕零，自愿领取处死也速蒙哥的任务。

哈剌旭烈兴高采烈地离开了和林，可惜乐极生悲，没走几天，哈剌旭烈就倒在计日可期的复辟之路上。他的遗孀兀鲁忽乃回到伊犁河畔的阿力麻里之后，立即下令干掉也速蒙哥和权臣巴海乌丁，把年幼的儿子木八剌沙拱上汗位，自己则垂帘听政长达九年之久，她是蒙古历史上第三个摄政女主。

蒙哥举手之间，就漂漂亮亮地削弱了窝阔台和察合台两大家族的势力。至此，拖雷家族独占蒙古本部，成了大漠的真正主人。

但是蒙哥并未为此而忘乎所以，他还有一个艰巨的任务，征服西亚的黑衣大食、南面的赵宋。

就在秘密审讯海迷失皇后的同时，蒙哥在翁金河的宿瓮都行宫召开军事会议。按照曲雕阿兰忽里勒台大会上通过的决议，蒙哥下达了两大远征的军令：命二弟忽必烈南伐赵宋，命三弟旭烈兀西征黑衣大食。

七月，旭烈兀手下第一悍将、乃蛮人怯的不花率领先头部队一万两千人，浩浩荡荡地离开了和林，蒙古帝国轰轰烈烈的第三次西征由此开始。

忽必烈也回到了金莲川的大本营，着手准备南征赵宋。

窝阔台灭金之后，把战线往南推移了数百里。但是南宋也沿着江淮一线，布下重兵，凭借长江天险，让一贯势如破竹的蒙古骑兵裹足不前。双方将士在南方的水乡泽国扭打作一团，难分胜负。由于蒙古军兵力过于分散，后方补给线还时常遭到宋军的袭扰。

四川的宋军就多次派出游击队，一路向东杀奔，从虢州的卢氏杀到永宁，又杀到郑州附近的卫州八柳渡，让江淮前线的蒙古军疲于奔命，不得安宁。

蒙哥对此大为头疼，忽必烈就按照谋士姚枢的建议，在开封设置经略司，任命忙哥、史天泽、杨惟中、赵璧为经略使，陈纪、杨果为参议，在唐州、邓州实行屯田。蒙古军平时为农，下田耕种，战时为兵，宋兵一来，马上放下锄头，操起武器，把他们赶走。同时，从西边的邓州、唐州，再到东边的清口、桃源，筑起了一道防御工事，有效地遏制了宋军的袭扰。

可是宋军的江淮、四川防线固若金汤，蒙古军打了十几年都无法突破。如何进攻南宋成了蒙古人最头痛的问题。

凡战，以正合，以奇胜。从祖父铁木真开始，到父亲拖雷，再到拔都西征欧洲，远程奔袭和大迂回战术屡试不爽，蒙哥、忽必烈兄弟对此深为推崇。每每谈起三峰山的辉煌，更让兄弟俩激动万分。父亲能够做到的，我们一定也可以做到。

于是一个迂回进攻南宋的计划诞生了，忽必烈自甘肃南下，沿着川藏之间的吐蕃道，先取云南大理，再取交趾，直插南宋的侧背翼广西、湖南，配合江淮战区、四川战区的蒙古军，一举灭了南宋。这简直就是当年窝阔台灭金的升级版。

七月二十四日，忽必烈在金莲川誓师祭旗，而后大军缓缓向西开拔。

出发之前，忽必烈召来名士徐世隆，向他求教征讨大理的方略。

徐世隆回答说："亚圣孟子有句话，不喜欢杀人的君王才能统一天下。不滥杀老百姓，天下可定，更不用说一个西南小夷了。"

忽必烈很高兴："只要按照你的话去做，大功定可告成。"

走了一个月之后，九月的一个晚上，忽必烈大摆酒宴犒劳军队。

姚枢趁着忽必烈喝得高兴，又给他灌输了仁道的理念。姚枢讲到宋太祖赵匡胤派遣曹彬进攻江南时，没杀一个人，所以社会安定，甚至连摆摊的小贩也照样做买卖。

听得忽必烈如痴如醉，夜里都睡不好觉，翌日一早，忽必烈就在马背上大声叫唤姚枢："你昨天所讲的曹彬不杀一人，我也可以做得到。"

姚枢也很高兴，终于把一个嗜杀成性的蒙古王公洗脑成好生之德的无敌仁者。

忽必烈迈着轻快的步伐，十二月踏过黄河，第二年（蒙哥三年，1253年）春，又过宁夏。

这时候从草原上传来了蒙哥大封同姓王的诏书，他让忽必烈在开封、长安两者之中任选一个作为自己封地。忽必烈打开地图一瞧，开封、长安，都是多朝古都啊。鱼与熊掌不可兼得，真让人纠结。

姚枢帮忽必烈做决定："开封虽是六朝古都，可是北边是脾气无常的黄河，动不动就泛滥成灾，土地浅薄，水源枯竭，盐泽一大片。关中那可是沃野千里，古称天府陆海啊！"

于是关中就成了忽必烈的封地。

但忽必烈的将军们闻讯之后，一窝蜂涌入长安城，争先恐后购房置业，一个比一个盖得豪华、奢侈，搞得关中地区鸡飞狗跳，民不聊生。

忽必烈大为恼火，大理国还没有打下，就开始追求享受了，成何体统！一怒之下，把那些将军都派到西南四百里处的兴元府各州去，那儿是宋蒙交战的最前线。

关中这块新的根据地成了继金莲川之后又一个温馨的家园。为了建设好这个家园，让关中成为攻打南宋的大后方，忽必烈着重从发展经济、充实军费入手。他奏请蒙哥，将河北解州的盐池划分给自己，充作军饷。在长安设置从宜府，屯田凤翔，开通嘉陵江漕运，把关中打造成前线重要的补给基地，为四川战区的蒙古军输运盐、粮。

为了全面推进各项建设，是年夏天，忽必烈又派遣姚枢到长安去，设置京兆宣抚司，提拔孛兰、杨惟中为宣抚使，负责治理关中。另外设金融机构——交钞提举司，发行钞票，以活络关中的地方经济。

赐封关中一事，折腾了几个月。直到四月，大军才走出萧关，驻扎在六盘山。八月，横渡洮河，抵达甘肃临洮。在此略作休整，忽必烈先礼后兵，派遣玉律术、王君候、王鉴前往大理国招降。

几年之前，窝阔台曾经抽调精兵攻打大理，结果在丽江九禾打了一仗，双方两败俱伤。恰逢窝阔台死去，蒙古军仓皇北撤。消息传来，大理举国振奋，奔走相告，传说中横扫欧亚大陆的蒙古人也不过尔尔。

这时候大理的国政操纵在宰相高泰祥、高泰和兄弟手中，皇帝段兴智

（此人可不是金庸笔下的段智兴段皇爷）几乎成了一个木偶人。结果忽必烈的招降书一到，立即被高泰祥扔进了垃圾桶。

敬酒不吃吃罚酒！忽必烈大怒，段兴智、高泰祥，你们等死吧！

三、忽必烈远征大理

忽必烈从甘肃临洮掉头南下，九月二十六日，抵达忒剌（今甘南迭部县达拉沟）。就在昨天，三弟旭烈兀把自己的漠北封地交给次子出木哈儿之后，也踏上了西征之旅。两路大军就像蒙古帝国的两把出鞘利剑，毫不留情地刺向那些引颈待戮、命运不济的人！

从忒剌至大理，地图上的直线距离就超过两千里。其间山川险隔，江河横断，山路崎岖坎坷，更有高耸入云的皑皑雪山。向大理进军，路途之艰辛，一点也不亚于七百年之后的红军长征。

忽必烈在忒剌召开军中会议，决定兵分三路，忽必烈自率中路军，走大道一路南下，直捣大理。兀良哈台率西路军，抄合、也只烈率东路军，负责两翼包抄。而后分进合击，打他段兴智一个措手不及。

离开忒剌之后，就是青青的阿坝草原。忽必烈仿佛回到了大漠，也在那里找到了一种家的感觉。但是走出阿坝草原，就不那么愉快了。眼前白茫茫一大片，高耸入云的雪山，与灰蒙蒙的天空相连。山路蜿蜒盘曲，狭小陡峭，骑着马根本就上不去，忽必烈只好下令舍骑徒步。

又过了雅砻江，进入吐蕃境内。总算旅途一路平安，九月二十九日，忽必烈抵达满陀城。此地位于黎州西边、大渡河畔。

过河之前，忽必烈回头一看，吓了一大跳。身后的人马，断断续续，就像散落在地的叶子，建制全部打乱，几乎不成队列。

将士失散相离的比比皆是，藁城董氏兄弟的老大董文炳，率领四十六个骑兵追随忽必烈南征大理，结果一路上颠簸之后，全都走散了。到了吐蕃境内，连战马也没了，董文炳身边只剩下两个人，搀扶着他蹒跚而行。一路上饥寒交迫，只好割下道旁的死马肉充饥。每天只能行走二三十里，眼看就要追不上忽必烈，成了茫然无助的落伍者。幸亏遇到使者骑着快马从身旁经过，忽必烈这才得知董文炳的悲惨处境。于是让他的弟弟董文忠，用五匹马载着干粮，回头把董文炳接到满陀城。

但更糟糕的还在后头。

十月初一，过了大渡河之后，忽必烈这才领教到西南横断山脉高峰坠石的恐怖之处。沿途所见尽是深不透底的沟壑，悬崖峭壁，狭溪涧水。因害怕战马不敢前行，忽必烈下令用缰绳把战马连成一串串的。结果只要一匹马失前蹄，就会有一连串的人和马摔得粉身碎骨，那叫一个惨不忍睹。

穿过浓翠蔽日的深山茂林时，浅塘沼泽臭不可闻，军中因瘴疠得了疟疾的不计其数。忽必烈的大军简直是在闯鬼门关，一不留神，就永堕阿鼻地狱了。如此心惊胆战地走了四五百里路，翻越了牦牛山，又到了波涛汹涌的金沙江东岸。

对岸飘扬着大理战旗，宰相高泰祥亲自率领一支大军，在大渡河西岸安营扎寨。高泰祥嗷嗷大叫，忽必烈就是长了翅膀也飞不过去！

忽必烈火了，拼命地挥舞着令旗："给我杀过去，活捉那个姓高的！"

可蒙古人一瞧水势凶猛的金沙江，马上就头晕眼花，气得忽必烈就要骂娘。

但就算有天大的困难也阻止不了忽必烈前进的决心。他发明了历史上最早的救生圈，下令杀羊剥下皮，扎成口袋。派遣一支敢死队，把羊皮袋绑在身上，乘坐木筏，声东击西，绕过高泰祥，在吐蕃的卞头（今云南奉良与对门拉卡西）安然渡过金沙江，这就是名垂千古的元跨革囊。

敢死队渡江之后，到达罗邦（今云南丽江宝山）、罗寺（拉汝）一带，此地离大理国都阳苴咩城（今云南大理）不到三百里。眼见老巢就要被蒙古人端了，高泰祥慌了神，赶紧撤军。

忽必烈轻轻松松突破金沙江防线，胜似闲庭信步。子聪和尚在军中，日夜不停地叽叽喳喳，说什么天地有好生之德，王者之道，神武不杀，以柔克刚，听得忽必烈耳朵都长茧了，便在十一月十六日，又派遣玉律术等人到阳苴咩城去劝降。

与此同时，兀良哈台的西路军走晏当路，从阿坝草原出发，经吐蕃边境南下，一路上除了山地障碍之外，没有遇到其他麻烦。兀良哈台自旦当岭入云南境内，十一月二十一日抵达白蛮打郭寨（今云南大具县）。摩些二部（纳西族）酋长阿宗、阿良听说蒙古人杀到了，不战而降。但是他的侄儿负隅顽抗，结果被兀良哈台一举攻破。

摩些二部降服之后，兀良哈台继续扫荡白蛮各山寨。兀良哈台运用零敲牛皮糖战术，将其逐一拿下。最后只剩下一个半空和寨（今云南丽江石鼓北石门关）。半空和寨，因悬建在高山峡谷之上，脚下是湍急的江水，守寨的是两个和姓的纳西族头领——和牒、和失，故得名。

兀良哈台到了半空和寨下，抬头一看，不由得大叫一声，我的妈呀！简直就是半空吊着一个篮子，怎么攻打啊？于是他耍了一个调虎离山之计，暗中派人侦察地形，首先到处扬言说要断了半空和寨的水源，然后组织一支敢死队，架起大炮，发起猛攻。

要是水源被断绝，就是蒙古人不来进攻，也会被活活渴死，和牒赶紧派兵出寨抢夺水源。敌人中计了！兀良哈台大喜，接下去的战斗任务就交给儿子阿术了。

这个阿术年方二十六，打起仗来也是个不要命的主。他只一个冲锋，就把纳西寨兵杀得七零八落，狼狈逃回。阿术乘胜追击，一骨碌冲进半空和寨。和牒、和失两兄弟来不及逃跑，束手就擒。

十一月二十五日，兀良哈台杀到三甸。第二天，当地人竖起白旗投降。

兀良哈台迅速肃清外围据点之后，从西北面逼近阳苴咩城。东路军统帅抄合、也只烈二人也不甘落后。他们由四川宜宾进入云南，奔袭千里，在阳苴咩城以东两百里的姚州，击败大理姚州节度高通，从东面夹击阳苴咩城。

阳苴咩城夹在洱海与苍山之间，三面环水，易守难攻。忽必烈中路军在摩些土人的引路之下，翻越冰雪覆盖的苍山，十二月十二日，突然出现在中峰山下，立即引发阳苴咩城中一片骚动。高泰祥在各城门布防重兵，想跟忽必烈做生死一决。

夜幕降临之后，蒙军总攻开始。负责主攻方向的汉将郑鼎一声令下，军中大炮齐轰。大理守军也是殊死血战，誓与城池共存亡。一整夜钲鼓声、喊杀声惊天动地。

鏖战至翌日凌晨，城下尸堆如山。郑鼎大吼一声，率先跃进阳苴咩城。后续大部队如潮涌般鱼贯而入，这座近五百年历史的古城终于被蒙古人攻破了。

大理皇帝段兴智吓得两股战战，连忙派人去请高泰祥、高泰和，前来商议对策。没想到这两个家伙早已弃城逃走，不见踪影了。段兴智自知大势已去，也带上宫妃，混入人群，向东逃窜而去。

"段皇爷"逃走了，城内群龙无首，顿时闹哄哄的，那些大理的王公、老百姓，都听说蒙古人的屠城之惨，连东西都顾不上收拾，也疯狂逃命去了。

忽必烈骑着高头大马，站在阳苴咩城大门之外，等候着劝降使玉律术前来迎驾。只见城内火光冲天，哭喊声四起，慌乱的人群如无头苍蝇，窜来窜去，哪里见到玉律术等人的身影。

忽必烈长声悲叹："玉律术已死矣！"

入城之后，忽必烈也没有下令报复。这回蒙古军队表现出高度的自律，一改过去烧杀劫掠的恶行，持军严整，秋毫无犯，让老百姓们大为惊叹。十二月十五日，当地的土豪、躬节仁义道济大师杨氏率先倒戈投靠忽必烈。此人出身于密宗世家，他的曾祖父圆慧，被大理皇帝段正兴尊为国师。祖父慧升，也被赐封为智天大师。生父杨异宗，佛号智明；生母为义学教主、大理崇圣寺主赵德馨之长女。连虔心向佛的道济大师都归顺了蒙古人，于是逃离在外的人们也纷纷回来了。阳苴咩城的混乱持续不到三天，很快就安定了。

随着兀良哈台的西路军威凛凛地进入阳苴咩城，蒙古人逐渐控制了整个大理国。

可是这时候，奉命搜寻图籍文档的姚枢，在一间密室里发现了招降使者玉律术等人的尸体。忽必烈悲愤万分，瞬间失去理智，咆哮着要屠城，替玉律术等报仇。

冲动是魔鬼。眼见多年的悉心教导就要毁于一旦，阳苴咩城内又将尸横遍野，姚枢、子聪和尚、张文谦三人赶紧站出来，手挽手为老百姓求情："杀死国使、顽抗王命的是高泰祥一人。那些平民百姓都是无辜的，请饶恕他们吧！"

姚枢甚至不待忽必烈批准，就擅自裂帛为旗，上面书写禁止杀戮的军令，插在各个街道、路口。阳苴咩城这才逃过了一大劫。

老百姓可饶，但是段兴智与高泰祥必须予以严惩。于是忽必烈派遣兀良哈台向南搜索，也古、拔突儿向东搜索，务必将段兴智、高泰祥缉拿归案。

十二月十七日，兀良哈台出龙尾关、赵睒（今云南凤仪），开始扫荡乌蛮各部。

大理宰相高泰祥逃到姚州统失逻之后，召集旧部，准备顽抗到底。结果也古、拔突儿突然杀到，高泰祥措手不及，当场被斩杀。

消灭了大理国的霸主高氏一族，这一次的南征也渐进尾声。南宋已陷入蒙古构筑的北、西、南三面包围圈之中。于是，忽必烈留下兀良哈台继续追踪下落不明的段兴智，任命刘时中为宣抚使，跟段氏旧臣一道安抚大理，而后下令大军北返，等待蒙哥的攻宋指示。

凯旋之时，忽必烈让汉将郑鼎殿后，道经吐蕃，沿着来路回家。不料途中遭遇到暴风雪，前头部队在三尺厚的雪地里蹒跚行进，等后续部队走过去时，大雪已有一丈之深了。

爬陡坡时，都要踏冰为梯，只能徒步而行。战马根本就过不去，结果军中四十万匹战马，全被甩在冰天雪地之中，活活饿死、冻死。

征服大理，忽必烈也付出了异常惨重的代价！

第二年（蒙哥四年，1254 年）春天，忽必烈回到关中，对南征大理的艰辛感慨万分："忆昔成吉思汗创业之时，和手下十九人生死与共，渴了同饮班朱尼河肮脏的泥水。这次远征大理，就是我的班朱尼河！"

四、蒙哥汗的猜忌与和解

在关中，忽必烈短暂逗留了些日子，对这块新封地进行一次全面的巡视考察，果然如姚枢所言，地方数千里，皆膏腴沃野，最适宜发展农业。于是忽必烈任命姚枢为京兆劝农使，劝课农桑，开展大生产运动。

盛夏来临之际，忽必烈离开长安城，五月二十九日避暑于六盘山。此时大将兀良哈台正在云南前线，为平定当地各族而战斗不息。

兀良哈台出龙尾关之后，一路向东，转攻易笼城。又进攻武定的乌蛮罗部府，在滇可浪山下击溃了乌蛮大将高升的阻击，杀到乌蛮部落的大本营押赤城（今云南昆明）。

押赤城在滇池之北，三面靠水，修筑得异常坚固。在蒙军大炮的猛轰之下，北门被夷为平地。兀良哈台派出军中最精锐的部队，乘势纵火烧城。但是那些剽悍的乌蛮斗士硬是在熊熊的烈火之中，打退了蒙古人的多次进攻。兀良哈台累到筋疲力尽，仍是束手无策。

这个兀良哈台也不是只懂得一味蛮干的粗人，颇有其父速不台智勇双全的遗风。强攻不成，就来个智取。他想出了一个惑敌之计，下令全军听到第一次鼓钲的响声，就要奋勇直前。再听到第二次鼓钲的响声，纵然前面有黄金万两也得后撤。

攻城时，蒙古人闻鼓起舞，一鼓而前，二鼓而止，三鼓再前，虽然很有节奏感，却也搞得乌蛮人一整天紧张兮兮的，连睡觉都要抱着刀枪。如此枯燥无味的进攻动作机械地重复了七天之后，乌蛮人终于放松警惕了，原来蒙古人是在搞军事演习，根本就不想攻城。于是任凭蒙古人怎么闹，我就躲在家里睡大觉。

没想到第八天拂晓时，兀良哈台动真格了。他派遣儿子阿术率领一支特攻队，秘密潜伏在押赤城下，而后以迅雷之势跃上城墙，趁着乌蛮人睡如死猪，如砍瓜切菜一般，杀得城中血流成河。

乌蛮人大溃而出，兀良哈台穷追不舍，在押赤城东边百余里的昆泽（今云南宜良）将其全部消灭。还抓获一个叫摩诃罗嵯的大人物，仔细一审，令兀良哈台大喜过望，他竟然就是大理国的皇帝段兴智。

兀良哈台杀得兴起，又转攻乾德哥城（今云南澄江），可是攻城的架势刚拉开，兀良哈台就病倒了，卧床不起。阿术接过指挥棒，把扫荡战进行到底。

青出于蓝而胜于蓝。这个阿术勇猛更甚于乃父兀良哈台，下令在乾德哥城四周竖起大炮，用干草填满城外壕沟。结果攻城部队还没有集合完毕，阿术就已经跳上城墙，跟乌蛮人展开肉搏战。

拿下乾德哥城，阿术如入无人之地，直取曲靖境内的不花合因、阿合阿因等三座城池。每次攻城，阿术必身先士卒，手握大刀亲自参加白刃战。

紧接着阿术掉头北上，杀入昭通境内的赤秃哥山寨，并乘胜击破贵州鸭池河以西的鲁鲁厮国。平定大理北部之后，兵锋又风风火火地向南而去，阿术相继攻破云南通海、建水的阿伯国，一直杀到红河畔的阿鲁城。

至次年（蒙哥五年，1255 年）七月，兀良哈台、阿术父子扫平了大理五城、八府、四郡，降服乌蛮三十七部，为日后夹击南宋，打下了坚实的基础。

兀良哈台父子的英勇奋战，杀出了一条通往湖南、广西的大道，在南宋的西南侧背翼另辟战场，令南宋两面受敌。

上阵父子兵，打虎亲兄弟。

忽必烈、旭烈兀两兄弟不折不扣地执行蒙哥的命令，更是铸就了蒙古帝国新的辉煌。

二弟忽必烈灭了大理的捷报刚刚到达和林城，又传来了三弟旭烈兀的佳音，他已于八月抵达中亚的大都会撒麻耳干。蒙古帝国的第三次西征随着统帅旭烈兀的到位，也渐入佳境。

西征军分三梯队相继出发，第一梯队乃蛮悍将怯的不花，第二梯队汉人郭侃（据说此人是金庸笔下大侠郭靖的原型人物），旭烈兀自为第三梯队。

十二月初三，旭烈兀在阿姆河上搭建舟桥。渡河之后，直奔伊朗马赞德兰的木剌夷国而去。该国为伊斯兰教什叶派主流的支派之一伊玛目派所建立的王国，定都里海南岸的阿剌模忒堡。其领袖就是令人闻风丧胆的"山中老人"阿老丁（末代苏丹鲁克那丁·忽儿沙），此人堪称恐怖分子的开山祖师，专搞暗杀活动。

《马可·波罗游记》中对他的描述非常传奇，说阿剌模忒的两座高山之间有一个美丽的忘忧谷。阿老丁在峡谷里建立一座美轮美奂的宫殿，奇珍异果，鲜花美酒，特别是那些露出肚脐的妙龄少女，不但擅长歌舞演唱，更精通调情的艺术，令人流连忘返。

除此之外，阿老丁还在自己的极乐园内豢养了一大批受过严格军事训练的杀手。每次委派任务时，妙龄少女们用美酒、迷幻药，施展就连坐怀不乱的柳下惠也把持不住的调情艺术，让那些刺客服服帖帖地服从阿老丁的命令。

铲除这一恐怖大佬的使命就交给郭侃。他率军把阿老丁的极乐园整整包围三年之久，最后阿老丁粮尽援绝，自动投降，在送往和林的途中为军兵所杀，阿剌模忒堡也被夷为平地。

也正是在这一年，右翼宗王的龙头、蒙哥最亲密的堂兄、拖雷家族的大救星拔都与世长辞了。拔都虽然独创了一个足以比肩蒙古帝国的金帐汗国，但是对蒙哥颇为敬重，仍视他为蒙古人的精神领袖。

旭烈兀西征时，拔都特意派遣五弟昔班之子巴剌罕、七弟土斡耳之孙秃塔儿，驻扎在高加索山脉的隘口打耳班关，支援旭烈兀的西征。

拔都死后，蒙哥对这个于己有恩的兄长不胜缅怀。其子撒里答远涉千山万水，毕恭毕敬地来到和林，觐见蒙哥。蒙哥激动万分，立刻赐封撒里答为金帐汗国的第二任大汗。不幸的是撒里答在归途中死去了，蒙哥又赐封拔都的幼子乌剌黑赤为金帐汗国的第三任大汗。

没有拔都，就没有蒙哥的今天。在蒙哥心中，拔都永远是他最崇敬的兄长！

但亲兄弟之间总是难免有些磕磕碰碰。正当蒙哥的征伐大业如同一曲慷慨激昂的歌乐高声奏起时，不和谐的音调也开始滋生了。

蒙哥把最有潜力的关中赐封给忽必烈，忽必烈对这份大礼也是倍加珍惜。

蒙哥四年（1254年）十一月，忽必烈提拔年轻有为的廉希宪为京兆宣抚使。次年二月，又任命许衡为京兆提学。这是忽必烈任用汉人统治中原的伟大尝试，结果获得巨大成功。关中大治，万民拥护，岁稔年丰，赋税剧增。

蒙哥一高兴之下，又将怀州赐封给忽必烈。至此，属于忽必烈的地盘，东起大兴安岭，包括怀州、金莲川草原，跨过河套，西至富饶的关中地区，前后绵延两三千里。

但是随着忽必烈实力的日益增长，已成尾大不掉之势。特别是忽必烈下有两个直属机构，河南经略司、京兆宣抚司，几乎掌控了蒙古帝国的经济命脉，引起蒙哥身边谗臣尤其是和林副长官阿蓝答儿的嫉恨。

更让阿蓝答儿看不下的是，忽必烈大兴土木，令精通天文地理、风水堪舆的子聪和尚，在金莲川选取桓州东、滦河北的龙冈，兴筑新城，名曰开平府，以作为自己的王府。开平府周长十八里，城墙石块包镶，其派头一点也不亚于草原首都和林城。

这简直就是另立中央，图谋不轨。于是阿蓝答儿就像苍蝇似的，一整天围绕着蒙哥叽叽歪歪："不得了，在中原地区，汉人只知道一个爱民如子的皇弟忽必烈，不知道有至尊的蒙哥汗。忽必烈所用的那些官吏，贪污腐败，营私舞弊，巧取豪夺，无所不用其极。再这样下去，整个国家都会被侵蚀一空。"

猜忌和怀疑是爱最大的敌人，再加上阿蓝答儿别有用心的挑拨离间，蒙哥心里很不是滋味，耳根一软，决定不顾手足之情，把忽必烈废了。

于是在蒙哥七年（1257 年）正月，蒙古帝国的第四个行省——京兆行省成立了。蒙哥任命阿蓝答儿为京兆行省长官、刘太平为副长官。

阿蓝答儿莅任之后的第一件事就是设置钩考局（反贪局），稽查审核关中、河南地区的钱谷财赋收入。并制定一百四十二条考查条例，试图从河南经略司、京兆宣抚司中挖出所谓的腐败分子。其用意在于架空忽必烈，剥夺他的兵权。

这个阿蓝答儿是蒙哥的心腹大臣，阿蓝答儿在波斯语中意即旗鼓手。结果在这个旗鼓手不遗余力的敲打之下，一桩桩冤案产生了。

阿蓝答儿首先拿河南经略司开刀，他把河南经略司的所有官员都抓起来。但是经略使史天泽是功勋卓著的四朝元老，自成吉思汗时代开始就效劳于蒙古帝国，蒙哥特地下了一道免死令，所以阿蓝答儿丝毫不敢动他半根毫毛。

阿蓝答儿向蒙哥汇报："河南经略司的官吏除了史天泽之外，其余的通通该杀！"

史天泽怒气冲冲地去见阿蓝答儿："我是河南经略司的负责人。今天不追究我的罪行，却要严惩我的属下。我能安心吗？"

阿蓝答儿无话可说，只好释放了河南经略司的许多官吏。可惜仍有二十多人被肆意拷打，惨死狱中。

接下来该轮到京兆宣抚司了。宣抚使廉希宪是个血气方刚的小伙子，年仅二十六，但很讲哥儿们义气。他听说已经有二十多人遭毒手了，立刻挺起胸脯去见阿蓝答儿："京兆宣抚司的事都由我做主。一人做事一人当，关那些下属们屁事？要杀就杀我一个吧！"

京兆宣抚司的负责人之一参议司事赵良弼也是大义凛然，慷慨陈词，让阿蓝答儿和刘太平无从下黑手，结果京兆宣抚司没有一个人受到处罚。

但是京兆榷课所（税务局）长官马亨就不那么走运了。马亨任职五年以来，兢兢业业，为了关中的经济发展默默耕耘、无私奉献。阿蓝答儿刚刚南下稽查关中的赋税时，恰逢马亨押运税银五百铤（五十两为一铤），准备送到金莲川的开平府。走到了平阳，跟阿蓝答儿狭路相逢。

要是拜见了阿蓝答儿，这五百铤银子必定被他收缴。要是避而不见，就会给阿蓝答儿一个借口，治马亨欺君怠慢之罪。

马亨对忽必烈的忠心比钢铁更难熔化。索性心一狠，宁可自己被阿蓝答儿抓去，也不能让税银落入他人之手。于是大摇大摆，视若无睹地与阿蓝答儿擦肩而过。

这果然惹毛了阿蓝答儿，阿蓝答儿立刻派人到金莲川王府去捉拿马亨。

忽必烈对马亨的结局忧心忡忡："要是你被抓走了，不知道他们会给你戴上什么罪名？"

马亨却很淡定："没事，我就潇洒走一回吧！他们抓不住我的把柄。"

马亨见了阿蓝答儿之后，无论怎么拷打，就是把嘴巴闭得比铁桶还要严实。阿蓝答儿找不到打击的理由，只好给马亨随便安几个令人啼笑皆非的罪名，如擅自支取官吏的薪水充作公款，雇用苦力为官府转运而不发工钱等，最后不了了之。

忽必烈有感于马亨的忠诚，赐赏白银三十二铤（合计一千六百两）。

蒙哥派遣阿蓝答儿来中原这么一闹，忽必烈心中的郁闷不言而喻。眼见兄弟之间猜忌日益加深，蒙古帝国即将祸起萧墙，大谋士姚枢赶紧奉劝忽必烈："蒙哥大汗，不但是皇帝，更是兄长。王爷你既是臣子，又是弟弟。不可计较太深，否则就会大难临头。"

忽必烈很是无奈："树欲静而风不止。我该怎么办？"

姚枢给忽必烈支招："带上府内所有家眷，到和林去，准备长久住下。如此一来，蒙哥必会释然，兄弟情谊也会和好如初。"

忽必烈却一直迟疑不决，一则舍不得离开金莲川，二则担心到了和林，就等于肉包子打狗，一去不复返。

这时候，因为亲王也孙格（成吉思汗二弟合撒儿之子）、驸马也速儿等人奏请攻伐南宋，所以蒙哥下令诸王、文武大臣，聚集也可迭烈孙之地，召开忽里勒台大会，商议伐宋大事。

也可迭烈孙之地即今天锡林郭勒盟南部的浑善达克沙地，离金莲川不过一步之遥，这正是兄弟和解的大好时机。

忽必烈告诉姚枢："看来只有听你的话了！"

他决定亲自觐见蒙哥，以修复兄弟情谊。起身之前，忽必烈先派人去见蒙哥。

蒙哥对这个爱恨交加的弟弟仍然是心存戒虑。他根本就不信忽必烈有这个诚意，告诉身边的人说："今日的忽必烈，已经不是过去的忽必烈了。他说要来，那是使诈，要来暗算我！"

可是话没说完，忽必烈的使者又来了。

二弟似乎蛮有诚意的！但蒙哥仍是将信将疑，下令说："既然要来，只许带上两百骑兵，不准带上辎重车队。"

十二月，也可迭烈孙之地发生了感人的一幕，忽必烈跟蒙哥终于敖包相会了。

两兄弟就像闹别扭之后分居多年的恩爱夫妇，一旦相聚更是情未了。

蒙哥满脸喜色，二弟还是过去的二弟，一点都没有变。于是邀请忽必烈一同参加伐宋的军事会议。

会上蒙哥亲自为忽必烈斟酒，忽必烈诚惶诚恐地施礼坐下。此后，蒙哥又斟酒，忽必烈又施礼坐下。三杯酒下肚之后，过去的所有恩怨纠缠都化为乌有了。

忽必烈两眼泪汪汪，张口就要说些什么。

蒙哥也是眼睛红红的："皇弟什么都不要说了。"

什么都不要说，等于什么都说了。蒙哥当场下诏，废除关中钩考局，把阿蓝答儿从长安调回和林。

可忽必烈设置的那些安抚司、经略司、宣抚司、都漕司，蒙哥看了就心烦。既然都是一家人，搞那些杂七杂八的名堂做什么，于是蒙哥将它们也全都废去。

忽必烈虽仍为总理漠南汉地军庶事，但已成了一个光杆司令。解除了忽必烈的兵柄，兄弟阋墙也就化解了，接下去应该齐心协力，讨伐南宋，完成天下一统。

五、兀良合台南征交趾

军事会议之上，蒙哥、忽必烈两兄弟拉开一幅巨大的南宋地图。姚枢长跪在地，指着地图上宋蒙边界江淮附近的郡县以及各个可以开进战船的渡口、要道。

南宋的防御策略就是依赖长江天险，拒敌于江北。要征服南宋，首先必须找到一个突破口。长江中游的襄阳、鄂州，扼两湖、川陕的咽喉，是大江南北交通的关节点，素称兵家必争之地，无疑是最佳的突破点。

二十多年前，宋将赵范、赵葵兄弟头脑发热，贸然实施"端平入洛"，结果遭到可耻的失败。蒙古军发动报复性的反攻，一举侵占襄阳城，将南宋京湖战区打得破破烂烂。宋理宗急忙把驻守黄州的名将孟珙调到京湖战区去堵塞蒙古人。

孟珙一到，宋军士气大振，很快就收复襄阳城，一举扭转了宋军的颓势。此后，孟珙被提拔为京湖战区总司令，就像一只猛虎盘踞在长江中游，让百战百胜的蒙古骑兵望而生畏。十几年里连气也不敢大喘一口，南宋的腐朽生涯也因此得以延长了十几年。

如今，这一个最伟大的"机动防御大师"已化成一抔黄土，南宋的万里长城倒下了一大片。此时不取襄樊，更待何时？

忽必烈死死地盯着地图，立即想出了一个进攻南宋的方略：夺取襄樊，把南宋的防御体系撕裂成东西两半，便可势如破竹，直捣临安城。

蒙哥对忽必烈的正面进攻策略不感兴趣。他更加钟情于大迂回战术，主张与云南的兀良哈台南北夹击，攻占四川全境。然后避实击虚，绕过南宋坚固的京湖防线，由侧背翼东取南宋的软腹部湖南、广西。只要从湖广一下，临安城就会变成汪洋大海里的一个孤岛，南宋想不投降都不行。

恰逢这时候兀良哈台已经平定大理，最远杀到阳苴咩城以南七百里普洱一带的波丽国。儿子阿术还生擒了波丽国主细嵯甫，连同大理皇帝段兴智一并送到蒙哥跟前。蒙哥毫不犹豫地命令兀良哈台北上，打通滇川交通线，与四川的蒙古军会合。

兀良哈台取道乌蒙（今云南昭通），渡过金沙江，铲平宜宾以南的秃剌蛮三城庆符、高州、筠连。而后在马湖江逼退宋将张实三万人的阻击，夺取战船两百艘，袭破嘉定、重庆，在合州强渡嘉陵江，与川北蒙古军统将汪德臣胜利握手。

至此，云南、四川连成一片，并入蒙古帝国的版图。兀良哈台上奏蒙哥，仿照汉代在大西南设立郡县管辖。蒙哥大喜，下令大行封赏，赐兀良哈台金缕织文衣一袭、银五千两，奖赏军士彩帛两万四千匹。加封兀良哈台为大元帅，授予银印。让他回到阳苴咩城去，镇守大西南。

兀良哈台过惯了刀口舔血的戎马日子，回到大理之后，一整天闲着没事干，憋得他就要生出大病来。忽然想到从大理到南宋的广西，还隔着一个交趾国。只要征服了交趾国，就可以构筑对南宋的C字形包围圈。

这个交趾国本是中原的属土，汉武帝灭了南越之后，设立交趾、九真、日南三郡管辖。东汉末年，日南郡的婆罗门教徒占族人不满地方官的暴政，揭竿而起闹独立，建立占婆国。而北部的交趾、九真两郡则一直接受中原王朝的统治，历经七八百年之久。

五代十国时期，天下大乱，各地军阀竞相抢占山头，纷纷独立。南汉静海军节度使杨延艺的乘龙快婿吴权趁乱兴起，脱离南汉的束缚，开始走上独立建国的道路，史称吴朝。

三十年之后，丁朝取代吴朝，定国号为大瞿越，从此交趾与中原王朝分道扬镳。

但是交趾独立之后，国内政局一直处于风雨飘摇之中。城头变幻大王旗，各个王朝如走马观花似的轮番交替，丁朝存在十二年，变成前黎朝。前黎朝持续了三十年，又变成李朝。

李朝末年，上演了交趾版的陈桥兵变。成吉思汗二十年（1225 年），交趾大奸雄、殿前指挥使陈守度趁着王室无男嗣，假惺惺地将七岁的昭圣公主李佛金拱上王位。而后逼她嫁给八岁的从侄儿陈日煚。

次年，陈守度又逼迫李佛金将王位禅让给自己的小老公陈日煚。陈日煚登基之后，开创了长达一百八十年的交趾陈朝。但这个娃娃国王成了一个任人肆意摆布的小傀儡，朝政全都操纵在国尚父陈守度手中。

野史称陈日煚原名谢升卿，本是南宋福州长乐的一个无赖，喜欢聚众赌博，后来跑到交趾去，竟然考上了状元，成了交趾宰相的上门女婿，从此改名为陈日煚。而交趾宰相是交趾国王的女婿，年老昏庸。陈日煚霸持朝政，终于鸠占鹊巢，成为交趾的一国之主。

虽然野史所载荒谬不可稽考，跟史实不合，但是陈日煚的五世祖陈京确实是从福建移民到交趾的。所以陈日煚也自视为大宋子民的后裔，对南宋感情颇深。

窝阔台时期，交趾王陈日煚曾经派遣使者入贡南宋，宋理宗赵昀对陈日煚的忠心耿耿感动不已，二话没说，立即册封他为"安南国王，加特进检校太尉、兼御史大夫、上柱国"等等，正式确立南宋与交趾的宗藩关系。

交趾心甘情愿臣服南宋让兀良哈台很不爽，于是在蒙哥七年（1257 年）八月派遣使者到交趾去招降。

此时的陈日煚不再是懵懵懂懂的八岁小孩，已长成一个颇有抱负大志的国君，他把南宋与交趾当作辅车相依、唇亡齿寒的命运共同体。所以兀良哈台的招降使一进交趾境内，马上就被陈日煚投入大牢。并下令全国总动员，整修武备，以抵御蒙古人的进攻。

"这个蛮夷小邦不讨，何以讨宋国？"兀良哈台大怒，立即命令部将彻彻都等各率一千人马，兵分多路，发起试探性进攻，直达交趾的西北要隘平厉源（今越南永富）。此地距离交趾国都升龙（今越南河内）仅仅两百余里，蒙古骑兵只需半天时间就可以杀到升龙去。交趾王陈日煚不甘心沦为亡国奴，亲自率领大军，沿着红河北上，与蒙古军隔水对峙。

紧接着，兀良哈台又让儿子阿术率领第二梯队人马去增援彻彻都等部。阿术到了平厉源，立即就被红河南岸的交趾军阵吓坏了。

只见对岸密密麻麻，出现了一大群长鼻子的怪兽大军，响起一阵骇人的咆哮声。阿术大吃一惊：交趾人竟然把大象也训练成军队！

大象身后，则是交趾的精锐骑兵方阵和步兵方阵，队列严整，气焰逼天。

阿术尽管勇不可当，但是面对完全陌生的象阵，不敢贸然发起冲击，赶紧跑回去报告兀良哈台。兀良哈台一听说有新奇的大象部队，也不敢大意，率领主力，马不停蹄地赶往平厉源。

十二月十二日，兀良哈台抵达平厉源。红河南岸的交趾王陈日煚躲在威猛的大象屁股后面，傲慢无礼地朝兀良哈台挥挥手："有种的就过来吧，小心我的大象将你们这些野蛮人踩成稀巴烂！"

兀良哈台气炸了肺，立即下令用抛石机和弓箭猛轰交趾的象阵。那些大象遭受惊吓之后，一片混乱，交趾兵不得不下令往后撤退。

战机来临了，兀良哈台果断发出进攻的信号，令彻彻都率领一支突击队，从浅水处抢渡红河，兀良哈台自率主力随后跟进，弘吉剌部的驸马爷怀都和阿术为后阵，形成梯次进攻的阵形。

进攻前，兀良哈台召来众将，面授机宜。彻彻都渡河之后，不要急着往前冲锋。先要站稳脚跟，击退敌人的反冲击。驸马爷怀都和阿术负责包抄敌军后路，敌人见后路被抄，必然撤退。这时候彻彻都就要趁乱夺取敌军的战船。等敌人退到江边，船都没有了，便可围而歼之。

此战能否生擒交趾王陈日煚，就看彻彻都的夺船了。

决战开始，蒙古军如同涨潮般涌过红河，怀都和阿术的弓箭手朝着大象乱射一通。结果那些大象惊恐地掉头狂奔，登时响起一阵阵凄厉的惨叫声，无数的交趾兵反被大象踩躏成一堆堆烂肉泥。

交趾兵哭爹叫娘，都在忙着逃命。只有陈守度的女婿黎秦单枪匹马，杀入蒙古军阵中。

陈日煚也准备逃跑，有人劝说："大王这么一退，军心必乱。应该岿然不动，给将士们一个模范。"陈日煚只好待在原地不动，拼命地摇晃着战旗给交趾兵打气。

这时候黎秦又杀出来了，力谏陈日煚："大王乃万尊之躯，岂能孤注一掷？更不能轻信他人。"

黎秦这么一说，陈日煚又准备开溜。

孰料在这关键的时刻，负责夺船的彻彻都杀得眼红，竟然忘记自己身上的使命，只顾一味向前猛冲。结果让陈日煚跳上一艘快船，飞也似的逃至泸江。

煮熟的鸭子飞了，兀良哈台大发雷霆，痛骂彻彻都："身为先锋，违抗军令，罪不可赦！"

彻彻都羞惧交并，最后服毒自尽。

陈日煚退到泸江（今越南越池市白鹤县南）之后，马上下令撤去江面上的扶鲁桥，把蒙古追兵堵在对岸。

兀良合台想涉江追杀，又不知深浅，就让弓箭手沿着江面胡乱射箭，箭落进水中浮不上去的，那就是浅水处。蒙古骑兵踏过浅水之后，战马纷纷跳跃上岸。兀良合台又令两翼掩杀，交趾兵败如雪崩，很快就血染泸江，交趾王宗子富良侯以下万余人被杀。

陈日煚逃回国都升龙，兀良合台紧追不舍，各路蒙古大军犹如离弦之箭，齐射而来。交趾兵根本就挡不住，升龙城外很快出现了头戴毡帽的蒙古人。

陈日煚赶紧召来号称浑身是胆的黎秦："怎么办？跑还是不跑？"

岂料黎秦也吓破了胆："再不跑，大王就成了蒙古人的座上宾了。"

于是陈日煚命令搬走升龙城内的粮食、金银珠宝，搭乘战船，黎秦负责殿后，仓皇逃出升龙，把一座空空如也的城池留给了兀良合台。但是蒙古军沿途所经，爱护交趾的一草一木，秋毫无犯，交趾人颇为好感，戏称为"佛贼"。

兀良合台进入升龙城时，陈日煚早已不知去向。兀良合台只得派兵顺着红河而下，继续穷追不舍。陈日煚乘船逃跑，速度不及蒙古骑兵，很快就被追上了。

登时岸边箭如飞蝗，纷纷落在陈日煚的座船上。负责殿后的黎秦护主心切，干脆豁出命来，举起一块木板，总算挡住了箭雨，让陈日煚安然逃至升龙以南的天幕江（今越南海兴省快州县）。

在天幕江，黎秦跟陈日煚一整天就躲起来，谁都不知道他俩在密谋什么。不久，陈日煚驾着一艘小船，跑到弟弟太尉陈日皎那儿去。陈日皎手中有一支精锐的近卫部队，被称为星罡军。

陈日皎早已被蒙古人吓得有魂无体，目光涣散地靠在船舷边，连坐起来的力气都没有。

陈日煚沮丧地问弟弟："现在该怎么办？"

陈日皎什么也没有说，只是用手指蘸了一下水，然后在船舷上写下"入宋"两个字。

为今之计，也只有流亡到邻近的南宋去了。

陈日煚又问："星罡军在哪里？"

陈日皎恍恍惚惚地摇晃着脑袋："早没了。"

陈日煚心灰意冷，又跑去问太师陈守度。

陈守度倒是很镇定："我的人头还没有掉地，大王就安心吧！"

面对锐不可当的蒙古人，陈日煚君臣决定暂避锋芒，躲进一个海岛去了。蒙古人追到海边，没有大船，只有望洋兴叹的无奈。

赶跑了交趾国王，整座升龙城就是兀良哈台的了。搜索了全城之后，终于在监狱里找到几个月前派来的三个招降使。交趾人残忍地用竹条子插入他们的身体中，结果有一个使者不堪虐待而死。

兀良哈台大怒："我一路杀来，几乎没有滥杀一个无辜。"

于是马上下令屠城，那些来不及逃走的交趾人都成了蒙古使者的陪葬。

七天之后，陈日煚在海岛上憋不住了，乖乖地派人向兀良哈台递交乞降书。

攻打交趾，耽搁了三四个月。眼见蒙哥的攻宋行动就要开始了，兀良哈台又见陈日煚惧怕求降，于是举行盛大宴会，大吃大喝一顿之后，下令班师，回到大理押赤城。

蒙古人一走，窝在海岛上的陈日煚立即变脸，趁机尾随追杀。

十二月二十四日，陈日煚跟世子陈日烜搭乘内河大杀器——楼船在升龙城外的东步头（今越南河内龙编桥附近）渡口，截住蒙古军殿后的一小股部队。双方打了一仗。蒙古人无心恋战，边打边撤。退到平厉源以北的归化寨，又遭到瑶人头领何奉的袭击，损失了一些人马，这就是越南史书中大吹特吹的"东步头大捷"。

陈日煚光复了升龙城，满眼所见，尸首盈城，一片狼藉，残破不堪，令他欲哭无泪。这时候兀良哈台的招降使又来了，催促陈日煚尽早归降。

陈日煚虽心中愤恨，却也不敢怎样，将使者捆绑之后送回去，再派遣黎辅陈（黎秦改名）、周博览向兀良哈台正式递交降表。

归附蒙古之后，陈日煚觉得自己实在活得太窝囊了，实在没脸坐在王位上，于是灰溜溜地把王位禅让给了儿子陈日烜。

六、两路南侵赵宋

就在交趾人取得所谓的"东步头大捷"的同一天，旭烈兀的西征大军开始总攻黑衣大食的首都巴格达城。旭烈兀猛攻半个月，战至第二年（蒙哥八年、1258 年）正月初八，巴格达沦陷。十四日，蒙古人开始挨家挨户地大屠杀。二十一日傍晚，旭烈兀下令在巴格达城外的瓦黑甫村处死哈里发谟斯塔辛，立国五百零八年的阿拔斯王朝宣告灭亡。

旭烈兀西征取得了第一阶段的辉煌战绩，而南征宋朝的军事行动却刚刚揭开序幕。宋理宗虽然崇尚理学，爱好和平，但是面对蒙古帝国的 C 形包围圈也不是无动于衷。他沿着宋蒙边界划出三个战区——两淮战区、京湖战区、四川战区。

两淮战区，东起大海，西至河南的光州、黄陂。南北纵深三百里，东西横贯一千二百里。这一战区河渠密布，湖泊众多，担负着拱卫南宋心脏临安城的重任。战区总部设在扬州，战区总司令是两淮安抚制置大使李庭芝。

京湖战区，北起河南的钧州、光化，南至湖南岳州。东与两淮战区相连，西达湖北秭归，东西横贯九百里。名将孟珙曾经担任过该战区总司令，他视襄樊为南宋的根本，因而呕心沥血，为其倾注了余生精力。他从中原招募了一万五千人，组成一支精锐的镇北军，分守樊城、新野、唐州、邓州。又大兴屯田，在光州和黄州营造房屋，吸引了大量边民来投。在孟珙的苦心经营之下，京湖战区成了抵抗蒙古入侵的中坚力量。孟珙临终前推荐贾贵妃的弟弟贾似道代替自己，为京湖制置使（京湖战区总司令），总部设在江陵。

四川战区，东接京湖战区，西到吐蕃边界，北起大散关，南至大理、广西。与孟珙齐名的一代名将余玠曾经担任过该战区的总司令——四川安抚制置使。他在四川依山据险，修筑了青居、大获、钓鱼、云顶等坚固城池。并收缩各地驻军，屯聚于上述城堡。利州驻军移到云顶，保卫成都。金州驻军南移到大获，扼住川陕交通孔道。沔州驻军移到青居、钓鱼，以守卫四川的腹地。同时积蓄粮草，安定民心，击退了蒙古军的多次入侵。但是主和派的谢方叔上台之后，设计陷害余玠。余玠被迫服毒自杀。

接任余玠的是余晦，此人虽然也姓余，却跟余玠毫不相干，更是一个人人痛恨的奸臣。余晦上任没两年，就把四川搞得乱七八糟，在抗击蒙古军时屡战屡败。宋理宗不得不把他罢免了，让一个名不见经传的蒲择之去接任，总部设在重庆。

南宋三大战区的部署，以四川战区总司令蒲择之最不知兵。于是四川就成了蒙哥将南征的主攻方向。

蒙哥七年（1257年）十月，草原又成了一片怒海。蒙哥亲率大军，南下征伐赵宋王朝。

蒙哥让宰相孛鲁合（克烈部人，汉人称为中书右丞相）和和林副长官阿蓝答儿辅佐四弟阿里不哥，留守和林。二弟忽必烈因为腿脚有病，行走不便，就让他在大兴安岭西侧的开平府中休息养病。

南征大军分左右两翼，右翼主攻南宋的四川战区，蒙哥亲自担任统帅，兵力四万，号称十万。统将包括右翼宗王或西道诸王的成员，有窝阔台家族的合答黑、秃塔黑，察合台家族的忽失海，拖雷家族的有蒙哥庶弟末哥、蒙哥次子阿速带等等。还有火儿赤部的巴勒赤黑、汉将史天泽。术赤家族由于都在遥远的欧洲，所以缺席此次征伐。四川刘黑马、汪德臣、纽璘的蒙古军也被纳入右翼的战斗序列之中。

左翼统帅是塔察儿（铁木真四弟铁木哥之子），统将包括左翼宗王或东道诸王的成员，有也孙格（铁木真二弟合撒儿之子）、察忽剌（铁木真三弟合赤温之子额勒只带的儿子），以及木华黎国王的曾孙忽林失、弘吉剌部的阿勒赤和纳陈驸马（忽必烈的妻兄）、亦乞刺思部的帖里垓驸马、兀鲁惕部的怯台和不吉儿、忙忽惕部的忙哥·忽勒察儿和察罕等等。

左翼负责助攻，主要任务是牵制南宋的京湖战区，让贾似道无暇西援四川。

另有兀良哈台统领的蒙古军、蛮僰军一万三千人，由云南取道广西、交趾，直取鄂州、长沙，往京湖战区背后捅一刀，以策应左翼的进攻。

蒙哥离开和林城时，征宋的前哨战已经在四川成都东边的灵泉山、云顶打响。

驻守汉中利州的蒙古统将纽璘率部南下，经大获山、梁山，直抵长江瞿塘峡的入口处夔门，准备乘坐战船，溯着江水西上，与戍守成都的都元帅阿答胡会师。

一旦纽璘跟阿答胡合二为一，西川就完全落入蒙古人之手。在重庆的四川战区总司令蒲择之连忙派遣安抚使刘整、都统制段元鉴北上，抢先占据了遂宁江箭滩渡，阻击纽璘向成都进发。

去路被挡住了，于是纽璘向刘整、段元鉴发起猛攻。箭滩渡之战打得异常激烈，从早晨一直杀到傍晚，宋军大败，损失两千七百人。

箭滩渡一失，纽璘就长驱直向成都。蒲择之见势不妙，慌忙下令杨大渊等固守入川要隘剑门关以及成都东北的要塞灵泉山，自己亲提大军西上成都。

蒙哥八年（1258 年）二月，都元帅阿答胡死去，纽璘并吞其部，兵力大增，在灵泉山一举击破杨大渊的宋军，乘胜追斩宋军主将韩勇，蒲择之援兵溃不成军。

紧接着纽璘挥师包围云顶山城，切断蒲择之援兵的后路。城内粮尽援绝，守将姚德仓皇无策，竖起白旗投降。

灵泉、云顶两战威震西川，成都、彭、汉、怀安、绵等州以及威州、茂州诸蕃望风而降，扫清了蒙古大军南进的障碍。蒙哥大喜，立赏纽璘黄金五十两，提拔为都元帅。

五月，蒙哥在鄂尔多斯草原的东胜渡过黄河，抵临六盘山。在此蒙哥召开军事会议，完成进攻南宋的部署。四万蒙古军兵分三路，蒙哥自为第一路，由陇州直向大散关；庶弟末哥为第二路，由洋州直向米仓道；万户孛里叉（成吉思汗四杰之一博尔术的后人）为第三路，由潼关直向沔州。

会议还没有开完，年迈的刘敏拖着病体，坐着破车子吱吱嘎嘎而来，要求觐见蒙哥。

刘敏曾经见证了成吉思汗的丰功伟绩、窝阔台的励精图治，也见证了乃马真皇后的荒政乱朝。这次蒙哥攻宋，刘敏似乎看到了不祥的结局，于是不请自来了。

蒙哥奇了："你不好好在家养病，来这里做什么？"

刘敏掏出肺腑之言："我听说皇帝出巡，做臣子理应千里随从。中原虽然地大物博，可是饱经战火洗劫，一贫如洗，根本就不值得去征伐。"

但是蒙哥对征宋战争信心爆棚，宋军连金军都打不过，更别想打赢蒙古人了，所以把刘敏的话当作耳边风。

这时候南宋朝廷的表现确实令人十分担忧。交趾国王陈日煚投降蒙古都快半年了，宋理宗才听到蒙古人入犯交趾的消息。

六月初三，宋理宗召来右相丁大全——一个不学无术的当权者，忧心忡忡地对他说："交趾与大宋唇齿相依，现在人家有难，应当派兵支援。"

丁大全却是慢条斯理地回答："早知道了，只是粮草未运，所以尚未调兵。"

宋理宗急了，催促说再不调兵就来不及了。丁大全这才增兵万人，驻守广西钦州，防备蒙古人。

一个多月后，七月十九日，宋理宗听到了蒙古人大举犯边的坏消息，整日惶惶不安。

丁大全却猛拍胸脯向皇帝保证："三大战区防守严密，已经做到有备无患了。"

可是不久之后，又传来消息称，蒙古人把辎重车队留在六盘山，留大将浑都海守之。蒙古皇帝亲自率兵由宝鸡进攻重贵山，一路上势如破竹，很快就要南下了。

宋理宗更紧张了："成都的得失，攸关整个四川。赶紧派人收复成都，挡住蒙古人啊！"

丁大全依然心不在焉："朝廷已经发布命令了，还有什么事做不成的？"

当丁大全为自己的镇定自若而扬扬得意时，蒙哥的大军披荆斩棘，就像一把大刀砍向四川的腹地。

九月初八，蒙哥进驻汉中，令汪德臣为先锋，穿过金牛道，一个月之后，杀入四川的利州。又渡过嘉陵江，至白水江。汪德臣在江面上架起浮桥，蒙古大军迅速通过，兵临川北要隘剑阁。剑阁一旦沦陷，四川危在旦夕。

十月十三日，蒙哥派遣史枢攻打小剑山山顶的苦竹隘。

苦竹隘距离剑门关不到二十里，东、西、北三面都是悬崖峭壁，深可千尺，就是手脚灵活的猿猴也难以爬上去。只有南面一条狭窄的山路，一个人踮着脚尖可以行走，但是两个人并肩而走，非得坠崖被摔成肉饼不可。

保卫苦竹隘的是岳武穆帐下悍将杨再兴的后人杨立。当年岳武穆大破金兀术于郾城下，杨再兴率三百骑兵，遇大敌于小商河。面对数十倍于己的金军，杨再兴毫不畏惧，先发制人，冲进敌阵中。血战一天，杨再兴的三百壮士全部殉国，杀死的金军却超过两千人，还击毙了金军的高级军官万户撒八字董等。

后来岳飞找到了杨再兴的尸体，火化之后竟然得到两升之多的箭镞。小商河之役，堪称抗金战争中最为悲壮的一战。

杨立决心仿效先祖，宁可站立着被射成一个刺猬球，也不愿屈膝求生。

在这个岳家将后裔的英勇抵抗之下，尽管蒙古人踏着同伴的尸体前仆后继，反复冲杀，但是苦竹隘依旧屹立不摇。

蒙哥让降将张实上去招降。没想到这个张实是北宋宰相张方平之后，他投降蒙古人也是逼不得已。张实见了杨立，不但没有劝降，反而跟他一道誓死杀敌。

蒙哥没辙了，只好死缠烂打。蒙古人排着长龙队伍踏着南面的小路一味强攻，结果就像进了屠宰场，上去一个被杀一个。

眼见苦竹隘就要成了蒙古人的绞肉机，这时候守军中出现了一个叛徒——裨将赵仲窈。他可耻地献出了苦竹隘的东南门，蒙古人一拥而入。在巷战之中，杨立壮烈牺牲，张实身受重伤被俘。蒙哥立即下令将他五马分尸。

攻陷苦竹隘之后，入川的大门洞开。蒙哥留下五百人驻守，大部队顺着嘉陵江东下，十月二十五日，包围苍溪的长宁山。守将王佐、徐昕战败，退守鹅顶堡。

鹅顶堡又称鹅项岭，建在长宁山峰顶的大平台之上，海拔超过八百五十米。外筑石头墙，内有一个神奇的天然泉水池，清澈如鉴，永不枯竭，可屯兵万人。余玠镇守四川时，派部将王智筑堡于此，四面险峻，居高临下，为川中要隘。附近便是三国时期黑张飞大战曹魏名将张郃的瓦口关。

十一月初四，鹅顶堡再次上演了一场惊心动魄的勇敢者游戏。

蒙哥亲自督师进攻鹅顶堡。王佐、徐昕发誓要与阵地共存亡。双方在悬崖峭壁边鏖战了三天三夜，阵亡者的尸体就像石头滚滚坠落。初七，蒙古军凭借着优势兵力步步压进，将宋军牢牢地堵在鹅顶堡的望喜门。

日暮时分，冷飕飕的寒风瑟瑟作响。怯懦怕死的苍溪知县王仲献出城门，鹅顶堡沦陷，王佐战死。翌日，蒙哥进入鹅顶堡，徐昕和王佐之子等四十余人宁死不降，惨遭杀戮。

蒙哥任命彭天样、王仲为正、副长官，驻守鹅顶堡。十一日，大军进围阆州大获山。蒙哥派王仲去招降守将杨大渊，结果被杨大渊杀死。蒙哥大怒，下令总攻，打得杨大渊都抬不起头来。孰料这个杨大渊也是个贪生怕死之辈，眼见性命难保，就竖起白旗投降了。

蒙哥授予杨大渊都元帅之职后，率军继续南攻四川战区的总部重庆。二十五日，蒙哥进至重庆以北两百里处的和溪，在此稍作休憩，准备攻打重庆的门户合州。

七、钓鱼城的奇迹

这时候，负责牵制京湖战区的左翼统帅塔察儿以及右翼的第二路统将末哥，都来和溪跟蒙哥相会了。

自去年秋天开始，塔察儿南下进攻京湖战区的重镇樊城，结果遇上霉运，雨水绵绵不断，把蒙古军浇得丢魂丧魄，稀稀拉拉地进攻了一个月之后，被迫北撤。虽然此后又卷土重来，但是进攻了一年，连樊城的砖瓦也没有敲下一块。现在竟然又撇下肩上的重任，跑到四川来凑热闹。

怒不可遏的蒙哥把塔察儿骂得狗血喷头，立马撤了他的职务。并起用在开平府养病的二弟忽必烈，给他下了一道严旨："皇弟脚病已经痊愈，怎能坐视皇帝出征，自己却待在家里无所事事呢？敕令皇弟统领塔察儿的军队，速速向宋国边境挺进。"

十一月初三，鹅顶堡大战的前一日，憋了一年多的忽必烈精神抖擞，率领蒙古精兵一万以及塔察儿的旧部汉军数万，誓师金莲川草原，踏上了南征之旅。

而此时旭烈兀的西征大军在伊斯兰世界刮起了一股毁灭性的旋风，木剌夷国的伊玛目王朝、黑衣大食的阿拔斯王朝，在蒙古人狂风骤雨般的进攻之下，相继灰飞烟灭。紧接着，旭烈兀命令郭侃继续向西冒进，为讨伐叙利亚的阿尤布王朝探出一条大道。

郭侃从摩苏尔进入叙利亚北部，击溃狂热的欧洲十字军，出其不意渡过地中海，攻取了塞浦路斯岛。

旭烈兀则从巴格达回到伊朗哈马丹，然后移驻西北乌尔米耶湖附近的马腊格和大不里士。旭烈兀将西征缴获的金银财宝都贮存在乌尔米耶湖畔的新建城堡中，做好消灭阿尤布王朝的物资准备工作。

当然，旭烈兀也没有忘记给东方的兄长蒙哥大汗献上捷报和一份厚礼。

蒙哥正忙于降服四川各州县，跟旭烈兀进行攻城比赛。苍溪鹅顶堡之战后，宋军闻风丧胆，蒙古的招降使一到，就产生了多米诺骨牌效应，各地守将纷纷放下武器，排着队伍到和溪去，向蒙哥屈膝跪降。

十二月十一日，简州守将张大悦投降。青居山裨将刘渊为了投降，连顶头上司都统段元鉴也杀了。二十三日，隆州降。二十五日，大良山守将蒲元圭降。二十九日，攻陷雅州后，石泉守将赵顺不战而降。三十日，蒙哥又派宋人晋国宝到合州去，向知州王坚送上一句话："识时务者为俊杰。"

蒙哥坚信，王坚马上就会像其他的宋将那样，屁颠屁颠地来到和溪，恭恭敬敬地捧上降表。只要合州一下，重庆的蒲择之就成了孤家寡人，想投降都来不及。如此一来可在新年来临之际平定四川全境。

没想到王坚一见到晋国宝，就把他骂得面红耳赤，灰溜溜地逃回。晋国宝刚走到峡口，王坚又把他抓回去，并将他正法于合州阅武场。

两国交战，不斩来使。王坚根本就不想给自己留条后路！

这个王坚是邓州彭桥人。四十年前，为了响应名将孟珙"抗击金军、保家卫国"的号召，年仅十五岁的王坚从老家只身来到枣阳，成了"忠顺军"

的一名小战士。此后，王坚在孟珙麾下英勇战斗，灭金国、抗蒙古，收复襄樊，屡立战功。孟珙提拔他为劲军统制，成了自己的得力干将。

窝阔台十二年（1240年）二月，蒙古军在顺阳丹江岸边储积了数不清的造船木料，准备大造战舰，从水路入侵南宋。孟珙得知这一情报，派遣王坚秘密潜入，将所有的木头烧成灰烬，由是声震江汉。其后王坚跟随孟珙入川，任武功大夫，因收复兴元有功，转任遥郡团练使。孟珙死后，王坚又与余玠一道驻防四川。

蒙哥四年（1254年）六月，王坚在合州将蒙古军打得落花流水，被提拔为兴元府都统兼合州知州，担负着拱卫重庆门户的重任。他绝对料不到，五年之后自己将在合州新城——钓鱼城打一场足以流芳百世的保卫战。

余玠生前派冉琎、冉璞兄弟，在合州城东十里的钓鱼山上修筑了山城防御体系，称之为钓鱼城，并将合州迁移于此。

钓鱼山坐落在嘉陵江、渠江、涪江的汇流之处，形成一个三面临水的半岛。钓鱼城分内、外两城，外城沿着悬崖峭壁而建，城墙由块条石垒成，异常坚固。八个城门环绕一周，始关门、小东门、新东门、菁华门、出奇门、奇胜门、镇西门。内城有良田数千亩，水井、山泉长年响叮咚，根本就无须担心后勤补给。由于城墙随着山势蜿蜒迂回，进攻死角比比皆是。再加上依山绕水、耕战结合，使得钓鱼城成了一座攻不破的坚固堡垒。

王坚接手之后，立即征募石照、汉初、巴川、赤水、铜梁五县的十七万老百姓，按照余玠生前的设计，增筑钓鱼城的防御工事。主要是加固南北一字城，新修一条狭窄的秘密运兵坑道，扩建西区的蓄水池。

南、北一字城修筑得非常有特色，一端接着垂直的悬崖，另一端没入江中，除非你有飞檐走壁的神功，否则难以逾越。北一字城，自出奇门下，向北顺沿山势八九百米后，抵达嘉陵江。南一字城虽然长度不到北一字城的一半，却有东西两道城墙。城墙之内还有十米宽的城墙，中有陡峭的石阶，构筑了多道防线。

南、北一字城末端各有一个水军码头，是钓鱼城的水路补给通道。钓鱼城以内外城为核心，南北一字城为两翼工事，形成了一个坚不可摧的立体防御体系。王坚信心百倍，日夜厉兵秣马、枕戈待旦，就等着蒙古人前来撞墙。

蒙古人很快地如期而至了。蒙哥获知王坚杀死晋国宝之后，立即督师进攻合州钓鱼城。他首先构筑合州和重庆的外线包围圈，令乞台不花守青居山，末哥进攻渠州礼义山，曳剌秃鲁雄进攻巴州平梁山。又让纽璘在重庆东边的涪陵蔺市大造浮桥，以阻断重庆、合州的外援。

正月初五，蒙古军占领重庆以东三百五十里处、岷江中游的忠州，威逼夔州。

宋理宗打开地图一瞧，大惊失色，一旦夔州沦陷，蒙古军就切断了京湖战区西援重庆的长江通道。

这时候贾似道因姐姐贾贵妃的裙带关系，入阁拜相兼两淮安抚大使，专管淮西地区后勤补给的马光祖接任京湖战区总司令。宋理宗赶紧下令蒲择之、马光祖，全权授予他们调兵遣将之权，一旦有难，能够及时相互救援。

蒙哥九年（1259年）正月十七日，蒙哥又派降将杨大渊率领一支蒙古军进攻合州旧城，俘获南宋同胞男女八万有余，惊天动地的钓鱼城大决战由此拉开序幕。

面对蒙古军的凌厉攻势，沉溺于理学研究的宋理宗似乎清醒了一回，他意识到敌人的终极目标就是攻占重庆，然后顺流而下，直取临安。于是重新调整前线指挥，让贾似道担任京西、湖南、湖北、四川宣抚大使，全盘负责长江中上游京湖、四川的所有防务。京湖战区总司令马光祖则转任沿江制置使，史岩之为副使，专门负责长江江防。

不久，宋理宗又让贾似道兼管江西、两广的军队，命他时刻关注着重庆方向的战事。宋理宗把所有的筹码都压在贾似道肩上，希望这个小舅子能够撑起大宋的一片蓝天。

二月初二，蒙哥亲率大军，在钓鱼城东面的鸡爪滩渡过渠江，兵临钓鱼城下，俘获附近居民男、女万余人。指挥部就设在钓鱼城新东门外两百米处的石子山上，该山丘海拔三百四十四米，站在山顶上可以俯瞰整个战场，并能够侦看到钓鱼城内的一举一动。

其余蒙古军各部也陆续赶到，把钓鱼城围得水泄不通。蒙哥屯兵城东新东门和小东门之外的开阔地带；史天泽的水师战船封锁城南的嘉陵江，负责打援；汪德臣负责进攻西面的奇胜门和镇西门；李忽兰吉与怯里马哥率战船两百艘，阻截宋军的补给粮船，并在嘉陵江上搭建浮桥，以备各部灵活机动；郑温率四千人在钓鱼山四周警戒巡逻。

要想攻破层层防护的钓鱼山城，选择突破口是关键。蒙哥铺开地图，一下子就看出了钓鱼城的命门所在——南一字城。南一字城可以说是钓鱼城守军的呼吸口，只要攻拔此城，就可以彻底隔绝守军与外界的联络，而且还能与城西的汪德臣相配合，取得极有利的战场主动权。

初七，总攻开始。蒙古军如同黄蜂般不要命地扑向南一字城，结果还没有到城下，城中万箭齐发，宋军的抛石机也射出四五尺大的礌石弹，砸得蒙古军血肉模糊。侥幸冲到南一字城城根的蒙古军架起云梯，刚刚爬到城头上，也被宋军乱刀戳成马蜂窝，像秋天的落叶飘然坠地。混战了一整天，南一字城下堆满了蒙古军的尸体，让蒙哥大为沮丧。

初九，汪德臣进攻城西的镇西门，结果也占不到便宜，除了扔下数不清的尸体之外，一无所获。

激烈的攻防战持续了一个多月，蒙古军将几个城门轮番进攻了一遍，小东门、新东门、奇胜门、镇西门、菁华门，可是都像飞蛾扑火，白白牺牲了无数蒙古勇士。

王坚在钓鱼城孤军奋战，重庆的蒲择之却畏敌如虎，一个援兵也没有派出。宋理宗大为失望，于是在三月十三日，将京湖战区的大将鄂州知州吕文德提拔为四川制置副使（四川战区副司令），让他取代蒲择之，指挥抗击蒙古的战斗。

吕文德有个绰号叫黑炭团，并不像金庸笔下所写的那样懦弱无能，他临危受命，立即率一支船队逆江西上，进攻涪陵蔺市的蒙军统将纽璘。宋军攻势如潮，加上老天襄助，刮起了顺风，吕文德一鼓作气，突破纽璘的封锁线，夺占了江面上的浮桥，成功进入重庆城内。又调集一千余艘艨艟斗舰，组成一支强大的水师船队，浩浩荡荡，溯着嘉陵江北上，救援钓鱼城。

快到钓鱼城南水军码头时，负责打援的史天泽利用上游的优势，将手头的船只分成左右两翼，顺流奋击。吕文德大败，史天泽乘胜追击，一直杀到重庆城外才回去。

吕文德救援失利，钓鱼城完全成了一座孤城。但由于王坚拼死抵抗，蒙古军顿兵于钓鱼城下，寸步难移。更糟糕的是，军中水土不服，瘟疫横行，弄得人心惶惶，以至于有人打起了撤军的主意。

进入炎夏之后，天气更加反复无常。四月初三，钓鱼城出现大雷雨。从早到晚，如天河决堤，暴雨倾盆而下。嘉陵江、渠江暴涨，到处泛滥，蒙古军双脚都浸泡在水中，不由得叫苦连天。

大雨哗啦啦地下了二十多天，蒙哥的攻城行动也被迫停止。

四月二十二日，大雨稍息，蒙哥下令强攻护国门。护国门是钓鱼城八座城门中最为宏伟的一座，位于新东门和小东门的背后，是外城的第二道防线。护国门堪称一夫当关、万夫莫开，左侧是刀削悬崖，右侧下临奔腾咆哮的嘉陵江，人们只能靠着一条狭窄的石阶小道出入钓鱼城。

攻打护国门，绝对是高空走钢绳，如果没有蜘蛛侠的本领，非摔下粉身碎骨不可。再加上连续大雨，道路十分湿滑，蒙古军是上去一个摔死一个，更别说攻城了！

从东面进攻钓鱼城被证明是一场灾难，于是汪德臣把兵力集中到西面的奇胜门和镇西门。蒙古军暗中在奇胜门以北的百米处挖了一条地道，地道离地面有五米之深，由主通道、六条短支道及竖井组成。

四月二十四日，在夜幕的掩护之下，蒙古军的突击部队偷偷潜入地道，秘密接近奇胜门下。半夜时分蓦地跃出，竟然攻入奇胜门。宋军措手不及，伤亡惨重。幸亏城内警备严密，友军部队迅速赶来，把蒙古突击队全部歼灭。

蒙古军搞偷袭战术，王坚就以牙还牙。护国门东百米处有个"一线天"孔道，王坚亲自带上一队肌肉男，半夜穿逾"一线天"，悄悄溜出城去，袭击蒙古军的指挥部小石山，准备来个斩首行动，干掉蒙哥。

蒙古军正在睡大觉，王坚从天而降，军营里登时翻了天，乱糟糟的。吐蕃乌斯藏掇族的勇士赵阿哥潘见势不妙，率部发起逆袭，总算把王坚逼退。

惨烈的战斗持续了五个月之后，蒙古军中痢疾盛行，病号越来越多，马儿更是成批成批倒地死亡，战斗力严重下降。于是在六月，汪德臣孤注一掷，挑选精兵，夜袭西面城外的马军寨。

后来宋军阵脚大乱，已经被蒙古军突破了防线。王坚赶紧率大队人马上前堵住缺口。鏖战至天亮，蒙古军渐渐占了上风，纷纷跃上城头，汪德臣骑着战马，在城下兴奋地大喊大叫："王坚听着，你们插翅难飞了！我是来救活全城老百姓的，快快投降吧！"

孰料城中的抛石机早已瞄上了，汪德臣话音刚落地，飞来一块巨大的礌石弹，砰的一声，把汪德臣砸落下马。蒙古军全然不顾主帅受伤，架起云梯没命地往上爬。这时候又逢暴雨连天，只听见咔咔几声，云梯折断，后续人员上不了，已冲上城头的蒙古军全都成了王坚的刀下鬼。

蒙古军只好垂头丧气地把汪德臣抬下去，送到合州以南的缙云寺去疗养。六月二十一日，汪德臣伤重而亡。

汪德臣死后，蒙哥伤感不已，这才意识到攻打钓鱼城就是火中取栗，不但拿不到栗子，连自己的手腕也被烧伤了，于是决定留下三千人马继续监视钓鱼城，其余的南攻重庆。

但是进攻了五六个月，牺牲了太多的勇士，就这么黯然地放弃了，蒙哥实在不甘心，就让人在石子山上搭起一座云楼，楼顶接有长杆，上有飞车，形成高耸入云的瞭望台。七月下旬，蒙哥来到瞭望台下，准备升起飞车，爬上去窥探钓鱼城中的布防情况。

蒙哥绝对料不到自己是命悬一线，此时此刻城中的远程武器——抛石机都将靶心对准他。王坚亲自在指挥所——钓鱼城南边最高处的一座凸形楼里，为那些抛石机目测导航。

结果蒙哥的青罗伞盖一出现，大大小小的礌石弹就冰雹般地飞砸下。最大的礌石弹有十来斤重，最小的也有拳头大，夹杂着令人胆战的呼啸声，铺天盖地而来。

在宋军的狂轰滥炸之下，蒙哥无所遁形，被砸成重伤。登时蒙古人手忙脚乱，想把奄奄一息的大汗送到缙云寺去。走到途中，七月二十一日，蒙哥在金剑山温汤峡双腿一蹬，断气了，时年五十二岁，他就是元宪宗。

阿速带、史天泽等人将蒙哥的遗体运还大漠，并在他的四个斡耳朵顺序举哀，然后把他密葬在射雕英雄家族的安息之地——起辇谷。在那儿，蒙哥将永远陪伴着蒙古帝国的创始人一代天骄成吉思汗以及英明的拖雷老爹。

蒙哥的逝去，宣告着一个时代的结束。这个时代，是蒙古人弯弓射大雕、跑着马儿征服天下的传奇时代。

第四章 争夺帝位

一、鄂州保卫战

蒙哥做了九年的蒙古大汗，一如既往地把成吉思汗的征伐大业推向新的高峰。亲征亚洲人口最为稠密的南宋，派遣旭烈兀讨伐广袤的伊斯兰世界，其风头直逼乃祖成吉思汗，欧洲的基督教徒们惊呼之为"上帝之鞭"。

可是谁能料到，钓鱼城中王坚打出的几粒小小礌石弹，就轻易地折断了这把让整个世界发抖的"上帝之鞭"。

伴随着蒙哥的归西，叱咤一时的蒙古帝国又要陷入永世不复的劫难深渊。

蒙哥有五个儿子，长子班秃、五子辨都，早已赴西天了。活着的三个儿子——阿速带、玉龙答失、昔里吉，都只能算是刚刚长出绒毛的菜鸟，或者是温室内几朵脆弱的鲜花。在崇尚暴力和武功的蒙古人心中，蒙哥的儿子们甚至连上沙场的资格都没有，更遑论继承汗位了。

可是蒙哥的三个弟弟——忽必烈、旭烈兀、阿里不哥，每一个都是大漠的苍龙、草原的狼王。

四弟阿里不哥跟着孛鲁合、阿蓝答儿，留守草原都城和林，已经摆下了盛大的庆功酒宴，翘首以待大军的凯旋。

三弟旭烈兀，此刻正在西亚的乌尔米耶湖畔，准备进攻阿尤布王朝，并伺机侵入非洲大陆。

二弟忽必烈，接到蒙哥的军令之后，从金莲川草原南下，昼夜兼程，驰赴南宋边界。尽管他是最靠近蒙哥的一个，但是对钓鱼城下所发生的一切茫然无知。

蒙古帝国未来的大汗，就在蒙哥的三个弟弟之中产生。

逐鹿中原，究竟鹿死谁手？

阿里不哥由于留守和林，跟大臣们打得一片火热，也因此掌握了蒙古帝国的行政资源。近水楼台先得月，争夺汗位，阿里不哥有着得天独厚的优势。

旭烈兀虽在万里之遥，但西征途中缴获的金银珠宝数量惊人。有钱能使鬼推磨，再加上拥有十万虎狼之师，争夺汗位，也是胜券在握。

忽必烈崇尚儒学、道学，手下又有一大批文可安邦、武可定国的智囊团成员，在漠南、中原有无数的拥趸，软实力亦不容小觑。可是忽必烈除了全力以赴，以避免重蹈原任左翼统帅塔察儿的覆辙之外，别无旁念。即使跟蒙哥之间有过不愉快的经历，但那是阿蓝答儿的挑拨所致。蒙哥毕竟是老大哥，拖雷家族的领头羊，忽必烈怀着一颗最赤诚的心，决定此生就无怨无悔地辅佐蒙哥一辈子。

蒙哥九年（1259 年）二月，忽必烈抵临河北邢州，召来金莲川幕府的那些参谋，商议征宋事宜。

子聪和尚、张文谦仍是唠唠叨叨地向忽必烈灌输"王道"理念：王者之师，有征无战。当一视同仁，不可嗜杀。

忽必烈哭笑不得："别把本王当成三岁小儿了！这样的教诲我听过岂止千遍。"

于是在军中立下三戒：戒杀、戒烧、戒掳。

五月，大军到了山东濮州。忽必烈又在东平召来名士宋子贞，咨询征宋方略。

宋子贞回答说："蒙古帝国威武有余，仁德不足。宋人之所以拒不投降，就是因为被蒙古人的滥杀吓怕了。如能传令投降的不杀，被胁从的没罪，宋国立马可定。"

在子聪和尚、张文谦、宋子贞等人眼中，征服泱泱大宋犹如探囊取物，只要忽必烈宣布不杀生，宋人就会自动放下武器，不战而降。

可在名儒郝经看来，攻打南宋并没有那么简单。他告诉忽必烈："自古以来能够一统天下的，不靠武功而靠德化，固然不假。但今天宋国尚未出现败亡迹象，我们却倾巢而出，当心后院起火啊！草原上的那些恶狼正虎视眈眈，巴不得天下大乱。老百姓也因连年征战，困苦不堪。这次南征，我怎么只看到危机四伏，没见到半点好处？"

郝经的不同政见让忽必烈大为惊奇，想不到一个读书人竟然会考虑得这么周详。

忽必烈大军自濮州南下，经山东诸城，七月十二日抵达汝南。

大军未动，粮草先行。忽必烈让大将霸突鲁先到汉江去筹集军粮，此人是木华黎之孙、孛鲁之子。又让杨惟中、郝经安抚江淮一带的军民，孙贞督军蔡州。

孙贞一到蔡州，严肃军纪，不管是将军还是普通士兵，只要犯了军条，不问罪行，一律斩首。忽必烈大军由是号令肃然，秋毫无犯。

八月十五日，蒙古军渡过淮河，兵分东西两路，东路统将张柔，取道虎头关。西路忽必烈，取道大胜关。两路大军浩浩荡荡，直向长江中游的重镇鄂州，宋军无不望风而遁。

六天之后，大军进抵黄陂，此地离鄂州只有一百五十里。面对滚滚东去的长江水，忽必烈不由得犯愁了，该从哪儿渡江啊？

那些金莲川幕府的参谋谈起治国理论滔滔不绝，可是谁也没有去过江南，望着茫茫江水都傻了眼，嘴巴全被塞得紧紧的。

但是对手却向忽必烈泄露了天机。

八月二十九日，蒙古军的先锋战将茶忽得缴获了南宋沿江制置司的一张布告。布告上说，今夏有间谍来报，蒙古人召开军事会议，准备征调黄陂的民船绑做一块，而后由阳逻堡渡过长江，会师鄂州城下。

忽必烈大喜："踏破铁鞋无觅处，得来全不费工夫。这样的奇事还真是闻所未闻，既然宋军为我们指明了一条前进的道路，这份好意只得领下了！"

孰料召集民船的布告还没有张贴出来，黄陂的渔民们就争先恐后，摇着小船，纷沓而至了。

忽必烈纳闷不已，以为是宋军搞人民战争，准备在渡江时大做手脚。赶紧派人打听一下，原来是南宋的沿江制置副使袁玠荼毒渔民，大肆非法征收渔利。渔民们都活不下去了，一听说蒙古军要渡江攻打南宋，于是都献上渔船，并乐意做向导，给蒙古军带路。

渔民们不停地诅咒着："让蒙古人去收拾那些可恶的贪官污吏吧！"

忽必烈摇头连连叹息："民心不可欺！就是没有外敌入侵，宋国也会自行消亡的。"

次日，阳逻堡水面万舟云集，蒙古大军齐聚江北，准备在渔民们的帮助之下，横渡长江。就在这时候，庶弟末哥从合州派来的使者到达江边，带来了晴天霹雳般的噩耗："蒙哥大汗业已归西，遗体正缓缓北返。请忽必烈马上回大漠，以稳定人心。"

忽必烈听后一惊：只要再给我三个月的时间，蒙古军的战旗就会高高地飘扬在临安城头上。

这该如何是好？

此时的忽必烈进退维谷，只好召集众人商议。

众人都认为，大汗死了，仗再打下去就没有意义了。赶紧撤军啊！

忽必烈不甘心地对霸突鲁说："我们的大军多得像蚂蚁和蝗虫似的，数也数不清。我奉命南征，怎么可以因为一句谣言就无功而回？岂不令天下人耻笑？"

九月初二，忽必烈登上阳逻堡的香炉山，俯瞰万里长江奔腾而下。江北是武湖，湖东就是阳逻堡。阳逻堡对岸就是宋军的战船集结地浒黄洲。远眺浒黄洲，宋军的巨型战船就像连绵起伏的大山，横隔在大江之上。其军容之盛，忽必烈是见所未见。

忽必烈骤生雄心壮志，大吼一声："渡过长江，打到临安去！"

藁城董氏兄弟的老大董文炳自告奋勇："宋国就仗恃着长江天险，目空一切。不杀杀宋军的锐气，他们的气焰就更加嚣张。请允许我先打一仗！"

当天夜里，忽必烈命令木鲁花赤、张文谦准备好小船，以掩护董文炳出击。

次日一大早，董文炳率领数百敢死战士，用树皮和榆树皮扎成木筏，发起冲锋。两个弟弟董文用、董文忠搭乘艨艟小舟，敲打着锣鼓，如同两把尖刀直刺向对岸的宋军。

宋军吓得哇哇大叫，还没反应过来，董文炳的敢死队就像蛟龙上岸，杀得宋军丢盔弃甲，落荒而逃。

苦战了一天，董文炳终于抢占了一个滩头阵地。

可是初四日时，江面上刮风下雨，暗沉沉的，根本就看不清对岸的情况。蒙古军上下都认为不可冒险过江，忽必烈却下令升起帅旗，把战鼓敲得震天响。紧接着帅旗一挥，蒙古军分成三个梯队，渔民们卖力地摇着橹桨，浩浩荡荡，横渡长江。

不一会儿，天放晴。江面上塞满了两军的战船，登时沸腾起来。宋军三战三败，终于溃不成军。蒙古军一登上岸，犹如过山猛虎，纷纷涌向鄂州城。消息传到临安，满朝震动。

忽必烈驻扎在浒黄洲，派遣王冲道、李宗杰、訾郊到鄂州城下招降。没想到三人刚走到东门外，城头上箭下如雨。王冲道"啊"地惊叫一声，摔落马下，几个宋军冲出去，把他拉进城中，吓得李宗杰、訾郊狂奔而回。

既然宋人那么不识抬举，那就打吧。

初八，忽必烈抵达鄂州城下，屯兵于教场。

初九，蒙古军从四面八方而来，把鄂州城围得如铁桶一般。

十一日，忽必烈爬上鄂州城东北的压云亭，在那儿竖起了一个有五丈之高的鹓望哨。哨兵们报告说从城中冲出了一大堆人马。忽必烈立即下令反击，当场活捉两个宋军。

审问之后，忽必烈得知，宋军总司令贾似道已经率军来援，但只是仓促纠集了一些杂牌部队，战斗力不强。

于是忽必烈下令搜集老百姓逃亡时遗弃的粮食，准备攻城。

六天之后，东路统将张柔从虎头关赶来了，加入到攻城的行列。而南宋四川战区副总司令吕文德也率船队从重庆顺流而下，驰援鄂州。在岳州冲破了蒙古大将霸突鲁的封锁线之后，成功进入鄂州城中，守军士气大增。

前方战事如火如荼，打得天昏地暗，但是宋理宗一点也不知情，原来是右丞相丁大全隐瞒战情。

都火烧到眉头了，丁大全还如此胡作非为。宋理宗盛怒之下，立即摘了丁大全的乌纱帽，把他赶到镇江去。同时起用前右相吴潜为左丞相，火线提拔贾似道为右丞相，让他督战汉阳，拯救鄂州。

强敌入寇，临安城内空前团结。那些忠义之士自发组织起来，招募新兵，增筑平江、绍兴、庆元等城堡。但是朝廷上人心惶惶，比马蜂窝还乱，仿佛天塌了似的，大家都时刻准备逃命。

有一个叫董宋臣的太监，他是丁大全的余党。这个董宋臣根本就不配做大宋的臣子，他给宋理宗想出了一个歪主意——迁都余姚四明，随时就可以逃到海里去。

董宋臣的逃跑主义立即招来了人神共愤。

军器大监（军火库负责人）何子举忧心忡忡地告诉吴潜："万一皇帝跑走了，临安城内势必生灵涂炭，百万民众也将无处逃生啊！"

御史朱貔孙算得是一个刚正之士，他上疏痛陈说："只要皇上的车驾一动，三大战区顷刻之间就会土崩瓦解，流寇盗贼也会风起云涌。"

海宁节度使判官文天祥甚至咬破手指头，写下血书，要求砍了董宋臣的人头。这个文天祥是江西吉水人氏，不但貌若潘安，才比子建，而且义薄云天，赤胆忠心，堪称一个完美的男人。宋理宗宝祐四年（1256年）五月，进士中举。集英殿答对，文天祥不打草稿，提笔一挥，一篇万余字的佳作跃然纸上。宋理宗大为惊叹，把他列为第一名。可惜文天祥命运不济，中举之后还没有走上仕途，家中丁忧了。文天祥不得不回乡守孝。三年之后，朝廷授予文天祥海宁节度使判官之职。虽然只是六七品的小小判官，但是位卑未敢忘忧国。文天祥冒险上书乞斩董宋臣，可是奏疏呈上去之后，如同石沉大海，音信全无。文天祥一气之下，辞职还乡。

一向不干涉朝政的皇后谢道清也在枕边叽叽咕咕："皇上不要走了，就留在临安城陪着臣妾和老百姓吧！"

连一个胆怯怕事的女人家都抱着必死的决心，如果自己再跟着不男不女的董宋臣溜走了，那还有什么颜面去见列祖列宗？宋理宗终于狠下心来，"要死，大家都死作一堆吧！"

于是下达了勤王诏书，号令各路大军起来抗击蒙古人。

宋理宗还慷慨解囊，打开皇家银库，捐献银币犒赏三军，前后共拿出缗钱七千七百万，白银、布帛各超过一百万两、匹。可见这个宋理宗也是爱江山的皇帝。

十一月十六日，宋理宗又任命"端平入洛"的主角、抗战派领袖赵葵为江东、西宣抚使，让他全权负责湖南、广西的防御，把蒙古悍将兀良哈台挡在南宋境外。

在勤王令的号召之下，南宋军民斗志昂扬，团结一致，誓死保卫家乡。一场轰轰烈烈的卫国战争即将展开。

二、贾似道乞盟

与此同时，忽必烈也将大本营从乌龟山迁到鄂州洋澜湖东面的牛头山，完成攻城的最后部署。

面对高不可攀的鄂州城墙，蒙古军并没有搭起云梯攻城，而是杀到城下之后，拼命地在城根挖了几个地洞，然后像老鼠般钻进城去。但是鄂州守将都统张胜立刻在城内竖起木栅栏，堵住了地道口，结果进去的蒙古军反成了瓮中之鳖，个个死无葬身之地。

忽必烈见一计未成，又生一计。他重金悬赏敢死之士，准备来个强攻硬取。军中将士纷纷应募，其中有悍将张禧与张弘纲父子。

蒙军敢死队的主攻方向是鄂州城的东南角。一阵炮响之后，敢死士们争先恐后，以百米冲刺的最快速度，进行了一次致命的赛跑比赛，其终点就是死神的怀抱。结果张禧父子二人冲锋在前，遥遥领先，很快就冲进了宋军的箭雨之中。

在远处观战的忽必烈大吃一惊，父子同陷死地，弄不好两个人都为国捐躯。赶紧派遣畏兀儿大将阿里海牙跑上去传令，张禧父子只许有一人往前冲。

但是张禧父子杀得眼红，早已把生死置之度外。张禧手中的枪杆子被宋军的箭射断了，他就毫不客气地把儿子张弘纲的长枪抢过去，终于一鼓作气，攻破东南角。

有十几个敢死队员看见铺天盖地的箭支暴射而出，吓得两腿筛糠似的发抖，在城下逡巡不前。张弘纲大喝一声，从那些胆小鬼手中夺取了一大把长枪，然后像一只矫捷的猴子，挺身跃上城头。

当然宋军也不是省油的灯，面对蒙古军的疯狂进攻，宋军万箭齐发、刀枪乱捅，甚至跟冲上城头的蒙古军抱作一团，翻滚下去同归于尽。

交战没多久，张禧就身中十八箭，一支箭竟然贯腹而入，血如泉涌，堵塞了呼吸道，当即休克过去。张禧被救下去之后又苏醒过来，他大口大口地喘着粗气："赶紧给我喝下血竭，瘀血弄出去后才可以活下来。"

血竭是活血散瘀的灵丹妙药。忽必烈二话没说，立即让人去找血竭。

在张禧父子的示范之下，蒙古敢死队打开一个突破口之后，后续大部队源源不断地冲上城头。眼见鄂州城很快就要陷落了，守将张胜急中生智，登上城头大喊大叫："鄂州城属于你们了，但是金银珠宝和美女都在小东门外的将台驿，可自行去取。"

蒙古军一听，立刻乱了阵脚，一窝蜂地涌向将台驿，把鄂州城外的居民区烧得一塌糊涂。张胜暗自庆幸，鄂州城终于保住了。

这时候，宋军襄阳守将高达率部来援，鄂州附近汉阳的贾似道也是虚张声势，摇旗呐喊。可是他们帮了倒忙，蒙古军发现被放鸽子了，又卷土重来，发誓要踏平鄂州城。

钦察人苦彻拔都儿自告奋勇，率部跟着投降的宋人来到鄂州城下，试图招降。张胜怒火中烧，将投降的宋人杀了，并出兵袭击苦彻拔都儿。

这下子惹毛了忽必烈，立即命令不惜一切代价拿下鄂州城。蒙古军攻势如潮，张胜抵挡不住，以身殉城。在关键时刻，高达接过指挥棒，跟吕文德一道顽强地守住了城池。

可是贾似道根本就无心作战，暗中派遣密使宋京去见忽必烈，求和乞降，答应屈辱的称臣、输岁币等条件，却被忽必烈断然拒绝。

高达武功高强，勇力过人，以抵御外侮为己任，一向瞧不起贾似道卑鄙的卖国行径。每每见到贾似道督战，高达就在背后嘲笑他："那个头戴高帽子的会打什么鸟仗！"更牛的是，要想让高达出战，贾似道必须亲自登门去请，否则就让部下在门前喧哗吵闹。

吕文德是个趋炎附势之徒，他很清楚贾似道的光辉前程，所以大拍贾似道的马屁，派人斥骂高达："摆什么臭架子！有贾大人在此，你小子怎敢胡来！"

贾似道、高达、吕文德这三个大冤家聚作一堆，早晚会闹出乱子来。御史饶应子建议左丞相吴潜，让贾似道去守下游的黄州，一则可以扼住长江航道的咽喉，二则保证了鄂州守军的团结一致。

贾似道离开汉阳时，孙虎臣率七百精锐骑兵护送他去黄州。走到了苹草坪，前方侦探来报，发现大队蒙古骑兵。

贾似道吓得魂都没有了，扭头问孙虎臣："该怎么办？"

孰料孙虎臣早不知躲到哪里去。贾似道只好硬着头皮，勉强迎战。眼见敌人愈来愈近，贾似道顿感大限已至，不由得胆战心惊，仰天长叹："今日我死定了！可惜不能够死得光明磊落、轰轰烈烈！"

等敌人走近了，贾似道一瞧，登时笑开颜。哪里是蒙古骑兵，分明是一队只顾打砸抢的宋军残兵弱将。他们刚刚进村掳掠了一大堆钱财玉帛，还有几个女人，哼唱着歌儿正要回营。走在队伍前面的是一个骑牛将军，他就是江西降将储再兴。孙虎臣这才不知从哪儿钻出来，壮着胆子，冲杀过来，活捉了储再兴。其余的敌人一哄而散，贾似道终于平平安安进入黄州城。

贾似道一离开，吕文德没了靠山，乖乖听高达的指挥，鄂州城内军民团结，上下一心。

高达下令修补鄂州城的东南角缺口，接连粉碎了忽必烈的疯狂攻势。但宋军也是伤亡惨重，损失超过一万三千人。

蒙古军屡攻不克，忽必烈整日忙着调兵遣将，准备大战一场。这时候探马报告说，兀良哈台自湖南派人来求援了。忽必烈喜不自禁，这个家伙终于杀到了。

兀良哈台接到进军湖南的命令之后，率骑兵三千、蛮僰军一万，自押赤城出发，东下广西横山寨、老苍关，大破六万宋军，而后在宾州兵锋转北，如入无人之地，直取象州、静江，杀进湖南境内，经芷江、沅陵，兵临潭州城下（今湖南长沙）。

潭州的宋将向士璧很会守城，他除了拥有一支精锐的飞江军之外，又招募勇士组成斗弩社，打得剽悍的兀良哈台都抬不起头来。兀良哈台自认为是屠城专家，没想到在潭州碰得头破血流，只好向鄂州的忽必烈求援。

忽必烈赶紧派勇将铁迈赤率领练卒千人、铁骑三千，南下岳州接应兀良哈台。兀良哈台见潭州的向士璧也不是吃素的，于是舍城而去，北上岳州，与铁迈赤会合。

了不起啊！兀良哈台孤军奋战七八年，史称他转战宋境千余里，大小役十三次，都是红旗飘飘，先后杀宋兵四十余万，擒其将大小三人。史书所载虽然有点离谱，但是兀良哈台仅凭借不足两万的兵力，剿平西南蛮夷、残破交趾。继而挥师北上，突破宋军的重重包围，跟忽必烈相隔不过二百五十里，南北呼应，夹击宋军。其征途之长，战绩之辉煌，也算得上奇迹。

兀良哈台的归来，令忽必烈如虎添翼，信心倍增。于是号令三军，准备对鄂州大开杀戒。

可是几天之后，忽必烈的贤内助弘吉剌·察必从开平府派来了两个密使——脱欢、爱莫干。弘吉剌·察必汇报说："阿里不哥委托两个大臣阿蓝答儿和脱里赤，到开平府去，要在蒙古军和汉军中抽调一部分精壮人马，到和林城去。阿里不哥动机不明，能否把军队交给他？"

另外，弘吉剌·察必还出了一个奇怪的谜语："大鱼的头被砍断了，小鱼之中除了你和阿里不哥，还剩下谁呢？忽必烈，你回来好不好？"

察必的柔情呼唤并没有使忽必烈感到一阵温馨，反而是芒刺在身，坐立不安。阿里不哥派人到开平府去抽调兵力，其用意再清楚不过了，就是要削弱忽必烈的力量，为夺取汗位埋下伏笔。

而察必的谜语就是三岁小儿也猜得出谜底，大鱼指的是蒙哥，蒙哥归天了，除了忽必烈和阿里不哥，还有一个旭烈兀。但汗位之争，已是迫在眉睫，犹如离弦之箭，势在必发。旭烈兀远在万里之外，恐怕是心有余而力不足。察必是在暗示忽必烈，赶紧撤军回来抢夺汗位。

过了两天，又来了阿里不哥的使者，向忽必烈转达了阿里不哥的问候。

黄鼠狼给鸡拜年——没安好心。忽必烈责问使者："阿里不哥把军队抽调到和林去做什么？"

阿里不哥的使者支支吾吾："我们是下人，都不知道啊！大概是谣言吧！"

欲盖弥彰，其中必有猫腻。谋士郝经后院起火的预言不幸成真，忽必烈跑去问郝经现在该怎么办。

郝经说："《周易·乾卦》上有句话，只有圣人才能够做到进退自若，也只有圣人才能够做到处惊不乱，不动如山。蒙古帝国自灭金之后，只知道一味攻战，老是破财，三十年了。如今国内一片空虚，塔察儿、旭烈兀等亲王，首鼠两端、隔岸观火，可是暗中都对汗位垂涎欲滴，一有风吹草动，他们就会蠢蠢欲动。先发制人，后发制于人。如果我们失去先机，就会腹背受敌，陷于危难之中。听说阿里不哥已经派遣脱里赤到燕京去了，手握图籍，对天下了如指掌。实际上阿里不哥已行帝王之事，很快就会号令天下了。王爷虽然颇有声望，也手握重兵，但是不要忘记了金国金世宗、海陵王身死败亡的教训。万一阿里不哥捏造蒙哥的遗诏，悍然登基即位，继而号令中原，传命江淮，王爷将何去何从？"

听郝经这么一说，忽必烈不由得紧张起来。四弟阿里不哥是英雄母亲唆鲁禾帖尼最疼爱的儿子，唆鲁禾帖尼生前曾经聘请汉人名儒悉心教导阿里不哥。唆鲁禾帖尼死后，阿里不哥继承了她的封地吉尔吉斯和谦州。如今又留守和林，掌控了整个朝廷。登上汗位，如同探囊取物，举手之劳而已。

可现在跟南宋大军对峙于鄂州城，一旦退兵，宋军必然乘势追击，那时只怕还没坐上汗位，就先坐了南宋的大牢。

郝经给忽必烈支招："为今之计，莫若以退为进。王爷先忍一忍，与宋国讲和，缔结城下之盟，割让淮南、汉上、梓、夔等地给宋人。双方划清边界、商议岁币，稳住宋国，留下辎重断后，王爷率精锐骑兵尽快回到燕京，阿里不哥的阴谋就不攻自破。然后派人截住蒙哥汗的扶灵队伍，缴获蒙古大汗的金印，传诏旭烈兀、阿里不哥、末哥等宗王，会丧和林。同时派人安抚中原各地，让世子真金镇守燕京。等掌控局面之后，再召开忽里勒台大会，汗位就属于王爷了。"

忽必烈一听，有理！传令兀良哈台、霸突鲁："阿里不哥不知道在搞什么鬼，形势对我们很不利。你们暂时留下，我先渡黄河回到燕京，弄清情况之后再来接你们。"

商定之后，忽必烈虚晃一枪。十一月二十八日，在牛头山摆出要顺流东下进攻临安的骇人阵势。消息传来，驻守黄州的宋军一片鬼哭狼嚎，贾似道也是吓得七魂跑了六魂，惶惶不可终日。

正在这时候，王坚从钓鱼城派来的阮思聪飞流直下，向贾似道报告了蒙哥已死的好消息。

贾似道高兴得手舞足蹈，蒙哥一死，蒙古军必然归心似箭，正是跟他们讲和的绝佳良机，就再次秘密派遣宋京去蒙古军营乞和。

你越是卑微，对手越瞧不起你。蒙古人都不愿意与贾似道这条只懂得摇尾乞怜的狗坐在一起谈判，无奈之下，赵璧毛遂自荐，去鄂州城跟宋京谈判。

赵璧出发前，忽必烈一再吩咐他："你上了鄂州城头之后，切记要紧盯着军中的战旗。战旗一动，你就要马上回来。"

赵璧进了鄂州城，宋京按照主子贾似道之意，告诉他："蒙古大军如果撤离北返，宋主愿意称臣，划江为界，每年贡上白银二十万两、绢布二十万匹。"

贾似道的报价与历史上宋朝向周边外族缴纳的岁币大致相当，宋辽澶渊之盟规定的岁币是绢、银共三十万，给西夏的岁币是银、绢共二十五万五千，杀岳飞之后给金国的岁币是银、绢各二十五万。

像这样花钱买和平的龌龊外交，大概只有缺钙软骨头的中原王朝做过。蒙古对此不屑一顾，所以当场被赵璧断然拒绝："如果当初大军刚刚南下濮州时，你家主子提出这个报价，我们或许可以接受。今天大军已过长江，再奢谈什么称臣、岁币，简直就是废话！草原上金银珠宝多得是，蒙古帝国不稀罕你们的那点小钱。我只问一句，贾似道躲到哪里去了？"

眼见谈判就要破裂，赵璧忽然远远瞧见了蒙古军中战旗晃动，于是不客气地扔下一句改天再议的话，袖子一甩，逃之夭夭。看得宋京目瞪口呆！

谈判草草了之，蒙古大军也相安无事地扬长而去。

闰十一月初一，忽必烈离开鄂州，屯兵青山矶渡口。翌日过江之前，忽必烈派遣张文谦传令各路大将：最迟在六天之内全部撤离鄂州，退保浒黄洲。

这时候，贾似道又派宋京前来求和，忽必烈让赵璧转告他的话："尔等为了免遭生灵涂炭，屡屡求和，用心是好的。可是我奉命南征，岂能半途而废？如果宋国真的有称臣诚意，那就赶快投降吧！"

忽必烈留下张杰、阎旺，率领一支偏师，等候接应湖南的兀良哈台。其余的全都卷起铺盖，踏上了归乡之途。大军撤退之时，张文谦率先护送两万南宋降民，缓缓北上。塔察儿、合丹、也孙格等宗王负责断后，沿途烧杀掳掠。轰轰烈烈的鄂州保卫战有惊无险，总算落下了帷幕。

三、大汗君临天下

忽必烈途经开封时，诉苦的络绎不绝。人们纷纷控告阿蓝答儿和脱里赤来中原挨家挨户抽壮丁，荼毒老百姓，弄得民不聊生。

简直就是无法无天！忽必烈怒不可遏，急忙派人去和林劝告阿里不哥："老弟擅自从中原的老百姓家中拉走壮丁，搞得天怨人怒。请老弟立刻把掠夺的牲畜和财物还给老百姓，那些被抽调走的军队还给我。跟随我南征北战的老兵，也一并归还给塔察儿、也孙格等亲王的左翼军以及末哥、合丹、阿速带等宗王的右翼军。如此才能保证我有足够的兵力，去完成征服宋国的神圣使命。"

此后忽必烈昼夜兼程，仅用几天的时间就跑完了上千里的路程，终于在闰十一月二十日兵临燕京城下。

阿里不哥任命的断事官、燕京行省长官脱里赤正在到处征调兵力，忽必烈的突然出现，令他措手不及，慌忙派人解释说，募兵是蒙哥的遗命，他只是奉命执行而已。忽必烈告诉脱里赤："不用解释了，请你派一个亲信来见我吧！"

脱里赤很害怕，赶紧向阿里不哥通风报信："忽必烈似乎知道了你的计划，现在最好派一个万夫长、若干使者，给忽必烈送上海东青或者猎兽，以消除他的顾虑，免得打草惊蛇，坏了大事。"

阿里不哥一听说忽必烈回来了，也慌了神，连忙让一个万夫长带去五头海东青，献给忽必烈。并哄骗说阿里不哥很快就要来燕京，跟忽必烈共叙手足之情。至于征募一事，早已下令停止了。

阿里不哥的甜言蜜语似乎让忽必烈有所释怀，他不但放走了脱里赤和阿里不哥的使者，而且还派人把霸突鲁和兀良哈台从前线叫回来。

这年冬天，忽必烈就驻扎在燕京城。他下令将脱里赤招募的人员，全都解散回家。登时燕京城内外欢声雷动，民心大悦。

脱里赤等人狼狈逃回和林之后，添油加醋地向阿里不哥汇报了忽必烈的事。

阿里不哥的头脑也是很灵活的，俗话说先下手为强，后下手遭殃。干脆发出请帖，将那些宗王、亲王和大臣都叫到一个偏僻的地方，准备抢先一步，把汗位的问题解决了。

可是请帖发出之后，应者寥寥。右翼宗王只来了塔察儿的儿子乃蛮台，左翼宗王也只来了阔端的儿子也速。其余的都借口一大堆，躲在家里不露面。

眼见什么事都办不成，阿里不哥眉头一皱，计上心来。又准备摆下鸿门宴，派遣脱里赤邀请忽必烈等宗王到和林来，为蒙哥举行会丧，然后趁机聚而歼之。

但是阿里不哥的伎俩很快就被忽必烈戳穿了。

脱里赤来到燕京之后，忽必烈的部下包括宗王塔察儿、也孙格、纳邻合丹等，集体撒谎说："阿里不哥做得很对，大家都应该赶到和林去，为蒙哥汗举行盛大的葬礼。只是我们刚刚从南征宋人回来，还没有到家里去瞧一瞧。我们先回去一趟，然后再去赴会，齐聚和林城，怎么样？"

脱里赤信以为真，当即决定派手下回和林报告阿里不哥，自己则留在燕京监视忽必烈。

但是忽必烈很快就金蝉脱壳而去了。次年（1260年）三月初一，忽必烈回到自己的发迹之地——金莲川开平府。

北返途中忽必烈派人去请张文谦和商挺前来议事。商挺很纳闷，现在可是非常时刻，怎么上头的每一个决策都弄得人人皆知？万一混进了阿里不哥的密探，那岂不是敲着锣鼓捉贼？于是提醒张文谦，军队要加强保密工作，凭信物出入走动，以防奸细浑水摸鱼。

张文谦赶紧骑马飞报忽必烈，忽必烈破口大骂："你们这些人都是白吃饭的吗？如此重要的事怎么没有一个提醒我？要不是商孟卿先生，差点儿就坏了我的大事。"

立刻下令在军中凭暗号行事，结果阿里不哥的卧底被一网打尽。

忽必烈待在开平府没几天，局势骤然紧张。廉希宪报告说阿里不哥密令辅臣刘太平和大将霍鲁海在关西地区建立行省机构，大肆筹办粮饷，意在图谋川、陕两地。

忽必烈大叫不好，一旦川、陕被阿里不哥夺取了，中原就去了一大半，岌岌可危。赶紧派遣赵良弼暗中查访一下，果然情况属实。

狡猾的阿里不哥终于露出了狐狸尾巴。事不宜迟，忽必烈决定登基称汗，以造成先声夺人之势。

拥戴忽必烈的宗亲包括东道诸王的老大塔察儿（铁木真四弟铁木哥之子）以及也孙格（铁木真二弟合撒儿之子）、忽剌忽儿（铁木真三弟合赤温之孙、额勒只带之子）、爪都（铁木真异母弟别里古台之子）等，西道诸王有合丹（窝阔台第六子）、阿只吉（察合台长子木阿秃干次子不里之子）等。

庶弟末哥的生母撒鲁黑就是忽必烈的乳母，所以末哥是忽必烈最坚定的拥戴。更令忽必烈惊喜的是，三弟旭烈兀特意从西亚派来使者，表示无条件服从忽必烈的领导。

此时旭烈兀已经灭了叙利亚的阿尤布王朝，先后攻克伊斯兰的重镇阿勒颇城、大马士革城。叙利亚苏丹纳昔儿在流亡非洲埃及的途中被蒙古军抓捕。至此穆斯林在亚洲的据点全军覆没，阿拉伯奴隶骑兵所建立的埃及马木鲁克王朝成了伊斯兰世界硕果仅存的一个政权。

旭烈兀获知蒙哥的死讯之后，留下悍将怯的不花率两万人马镇守叙利亚，对付马木鲁克王朝的反扑。自己则回到波斯的乌尔米耶湖畔，准备将金银财宝运回草原，也想在汗位之争中插一脚。但是旭烈兀很快就打消了这个危险的念头，转而全力支持忽必烈称汗。

从幼年开始，旭烈兀就跟忽必烈结下深厚的情谊。旭烈兀可不愿意随同小弟阿里不哥一道，忤逆兄长忽必烈。

蒙哥次子阿速带却背叛了忽必烈，逃到和林去，投奔阿里不哥。可惜好心没好报，阿里不哥反而下令撤销了阿速带的军队指挥权。亲信阿蓝答儿被提拔为军队统帅，但他根本就不懂得驭军之道，在他的指挥之下，军心涣散，将士流失严重。

阿里不哥自以为得计，派人到窝阔台家族的宫帐以及蒙古人、党项人、汉人、女真人等聚居地，到处散发书信称："旭烈兀、别儿哥跟其他宗王们已经同意选举我为蒙古大汗，请你们不要听忽必烈、塔察儿、也孙格、也可合丹、纳邻合丹的话，也不要服从他们的命令！"

孰料阔端第三子只必帖木儿截获了一些信使和书信，并迅速送到开平府去。

阿里不哥称汗的企图至此暴露无遗，忽必烈当机立断，下令请来他的拥护者，在金莲川召开忽里勒台大会，选举新汗。

与会的宗亲包括塔察儿、也孙格、也可合丹、纳邻合丹、只必帖木儿、爪都，还有木华黎的曾孙忽林失、纳陈驸马、帖里垓驸马以及博尔术的后人宿卫将军孛里叉、豁尔赤的儿子亦只里等等。他们齐聚一堂，一致通过了协议："旭烈兀已经去了波斯，察合台的子孙在西域的伊犁河，术赤的子孙更在遥远的伏尔加河。和林城内的那些混蛋跟阿里不哥沆瀣一气，干下了不可饶恕的傻事。在旭烈兀和金帐汗王别儿哥来临之前，察合台汗国的摄政兀鲁忽乃已经去了和林。如果今天再不选出新大汗，我们将何以生存下去？"

三月二十四日，蒙古帝国的历史在开平府翻开了崭新的一页，忽必烈在无数人的前呼后拥之下登基称帝。那些宗王和大臣按照习俗的规定，立下誓言，在忽必烈面前跪倒一大片，宣布他为大汗，也就是薛禅皇帝。

在燕京的阿里不哥亲信脱赤里闻讯之后趁夜逃命，结果还是被忽必烈的驿站人员抓回来。经过一番严刑拷打，脱赤里老老实实招供了阿里不哥的全部密谋。

忽必烈即位之后做的第一件事就是把可恶的脱赤里打入大牢，废除蒙哥先前设置的燕京等处行尚书省，设立统辖中原地区的新机构——燕京路宣慰司，任命牙剌瓦赤、赵璧、董文炳三人为燕京路宣慰使。

同时仿照中原王朝，命令僧子聪、许衡创立新政权的官制。在中央，中书省（国务院）负责国家的政务，枢密院（国防部）掌握兵权，御史台（检察院）监察百官。其下属单位分别有监、寺、院、司、卫、府。在地方则有行省、行台、宣慰、廉访等机构。并划定地方行政区，设立了路、府、州、县。地方长官由蒙古人担任，副长官由汉人（包括女真人、契丹人、党项人）、南人（归附的宋人）担任。

在僧子聪、许衡两人辛勤努力之下，新政权建立了一整套完备的统治机构。

四月初一，中书省成立。忽必烈任命王文统为平章政事，张文谦为左丞，赵良弼为参议司事，八春、廉希宪、商挺为陕西、四川等路宣抚使，粘合南合、张启元为西京等处宣抚使。

初四，忽必烈颁布了即位诏书：

朕惟祖宗肇造区宇，奄有四方，武功迭兴，文治多缺，五十余年于此矣。盖时有先后，事有缓急，天下大业，非一圣一朝所能兼备也。先皇帝即位之初，风飞雷厉，将大有为。忧国爱民之心虽切于己，尊贤使能之道未得其人。方董夔门之师，遽遗鼎湖之泣。岂期遗恨，竟勿克终。

肆予冲人，渡江之后，盖将深入焉，乃闻国中重以金军之扰，黎民惊骇，若不能一朝居者。予为此惧，驿骑驰归。目前之急虽纾，境外之兵未戢。乃会群议，以集良规。不意宗盟，辄先推戴。左右万里，名王巨臣，不召而来者有之，不谋而同者皆是，咸谓国家之大统不可久旷，神人之重寄不可暂虚。求之今日，太祖嫡孙之中，先皇母弟之列，以贤以长，止予一人。

虽在征伐之间，每存仁爱之念，博施济众，实可为天下主。天骄道助顺，人谋与能。祖训传国大典，于是乎在，孰敢不从。朕峻辞固让，至于再三，祈恳益坚，誓以死请。于是俯徇舆情，勉登大宝。自惟寡昧，属时多艰，若涉渊冰，罔知攸济。爰当临御之始，宜新弘远之规。祖述变通，正在今日。务施实德，不尚虚文。虽承平未易遽臻，而饥渴所当先务。呜呼！历数攸归，钦应上天之命；勋亲斯托，敢忘烈祖之规？建极体元，与民更始。朕所不逮，更赖我远近宗族、中外文武，同心协力，献可替否之助也。诞告多方，体予至意！

初十，忽必烈又任命翰林侍读学士郝经为国信使，翰林待制何源、礼部郎中刘人杰为副使，让他们去南宋招降。

这时候，传奇的西征汉将郭侃回到中原，他上书忽必烈，对新政权的国号、都城以及征服南宋等等提出了不少富有建设性的意见，一一被忽必烈采纳。

忽必烈的新政权虽然还挂着蒙古帝国的招牌，但它是一个完全按照中原王朝套路所创立的政权。从它诞生的那一刻，就深深地打下了农耕文明的烙印。有年号（一个月后建元中统），有固定的都城（燕京或大都），有一套完备的官制和行政机构等等，跟以往游牧民族创立的流动的、粗糙的政权截然不同。

这一刻成了蒙古帝国的分水岭，蒙古帝国从此告别了世界史，也告别了骑马打天下的英雄时代，走进了中国史的范畴，也融入了博大精深的华夏文明，开启了儒家治天下的新时代，跟南方的赵宋王朝争夺正统地位。

四、阋墙之乱

听到忽必烈称汗的消息，气急败坏的阿里不哥立即在和林以西阿尔泰山的夏营地按坦河（今蒙古国车尔勒格市东臣赫尔东南）召开忽里勒台大会。

西道诸王中，来自术赤家族的有术赤长子斡儿答的儿子忽里迷失、合剌察儿，来自察合台家族的有察合台汗国摄政女主兀鲁忽乃、察合台第三子拜答儿之子阿鲁忽，来自窝阔台家族的有窝阔台次子阔端的儿子也速、第五子合失之子海都、第六子合丹之子觊尔赤，来自拖雷家族的有蒙哥之子阿速带、玉龙答失等等。东道诸王中，有塔察儿之子乃蛮台、别里古台的一个儿子等等。

另外阿里不哥还得到金帐大汗别儿哥以及旭烈兀次子出木哈儿的暗中支持。

对比支持忽必烈和阿里不哥的势力，可以看出，东道诸王或左翼宗王大都拥护忽必烈，西道诸王或右翼宗王大都拥护阿里不哥。由于有了成吉思汗直系宗王的强力支持，阿里不哥对抗忽必烈的底气十足。

四月，随着阿里不哥在按坦河的宫帐风风光光地登上了汗位，蒙古帝国出现分裂，一个是忽必烈农耕性质的政权，一个是阿里不哥游牧性质的政权。这两个政权水火不相容，势必展开一场殊死搏斗，将决定蒙古帝国的走向和命运。是继续骑着马儿暴力征服天下，还是捧着儒家经典治理天下？

两虎相争，必有一伤。

一场难以避免的恶斗正等着自己，忽必烈未雨绸缪，着手完善国家政权、加紧武装战备。

五月十九日，忽必烈有了自己的年号——中统，蒙古帝国又向传统农耕性质的政权迈出了一大步。二十七日，诏告天下，谴责阿里不哥的分裂行径，在舆论上先拿下一分。

同时，重新划分地方行政区，置十路宣抚司。

燕京路：赛典赤·赡思丁、李德辉为宣抚使，徐世隆副之；

益都、济南等路：宋子贞为宣抚使，王磐副之；

河南路：史天泽为宣抚使；

北京等路：杨果为宣抚使，赵昺副之；

平阳、太原路：张德辉为宣抚使，谢宣副之；

真定路：孛鲁海牙、刘肃并为宣抚使；

东平路：姚枢为宣抚使，张肃副之；

大名、彰德等路：张文谦为宣抚使，游显副之；

西京路：粘合南合为宣抚使，崔巨济副之；

京兆等路：廉希宪为宣抚使。

军事斗争准备方面，令汪惟正为巩昌等处便宜都总帅、虎阑箕为巩昌路元帅，负责防守河西走廊，对付投靠阿里不哥的六盘山守将浑都海。从平阳、京兆两路调出七千金兵，交给万户郑鼎、昔剌忙古，扼守延安等要隘。总帅汪良臣统陕西汉军，负责黄河沿线的防务。调集三万大军，拱卫燕京安全。挑选一万匹战马，送到开平府去。

由于成都守将密里火者、青居守将乞台不花已被阿里不哥收买，四川被纳入阿里不哥的势力范围。忽必烈就让成都路侍郎张威，招抚元、忠、绵、资、邛、彭等西川各州县。

双方紧张对峙的同时，也互派使者，试图和解。但是唆鲁禾帖尼调教出来的儿子都很有个性，忽必烈和阿里不哥，针尖对麦芒，谁也不愿意退让一步。

忽必烈引用儒家术语，痛斥阿里不哥为臣不忠，为子不孝，为君不仁，为弟不义。

阿里不哥根本就不吃这一套，反而说忽必烈在草原之外的开平府召开忽里勒台大会，纯属无效、非法，大骂忽必烈是一个可耻的篡位者。

既然谈不拢，那只好直接用战争来对话了。拖雷家族的内战终于爆发了。

战争首先是从争夺察合台汗国的支持开始的。因为忽必烈失去了成吉思汗直系大多数宗王——右翼宗王的支持，所以处境很不利。为了扭转困局，忽必烈决定远交近攻，拉拢察合台汗国，形成对阿里不哥的东西夹击态势。

察合台汗国的摄政女主兀鲁忽乃在大臣的胁迫之下，倒向了阿里不哥。于是忽必烈派遣阿必失哈、纳邻合丹兄弟（两人都是察合台的曾孙、不里之子）到阿力麻里去，推翻兀鲁忽乃的统治。

孰料阿必失哈、纳邻合丹走到河西之后，就被阿里不哥的士兵扣押下来，捆成粽子，送到和林去。忽必烈阴沟里翻了船，阿里不哥却从这件事中吸取了教训，很快就意识到察合台汗国的重要性。

和林城的食物都是用牛车从最富饶的中原地区运过去的，可现在中原是忽必烈的天下。忽必烈采取了断奶策略，下令封锁草原运输线。结果没几天和林城中闹起大饥荒，食物紧缺，物价飞涨。阿里不哥惶惶不可终日，决定派遣一个可靠的人去察合台汗国为自己筹运粮草。

兀鲁忽乃虽然表面上支持自己，但是她的心似海底针，兀鲁忽乃说不定是一棵两边倒的墙头草。这个女人已经垂帘听政八九年了，早该下台了。

于是阿里不哥以蒙古帝国大汗的名义，宣布阿鲁忽为察合台汗国的第五任汗王，让他去阿力麻里主持政务。这个阿鲁忽是察合台第三子拜答儿之子，鞍前马后服侍过阿里不哥好多年，早已成了阿里不哥最信赖的心腹之一。

察合台的封地本来局限在伊塞克湖地区、巴尔喀什湖东南的伊犁河流域。更西边的河中地区（锡尔河流域及阿姆河流域）历来直属蒙古大汗统治，蒙哥时期设置了阿姆河行省，任命阿儿浑为行政长官，实施有效的管辖。由于拔都、别儿哥兄弟对蒙哥有大恩，蒙哥就把河中地区划入金帐汗国的势力范围。别儿哥继位之后，向河中派驻了一些官员。

阿里不哥为了跟忽必烈对抗，不惜授权阿鲁忽向河中地区扩张，以拉拢阿鲁忽，替自己挡住东援忽必烈的旭烈兀大军。这对阿鲁忽来说，简直就是天上掉下的一个大馅饼。阿鲁忽屁颠屁颠地离开了谦州，进入了阿力麻里城之后，从者云集，很快就将幸运之旗插在太阳的金帐之上，把兀鲁忽乃母子轰下台，自己坐在汗位之上。兀鲁忽乃只好一把鼻涕一把泪，灰溜溜地东投阿里不哥去了。

争夺察合台汗国，忽必烈先失一局，于是又把目光转向身边的威胁。

阿里不哥在漠南的势力主要有三股：甘肃六盘山的浑都海和哈剌不华；陕西长安城的刘太平和霍鲁海；四川成都的密里火者和青居的乞台不花。

其中以浑都海和哈剌不华的兵力最为雄厚。蒙哥死后，其子阿速带代为统领南征的蒙古军。不久，阿速带护送蒙哥的灵柩回草原，把十来万大军丢给哈剌不华，辎重车队则留给耶律铸之子耶律希亮。两人退屯六盘山后，与浑都海合为一股，严重威胁着忽必烈的侧背翼。

忽必烈决心实施"外科手术"式的打击，将他们一一剪除。具体部署是：让廉希宪去收拾刘太平和霍鲁海；派遣刘嶷去对付密里火者、汪惟正去对付乞台不花；命汪良臣率甘陕驻军去剿灭浑都海。

刘太平和霍鲁海听说廉希宪要来了，狗急跳墙，积极争取民众，准备暴动。但是陕西的老百姓早被阿蓝答儿和刘太平先前的暴行吓坏了，现在刘太平和霍鲁海又要起兵闹事，老百姓们都避之不及，让两人成了暴风过后树上的最后两片叶子。结果廉希宪一到，人们就纷纷揭发刘太平、霍鲁海和浑都海相互勾结的罪状。

廉希宪立刻下令将刘、霍二人捉拿归案，兵不血刃，迅速平定陕西。

四川的平叛更加顺利，刘嶷和汪惟正入川之后，不费吹灰之力就将密里火者和乞台不花就地正法。

进剿浑都海却遇到了麻烦，总帅汪良臣接到廉希宪的传令之后，以没有忽必烈的圣旨为由，拒绝出兵。廉希宪不得不拿出身上佩戴的虎符、银印给汪良臣看："这就是皇帝赐给我的密旨，你放心出兵吧，我马上奏告朝廷。"

可是没等汪良臣出兵，阿里不哥的大军就兵分两路，杀气腾腾，一路南下而来。左路军是阿里不哥的主力部队，统将是出木哈儿、合剌察儿，由和林逾越大漠，兵锋直指忽必烈的大本营开平府和燕京。

右路军是阿里不哥的偏师，统将是阿蓝答儿，由大漠直奔六盘山而去，目的是与浑都海、哈剌不华会师之后，袭取长安城，再掉头向东，配合左路主力部队，会攻燕京。

一时风云骤变，廉希宪当即决定，让汪良臣固守长安城，并虚张声势，使得阿蓝答儿、浑都海和哈剌不华误以为长安守军兵力强大，不敢贸然向东。

阿里不哥的右路军中了廉希宪的计谋，再加上大军长期驻守在外，思念草原的老家，军心涣散，于是都待在原地踏步。

忽必烈审时度势，划出北、西、南三条战线。

北线，统将也先格、纳邻合丹（此人与察合台的曾孙同名，或说铁木真三弟合赤温之孙），由开平府直接北上，迎战出木哈儿、合剌察儿。

西线，统将也可合丹、合必赤（铁木真二弟合撒儿之子）、阿合马，西讨六盘山的浑都海和哈剌不华。

南线，为了保证能够战胜阿里不哥，忽必烈听取商挺的建议，将江淮一带的驻军撤回开平府，同时任命史天泽为江淮经略使、李璮为江淮大都督，以防南宋趁乱袭扰。

北线的两个急先锋也先格、纳邻合丹一鼓作气，在和林附近的巴昔乞把出木哈儿、合剌察儿打得一败涂地。败讯传到了和林城，阿里不哥的情绪低落到了极点。眼见和林难保，阿里不哥只好仓皇西逃到老巢谦州和吉尔吉斯。逃走之前，阿里不哥残忍地杀害了阿必失哈、纳邻合丹兄弟以及随从近两百人。

北线获得巴昔乞大捷的同时，西线也在甘州取得辉煌的战果。

浑都海和哈剌不华得知长安有备，掉头北上，准备跟南下的阿蓝答儿会合。随军的名臣耶律铸苦口婆心，劝说浑都海、哈剌不华东投忽必烈。被一口拒绝之后，耶律铸丢下妻子赤帖吉氏、儿子耶律希亮等，只身一人跑去见忽必烈。

六月，浑都海和哈剌不华在灵州渡过黄河，过应理州，边跑边打，结果被廉希宪、汪良臣的追兵杀得尸横遍野。

七月，浑都海、哈剌不华跟阿蓝答儿会师于甘州南边的焉支山。阿蓝答儿见到耶律希亮劈头就问："你父亲呢？"

耶律希亮实话实说："我也不知道。不过我父亲的战友浑都海应当清楚的。"

浑都海破口大骂："我怎么知道？肯定是叛投忽必烈那家伙去了。"

耶律希亮当即反驳："那你怎么说不知道我父亲的去向？"浑都海登时

无语了。阿蓝答儿愈加怀疑耶律铸的去向，日夜拷问耶律希亮。

耶律希亮可怜巴巴地说："我要是知道，早就跟着父亲去了，何苦留在这里？"阿蓝答儿见耶律希亮是个老实人，也没有为难他。于是跟浑都海、哈剌不华召开会议，商定大军的下一步行动。但会议之上哈剌不华与浑都海、阿蓝答儿吵得不可开交，哈剌不华一气之下，拉走一队人马，独自往北。浑都海、阿蓝答儿则继续向南，还一度打败了忽必烈的人马。

忽必烈的西线统将也可合丹、合必赤、汪良臣等人进至甘州附近的龙首山时，不敢轻举妄动，只是下令扎下大营，挂起免战牌，按兵不动。

僵持了近两个月之后，浑都海、阿蓝答儿的军队士气一落千丈。

九月二十一日，汪良臣大举进攻，两军相遇于耀碑谷（今甘肃山丹县城西北大口子）。

狭路相逢，勇者必胜。

决战之前，汪良臣发表了慷慨激昂的誓师宣言："今日一战，事关国家安危。我跟你们都坐在同一条船上，打了胜仗，大家富贵可保，打了败仗，大家人头难保。只要我们能够万众一心、勇往直前，纵然战死沙场，也可留下千古美名。"

汪良臣这么一说，部下都像被注射了强心针，挥舞着手中的武器，不要命地往前冲。交手没多久，突然间刮起一阵大风，飞沙走石，吹得白昼晦暗无光。汪良臣命令骑兵们都从马背上跳下去，带上短枪短刀，袭击敌军的左翼。得逞之后，绕到敌军的背后，又袭击敌军的右翼。

汪良臣身先士卒，手刃敌人数十人。敌军经受不住汪良臣漂漂亮亮的绕脖子连续攻势，阵脚登时大乱。忽必烈的大将八春趁机从正面发起猛攻，也可合丹又率精锐骑兵包抄敌军后路。

敌军溃不成军，大部被歼。浑都海、阿蓝答儿逃脱不及，终成阶下囚。被送到长安城之后，斩首示众。残军向西北溃退，追上哈剌不华，推他为主将。

耶律希亮护着母亲赤帖吉氏等躲在甘州北黑水东沙陀中，侥幸避过了十余个残兵的搜索。正当他们暗自庆幸之际，有一个残兵回来找马，耶律希亮的老女仆走漏消息，结果被发现之后，五花大绑去见哈剌不华。

幸运的是，哈剌不华和耶律铸有亲家之好，而且同在四川时，有一回哈剌不华生了大病，耶律铸不但请来医生，又给哈剌不华酒肉吃，所以哈剌不华非常感激耶律铸，马上放了耶律希亮等人。

十月，耶律铸随同哈剌不华的大军退往肃州，在那儿与阿里不哥的使者碰头之后，一道经沙州（今甘肃敦煌）、伊州（今新疆维吾尔自治区哈密），翻越白雪皑皑的天山，年底抵临别失八里。西线战事遂告平定。

北线跟西线捷报频传，南线却打得很窝囊。

江淮大都督李璮获知宋军在许浦江口、射阳湖停泊战船两千余艘，准备袭击涟州，于是先发制人，进犯淮安。南宋两淮战区总司令李庭芝率部英勇反击，李璮大败而退。但是李璮的受挫根本就无碍忽必烈与阿里不哥的战局。

九月，忽必烈亲征漠北。到达杭锦达巴（今蒙古国乌兰巴托西南七十里处）时，听到阿里不哥的暴行之后，忽必烈怒不可遏，以牙还牙，下令将被囚禁的脱里赤一刀劈为两半。

是年冬天，忽必烈顺利进入残破不堪的草原首都和林城，缴获了阿里不哥的四个宫帐，并在翁金河附近过冬，取得了拖雷家族内战的第一阶段胜利。

五、贾似道乱宋

忽必烈与阿里不哥的汗位之争，对蒙古帝国来说无疑是一次代价异常高昂的内耗，最直接的后果就是轰轰烈烈的旭烈兀西征戛然而止。

旭烈兀如同秋风扫落叶，将亚洲大陆的穆斯林据点扫地出门。埃及马木鲁克王朝苏丹忽秃思力图扮演了救世主的角色，把奄奄一息的穆斯林从蒙古人的铁蹄之下拯救出来。他以圣战的名义，发动了一支数万之众的非洲军团，其中包括马木鲁克骑兵以及北非马格里布的穆斯林信徒。

忽秃思选择的进攻时机非常好，正值忽必烈与阿里不哥打得如火如荼，西征军统帅旭烈兀也跑到距叙利亚有两千里之遥的大不里士。镇守叙利亚的怯的不花两万人马孤悬一地，成了伊斯兰世界的公敌。

七月初，忽秃思的非洲军团从尼罗河畔的开罗出发，浩浩荡荡地越过西奈半岛进入巴勒斯坦。忽秃思首先派遣钦察奴隶出身的拜巴尔斯率领一万骑兵，将怯的不花诱至大马士革以南两百里处的阿音札鲁特山谷。

忽秃思早已在此设下埋伏圈，马木鲁克骑兵排成中间厚、两翼薄的新月阵形。马格里布穆斯林则躲藏在两侧的群山峡谷之中。

二十六日（1260 年 9 月 3 日），一向轻敌的怯的不花统领两万蒙古骑兵、两千亚美尼亚重甲骑兵，带着无往不胜的自信，慢慢地踏进了忽秃思预设的死亡圈。结果数倍于蒙古人的非洲军团，挥舞着寒光闪闪的大马士革弯刀，高喊着"为伊斯兰而战"的嘹亮口号，漫山遍野杀奔过来。

尽管此役蒙古人发挥出超乎寻常的战斗精神，但是终因寡不敌众，血战一天之后，几乎全军覆没。打遍了整个西亚的怯的不花也不幸阵亡，叙利亚旋即告陷。

阿音札鲁特之战扭转了世界历史的进程，人类有史以来最为波澜壮阔的征战、给无数人留下悲惨记忆的扩张浪潮，持续了近四十年之后，终于止步于马木鲁克骑兵的圆月弯刀之前。

马木鲁克王朝异军突起，称雄西亚。旭烈兀为了跟其对抗，仿照拔都，将征服的地区凝聚成一个独立的政治实体——伊利汗国。

虽然旭烈兀被马木鲁克王朝牵制在遥远的西亚，未能东援忽必烈，阿里不哥的侧背翼一时无虞，但是阿里不哥被赶到谦州边境之后，成了惊弓之鸟，军心日益离散，再加上缺粮挨饿，个个骨瘦如柴。更令他气愤的是，自阿鲁忽离开之后，杳无音信，一粒大米也没有运过来。

在元气恢复之前，一旦忽必烈追杀过来，阿里不哥就是不投降也不行。

狡黠的阿里不哥耍了一个缓兵之计，他派特使到和林去见忽必烈，哭哭啼啼地忏悔着："我有罪，我太幼稚无知了。你是我最尊敬的兄长，有权审判我的罪行。你的话就是圣旨，你叫我往东，我绝不敢往西。一旦把牛羊养得肥肥的，我就亲自赶着它们献给你。别儿哥、旭烈兀、阿鲁忽也会的，我现在就着急地等待着他们的到来。"

忽必烈似乎再次被阿里不哥的花言巧语打动了，他慢声细语地告诉阿里不哥的特使："俗话说浪子回头金不换。阿里不哥终于脑袋瓜清楚了，变聪明了，敢于承认自己的错误了。我无话可说，那就等别儿哥、旭烈兀、阿鲁忽一到，立刻派人来见我。我们几个兄弟好好商量一下，该在哪里召开忽里勒台大会。"

这时候江淮大都督李璮派人急报说："宋国趁着蒙古帝国内乱，在背后捣蛋，屡屡挑起边界争端。"于是在年末十二月，忽必烈从和林回到燕京，准备攻伐南宋，以绝后患。

眼见战火又将绵绵不绝，但是宋军的最高统帅贾似道却一再上演瞒天过海的丑剧。他隐藏了屈辱的金钱外交，杀了几个蒙古军的战俘，谎报称在前线各路大军的抵抗之下，宋军取得了鄂州大捷，忽必烈战力不支，被迫撤围。江汉地区转危为安，大宋坚如磐石，从此永绝边疆之患云云。

宋理宗也是个老糊涂，听贾似道这么一说，不分青红皂白，立即下诏嘉奖贾似道，并让他以右丞相的身份入朝打理国事。

鄂州保卫战时，贾似道被吴潜调防黄州，途中一惊一乍，大出洋相。贾似道以小人之心度君子之腹，认为吴潜是在陷害自己，所以一听到左丞相吴潜的名字就恨得牙痒痒，想方设法把他赶出临安城。

这个吴潜可是个难得的忠义之士，一心报国。蒙古军大举南下，宋理宗寝食不安，忧心忡忡地召来吴潜问道："我该怎么办？"

吴潜给皇帝支招："三十六计逃为上计。"

宋理宗最讨厌的就是听到逃跑二字，又问道："我走了，那你呢？"

吴潜猛拍胸脯，满腔热血地回答："食君之禄，忠君之事！我就守在这里，挡住蒙古人。"

孰料宋理宗不但糊涂，更是鸡肠小肚，他听了吴潜剖肝沥胆的忠言之后反而又哭又骂："难道你想做张邦昌第二吗？"

张邦昌是靖康之难时宋朝的大汉奸，人们历来把他跟秦桧相提并论，早已遗臭万年。

吴潜无言以对，不幸值此弃世，就是想做个忠臣也做不了。

不久，得知忽必烈退兵之后，宋理宗扬扬得意地告诉大臣："要是我听了吴潜的话，岂不留下千古骂名？"

恰逢这时候宋理宗要立品行不端的忠王赵禥为太子，吴潜心里一百个不同意，密奏宋理宗："恐怕我没有史弥远的才干，忠王也没有陛下的福分。"

宋理宗对吴潜的处处刁难大为不满，早就想罢免了他。

皇帝讨厌他，贾似道憎恨他，吴潜注定难逃一劫。

贾似道还没有到临安城，就暗中指使侍御史沈炎弹劾吴潜。宋理宗顺水推舟，让吴潜退居二线，专门负责祭祀。提拔贾似道为左丞相，主持国政。

吴潜下台之后，宋理宗还是不满足，秘密在夜里叫来刘应龙，赐他象笏、文书，让他去弹劾吴潜。没想到这个刘应龙也是个赤胆忠心之人，他不但不奉诏，反而替吴潜说话："吴潜清誉在外，就是不会说话，爱钻牛角尖。按大宋惯例，宰臣有罪的，决不能随意惩罚。请皇上从大局出发，宽容面对。"

刘应龙不说倒好，一说更令宋理宗恨之入骨，马上将年近七十的吴潜贬到数千里之外的岭南循州去，并举行盛大的欢迎仪式，恭迎贾似道入朝执政。

可怜吴潜一世忠臣，就这样被昏庸无道的宋理宗和心术不正的贾似道折磨得生不如死！

贾似道到了临安城之后，又赶走外戚子弟，独断专行，权倾朝野，为所欲为，把整个国家搞得乌烟瘴气。要是孟珙泉下有知，肯定会被自己的看走眼气得捶胸顿足。

贾似道上台还没两个月，忽必烈的特使郝经就到了。

贾似道来临安之前，特意吩咐幕僚廖莹中写了一本叫《福华编》的书，书中完全抹去了贾似道屈辱求和的经过，大吹大擂，把贾似道描写成一个拯救鄂州的超级英雄。该书一出来，就广为流传，所以举国上下根本就不知道贾似道暗中干了卖国求和的肮脏勾当。

郝经走到了宿州之后，先派副使何源、刘人杰去找贾似道，要求定下乞和进献表的具体日期。贾似道不知所答，干脆置之不理。

没想到郝经三番五次写信给南宋的三省、枢密院以及两淮战区总司令李庭芝，搞得沸沸扬扬。

眼见事情越捅越大，贾似道吓得手脚冰冷，急得像沉船上的老鼠。于是借口李璮多次派人袭击宋境，让李庭芝回信大骂郝经耍弄缓兵的奸计，把他关押在真州忠勇军营中。

郝经闷得像一个茄子，抗议说："两国休战，通使讲和，这都是蒙古皇帝的圣断，早已天下皆知，岂是小儿戏？李璮要是真的有不轨行为，自会军法处置。"

毕竟纸包不住火，蒙古使者的事很快就传到宋理宗的耳中。

宋理宗赶紧去找贾似道："听说蒙古使者来了，快快让他和我当面交谈啊。"

贾似道只好撒谎："讲和的事都是蒙古人的主意，怎么可以轻易允诺？要是他们想跟大宋和平相处，那倒无妨。"

骗过了宋理宗之后，贾似道把心一横，索性将郝经打入地牢，叫他永不见天日。

外交无小事，这就等于赤裸裸地挑衅无比强大的蒙古人。

可此时的贾似道已经完全急昏了脑袋，他不但私扣蒙古使者，而且还下令江淮前线的部队袭击蒙古军。

中统二年（1261年）正月二十三日，宋军包围了涟州。蒙古江淮大都督李璮立即下令，予以反击。

二月初七，宋军又大举进攻涟水，忽必烈火了，诏令能征善战的阿术率兵迎战。

此后宋蒙边界烽烟四起，大战没有，小冲突不断。但是贾似道把整个南宋搞成一个烂摊子，守边的将军们被朝廷上的钩心斗角弄得心烦意乱，大家都是朝不保夕，根本就无心保卫国家。眼见大宋江河日下，叛逃蒙古的不计其数。特别是六月三十日，南宋悍将刘整率众集体倒戈，更是震撼了海内外。

这个刘整早年跟随名将孟珙抗击金国。孟珙曾经派他为先锋，夜里带上十二个肌肉男，出其不意，攻入信阳城，抓获金军守将之后安然归来。

刘整的英雄主义令孟珙叹为观止，不由得竖起大拇指，赞叹不已："真乃奇迹也！跟唐朝时李存孝率十八骑夺取洛阳城有得一拼。"从此刘整多了一个令敌人闻风丧胆的雅号——"赛存孝"。

之后刘整入川抗击蒙古军，屡获战功。两个月前刚刚被提拔为潼川府路安抚副使、泸州知州，统辖领十五军、州，户口三十万，担负着镇守长江中上游的重任。一旦泸州失守，钓鱼城、重庆危若累卵，南宋长江防线洞口大开，蒙古军就可以顺流而下，席卷南宋。

如此的战略要地却在一夜之间改旗易帜，并非刘整贪图富贵，投靠蒙古，实则因为朝中倾轧，群魔乱舞，忠义之士个个惨死，除了逼上梁山，别无出路。

天作孽犹可违，人作孽不可活。能够搞垮自己的，不是强大的外敌，而是自身的腐败堕落。贾似道当国之后，睚眦必报，朝政的腐败已到了无以复加的地步。

鄂州保卫战期间，贾似道与高达、曹世雄结下了梁子。这两颗眼中钉是不除不快，于是贾似道指使最会拍马溜须的吕文德罗织罪名，逼死了曹世雄，冷落了高达，一时间搞得边关镇将惶惶不安，刘整也是从早到晚神经绷得紧紧的。

更要命的是，贾似道大搞打算法，清查前线的军费。一时间冤案四起，各路大将惨遭荼毒。抗战派的中坚力量——赵葵、史岩之、杜庶等都被安上贪污的莫须有罪名，不是被罢官，就是被流放。曾经在潭州大败兀良哈台的向士璧受到下属方元善的诬陷，稀里糊涂地冤死牢中。

就连钓鱼城保卫战的大功臣、延续了宋祚半个世纪的一代名将王坚，也因战绩辉煌，为贾似道所嫉恨，被赶到和州，落个郁郁而终的下场。

在这风雨飘摇之际，跟刘整有仇的俞兴被任命为四川战区总司令，成了刘整的顶头上司。俞兴一上任，马上就找刘整的茬。他鸡蛋里挑骨头，让下属污蔑刘整。

刘整叫苦不迭，多次向朝廷申诉，但都是石沉大海。

一个从根腐烂到枝叶的国家，还有什么值得去效忠？

岳武穆风波亭惨死的情景如在昨昔，向士璧的冤魂还未散去。刘整咬紧牙根，此地不容我，自有容我处。蒙古帝国虽然是外族人的政权，但是忽必烈行年号、读儒经、用汉人，勤政爱民，国力强盛，跟汉、唐又有何两样？

刘整绝望之下，干脆弃暗投明，以求得一生，就给蒙古成都经略使刘嶷暗中写了降书。

刘嶷乐呵呵地回信说："蒙古大汗忽必烈是一个堪可比肩唐宗、宋祖的英明皇帝，快快过来吧！兄弟我也姓刘，来了之后都是一家人了。"

于是刘嶷派儿子刘元振到泸州去受降。大家都劝说："宋人狡诈多端，刘整无缘无故就投降，说不定在耍什么阴谋。你去了恐怕是凶多吉少！"

刘元振却深信不疑："宋国奸臣当道，朝廷暗无天日。那些功勋卓著的一个个被奸计所害，上下早已离心。再说你们只知其一，不知其二。这个刘整本来就不是宋人，他的老家就在陕州凤翔。金末投宋之后，镇守泸南重地，有什么可疑的？"结果刘元振一到泸州，刘整率部排成整整齐齐的队伍，山呼万岁，恭恭敬敬地捧上降表。

刘整一降，就等于给蒙古帝国献上一张活地图、一本万事通。南宋的虚实底细一览无遗。忽必烈大喜，立刻任命刘整为夔路行省长官兼安抚使。

此时的南宋就像一块朽烂的木头，只要用力一戳，就成了一堆木屑。

七月二十九日，忽必烈诏告全军，准备攻伐南宋。但是大军还没有集结完毕，从草原上的和林送来了千里急报，阿里不哥的军队突然杀到。忽必烈脖子涨得通红，在燕京城内的大殿之上咆哮如雷："先灭了阿里不哥，回头再找宋国的晦气！"

六、蒙古汗王大混战

阿里不哥在吉尔吉斯草原休整了大半年，马肥膘壮，早已把先前的许诺抛到九霄云外去了。于是燃起复仇的欲火，引爆了拖雷家族的第二次内战。

阿里不哥试图发动闪电战，以求速战速决。进攻的第一个目标是驻守在边境上的也孙格，他派人通知也孙格："我是来投降的！"

结果也孙格疏忽大意，被阿里不哥打得落荒而逃。

偷袭得手之后，阿里不哥长驱直入和林城，一举夺取了察合台家族和阔列坚家族的宫帐，收复自己的汗帐，继而挥师直奔开平府。

敌人来势汹汹，忽必烈发布紧急动员令。短短的几天之内，就集结了一支强大的军队。塔察儿、忽剌忽儿、纳邻合丹为先锋，纳陈驸马、帖里垓驸马、斡鲁台、也可合丹等为后援，经过激烈的厮杀之后，总算把阿里不哥的凶猛势头遏住了。

由于急先锋也孙格的部下伤亡殆尽，所以他没有参加这次战役。

顶住了阿里不哥的进攻之后，忽必烈亲率大军发起反攻。

十一月初四，双方在大兴安岭喀勒喀河上游公羊山旁的昔木土脑儿之地（今内蒙古自治区东乌珠穆沁旗西北）展开激战。时值隆冬季节，冰雪纷飞，到处都是白茫茫一大片。战斗极为激烈，鲜血染红了雪地，让天上的苍鹰为之颤叫。

当年曾经随军作战的耶律铸目睹了这次残酷的兄弟大战，写了一首《雪岭》的诗歌。诗云：

> 折扬霆雷决雌雄，霆激狂峰电扫空。
>
> 如席片飞何处雪，扑林声振海天风。

最后忽必烈取得决定性的胜利，也可合丹将阿里不哥的大将合丹火儿赤斩落马下，杀敌三千。塔察儿和合必赤乘胜分路追击，阿里不哥兵败如山倒，溃退五十里之后，又被忽必烈的大部队追到，陷入重围。手下纷纷投降，阿里不哥狼狈北遁。

将军们准备穷追不舍，忽必烈却阻止了他们："不要再追了，阿里不哥只是个不懂事的小毛孩，应当让他自个儿清醒过来，为自己的鲁莽而后悔。"

但是忽必烈的一念之仁失去了彻底消灭阿里不哥的最佳机会。十天之后，阿里不哥的后卫、蒙哥之子阿速带率部来援。阿里不哥获得短暂的喘息之后，很快就恢复了战斗力。

忽必烈和塔察儿的主动南撤，却被误认为是怯战逃跑，阿里不哥立即下令尾追截杀。

十一月十五日，忽必烈也在帖买和来之地做好迎击准备，任命左三部尚书怯烈门（西域人）、平章赵璧为大都督，跟随塔察儿北上迎击阿里不哥。大军兵分两路，怯烈门出居庸关，驻宣德德兴府；讷怀（西夏遗民老索的曾孙，其祖父忙古在钓鱼城大战中被打死）出古北口，驻兴州，统率蒙古、汉军，构筑了一道东起平滦、西至陕西的燕京防线。

忽必烈则亲率汉军、武卫军，由檀、顺州进驻燕京门户潮河川，担任总预备队。

一两天后，忽必烈与阿里不哥再战于失烈延塔兀之地的大山旁边，五十八年前，铁木真与义父王罕曾经在此交手，拉开了一统草原的序幕。

阿里不哥率先在午后发动进攻，忽必烈击溃了阿里不哥的右翼。但是阿里不哥的左翼和中军岿然不动，挫败了忽必烈的连续冲击。

激烈的战斗一直持续到夜里，忽必烈被迫退兵。阿里不哥伤亡惨重，也没有追击。

此战各有胜负，由于两军长途跋涉，交战多日，部队损失很厉害，于是都回到各自的大本营。

十一月十九日，忽必烈移驻速木合打之地，下令汉军屯守怀来、缙山。

阿里不哥也回到了谦州，寻求阿鲁忽的支援，伺机东山再起。阿鲁忽到了阿力麻里之后，顺利坐上了汗位。这一切都是阿里不哥的恩赐，现在该是知恩图报的时候了。

阿里不哥遂向阿力麻里派去了一个使团，其成员包括书记官不里台、沙的（宰相镇海之孙、药失木之子）、也里可温，他们向阿鲁忽索要金钱、战马以及各种战争物资。

但是阿里不哥万万想不到，阿鲁忽竟然忘恩负义，跟自己反目为仇。

阿鲁忽称汗之后，手下的骑兵队伍迅速超过十五万。他遵照阿里不哥的指示，派遣堂弟聂古伯（察合台之孙、撒班之子）、大臣兀札察儿等统兵五千，进攻河中地区，把金帐大汗别儿哥派驻的官员全都赶走。

别儿哥的拥护者、穆斯林势力也做了一番坚决的抵抗。伊斯兰教神秘主义运动领袖赛福鼎之子不鲁罕丁，为了保卫布哈拉城，英勇地献出了自己的生命。

河中的蒙古军统将、自窝阔台时代就一直镇守撒马尔罕的钦桑太傅、布哈拉的不花太师，从他们的头衔一看就知道是骨灰级的人物了。无奈晚节不保，聂古伯一到，立即举起双手投降。

吃掉富庶的河中地区之后，阿鲁忽得陇望蜀，开始对从未属于自己的阿富汗和花剌子模流下贪婪的口水。又派遣兀札察儿北侵花剌子模、撒歹·亦勒赤南侵阿富汗，并顺手牵羊，把势力范围渗透到印度境内。

在短短几个月之中，阿鲁忽将察合台汗国的疆土大幅向西扩张到阿姆河东岸，完全吞吃了河中、花剌子模、帕米尔高原等地区，成为名副其实的中亚雄狮。

当初阿鲁忽只认阿里不哥才是蒙古的大汗，现在阿里不哥已是日落西山，谁才是真正的大汗心中还没个数。

此一时，彼一时。如今阿鲁忽羽翼已丰，可以展翅高飞了，于是开始不买阿里不哥的账。

阿里不哥的使者不里台、沙的、也里可温来到阿力麻里之后，狮子大张口，命令阿鲁忽每十头牛中就要征取两头，此外还有为数众多的军需品。

孰料所有的物资都准备好了，正要输送到谦州时，阿鲁忽却翻脸不认人，下令将不里台三人以及所有的军需品都扣押下来。

阿里不哥听说使者和物资都被扣留了，恼羞成怒，召开大会，宣布阿鲁忽为叛臣。

阿鲁忽这才吓出了一身冷汗，摊上大事了！拥护阿里不哥的哈剌不华，已经到达距离阿力麻里不过五六百里的霍博，随时就可以挥师南下，朝自己砍一刀。

阿鲁忽赶紧召来众臣商议一下，大家都说，"事已至此，干脆与阿里不哥一刀两断，投靠忽必烈算了。"

这时候不单单阿鲁忽要投靠忽必烈，窝阔台领地的管家婆——乃马真皇后之妹，因为受到哈剌不华的严密控制，日益不满，暗中准备跟贵由的幼子大名王禾忽到开平府去觐见忽必烈。

赤帖吉氏闻讯之后，就拉着儿子耶律希亮，在哈剌不华面前哭哭啼啼，喊着要回家，终于东窗事发，被哈剌不华的族弟脱鲁火察儿日夜监视，脱身不得。

第二年（中统三年，1262 年），决心投靠忽必烈的阿鲁忽将不里台三人砍头祭旗，而后带上大军，北攻霍博的哈剌不华。

二月，阿鲁忽袭击忽只儿之地（今哈萨克斯坦塞米巴拉金斯克东南乌尔贾尔），杀死阿里不哥的守将唆罗海，与禾忽会师之后，一同进入了叶密立城。

五月，阿里不哥正式出兵讨伐阿鲁忽这个忘恩负义的"叛臣"。阿里不哥从谦州一路南下，很快就把阿鲁忽、禾忽赶出叶密立城。阿鲁忽向西狂奔一千五百里，退至虎思斡耳朵（今吉尔吉斯斯坦托克马克境内的布拉纳城），一路上横尸盈野，令人触目惊心。

哈剌不华穷追不舍，阿鲁忽拉上禾忽，只好退往河中地区的布哈拉城，把后妃以及辎重留在布哈拉以西六百里的彻彻里泽剌之山。紧接着，阿鲁忽、禾忽又退到阿姆河左岸的乌尔根奇，在此略作休整之后，准备大举反攻。

九月，哈剌不华杀到布哈拉城，阿鲁忽、禾忽联军出其不意、攻其无备，在布哈拉城附近的赛里木湖将追兵包饺子。这支命运不济的军队在钓鱼城下惨遭王坚的打击之后，仍然难逃覆没的厄运。其统帅哈剌不华与其族弟脱鲁火察儿死于乱箭之下，脑袋被割下来装进盒子里，送往开平府，向忽必烈邀功。

在阿鲁忽抛弃阿里不哥的同时，旭烈兀也向阿里不哥派去使者，谴责他称汗的行为。

金帐大汗别儿哥则试图充当调停人，向忽必烈和阿里不哥都派去使者，劝他们言归于好。

各大宗王的表态出现了三百六十度大转弯，胜利天平进一步向忽必烈倾斜。

忽必烈俨然凌驾全人类之上的大君主，开始跟旭烈兀、阿鲁忽瓜分世界。自阿尔泰山以东，到浩渺的大海，属于蒙古本部，分给了忽必烈；自阿尔泰山以西，到阿姆河西岸，属于察合台汗国，是阿鲁忽的地盘；自阿姆河东岸，一直到遥远的埃及尼罗河，现在属于伊利汗国，是旭烈兀的地盘。

结果分封疆土的诏令一下，皆大欢喜。旭烈兀兴高采烈地回到大不里士，做起高高在上的伊利大汗。阿鲁忽更是得意忘形，他拿到一道圣旨和一张牌子，兴奋得就要大喊大叫："终于取得了统治河中地区的合法性。"

最不高兴的就数阿里不哥，大骂忽必烈可恨至极，专搞借花献佛的阴谋。但是阿里不哥更恨的还是阿鲁忽，恨他无情无义，恨他落井下石。

阿里不哥把牙齿咬得咯咯响："不灭了阿鲁忽，誓不为人。"

消灭了哈剌不华，阿鲁忽、禾忽自以为万事大吉，于是都回到了各自的大本营——阿力麻里和叶密立，并跷起二郎腿，准备享受一下太平世界的日子。

孰料阿速带得到阿里不哥的命令之后，悄悄地穿越新疆铁门关的群山峻岭，从南边向阿力麻里、叶密立包抄过来。阿里不哥也从北边的谦州南下，夹击阿鲁忽。

阿鲁忽仓皇应战，结果左翼部队被歼，只好携带后宫妃子、率领残存的右翼部队、扯着患难兄弟禾忽，再次踏上流亡之路，向南逃到和田、喀什去了。

攻陷阿力麻里之后，阿里不哥宣布察合台汗国不复存在，下令将蒙古帝国的汗帐迁到这里。

此时右翼宗王四大家族谁也不买谁的账，相互之间打打杀杀，大有愈演愈烈之势，早已结下不解之仇。其中结怨最深的是金帐大汗别儿哥和伊利大汗旭烈兀，两汗为争夺高加索地区的战略要塞——阿塞拜疆，展开了数次你死我活的大厮杀。

阿塞拜疆地处黑海和里海之间，控扼东欧与西亚的交通孔道。旭烈兀西征时，将阿塞拜疆收归囊中，并成为伊利汗国的心脏之地。别儿哥对此大有意见，失去了阿塞拜疆，就等于通往西亚的陆路出口被牢牢堵住了。

冰冻三尺，非一日之寒。别儿哥与旭烈兀结怨，由来已久。

早在十多年前，拔都遣别儿哥护送蒙哥回到和林称汗时，别儿哥自恃年长，压根儿就瞧不起年幼的旭烈兀，对他指手画脚、呼来喝去。那时旭烈兀尊敬别儿哥是兄长，术赤家族有恩于拖雷家族，所以忍声吞气。

再之后，蒙哥派旭烈兀西征，术赤家族里有三个人随军作战——术赤之孙巴剌海、曾孙秃塔儿、术赤长子斡答儿之子忽里。不料秃塔儿犯了军法，被旭烈兀扭送到撒莱城，请别儿哥定夺。没想到别儿哥又把球踢给了旭烈兀，既然你是西征统帅，那就自行处置吧。

于是旭烈兀按照军法，将秃塔儿斩首示众。过了几天，巴剌海和忽里又相继离奇死去。三人的家族偷偷溜过高加索山脉的隘口打耳班关，跑到撒莱城去见别儿哥，哭得死去活来，要求别儿哥出面讨个说法。

别儿哥疑心旭烈兀毒杀了巴剌海和忽里，就把旭烈兀骂得狗血喷头。

旭烈兀再也忍不下去了，加上阿鲁忽从中挑唆，说蒙哥即位之时，因为别儿哥的无耻告密，致使他的族人被蒙哥诛杀。旭烈兀就狠狠地回敬了一句："别儿哥虽说是兄长，但他丝毫没有廉耻之心、谦逊之怀，无理取闹，对我横加威胁、羞辱。如此小人还配上当兄长吗？还值得我去尊重吗？"

这时候出现了令人发疯的大错位，统治西亚穆斯林的旭烈兀是一个虔诚的基督教聂思脱里派信徒，统治东欧基督教众的别儿哥却是一个狂热的穆斯林信徒。旭烈兀在西征途中大肆屠杀穆斯林，别儿哥对他的暴行愤恨不已。

旧仇未报，又添新恨。旭烈兀的话传到了撒莱城，别儿哥暴跳如雷，以真主起誓："这个异教徒分子毁灭了穆斯林的所有城市，打倒了穆斯林的所有君主。他是瞎了眼睛，不分敌友，擅自杀害哈里发谟斯塔辛。他的双手沾满了血腥，如果万能的安拉佑护我，我定要叫他血债血还！"

别儿哥为了将旭烈兀这个同宗兄弟置于死地，竟然跟埃及马木鲁克苏丹拜巴尔斯结成同盟，夹击旭烈兀。他们互驻使节，拜巴尔斯的使者驻扎在克里米亚的苏达克城，别儿哥的使者驻扎在埃及的亚历山大港。

鹬蚌相争，渔翁得利。继阿音札鲁特大胜之后，拜巴尔斯再次成为蒙古人内讧中的大赢家。拜巴尔斯本来就是钦察奴隶出身，所以别儿哥给他特权，准许他从金帐汗国的臣民、钦察人中招募马木鲁克骑兵。拜巴尔斯如虎添翼，从此旭烈兀欲洗阿音札鲁特之辱的努力永远化为泡影。

中统三年（1262 年），蒙古人陷入了令人眼花缭乱的乱战中，大大小小的汗王都被卷进去，扭打作一团。忽必烈把阿里不哥赶出了大漠，阿里不哥又把阿鲁忽赶出了伊犁河流域，阿鲁忽就抢夺了别儿哥的河中地区，而别儿哥跟旭烈兀反目为仇，为争夺高加索又捉对儿厮杀。

别儿哥、旭烈兀从恶语相向到寻找帮凶，再到大动干戈，终于爆发了血腥的战争。

战争一开始，别儿哥派遣侄孙那海（术赤第七子土斡耳之子塔塔儿之子），率骑兵三万，逾越打耳班关，屯兵于阿塞拜疆以北的设里汪，准备杀入西亚，找旭烈兀算账，替那些死难的穆斯林兄弟报仇。

八月初四，旭烈兀在幼发拉底河源附近的阿剌答黑山召集大军，他任命昔剌蛮（绰儿马罕之子）为先锋，阿八哈（旭烈兀长子）为后援。十月初一，阿八哈攻入设里汪，大破那海。旭烈兀率大军乘胜追击，把那海赶出打耳班关。渡过捷列克河后，旭烈兀摆下庆功酒宴，尽情狂欢三天三夜。孰料在十月二十五日，那海突然杀了个冷不防的回马枪，旭烈兀措手不及，溃退捷列克河时踏冰而渡，结果冰雪崩解，溺死无数。

旭烈兀灰头土脸地败退大不里士之后，恼羞成怒，下令血洗城内的所有钦察商人。

别儿哥以牙还牙，也杀光了金帐汗国境内的所有波斯商人。

碰巧这时候忽必烈让旭烈兀在中亚的布哈拉城普查人口，城内一万六千蒙古驻军，其中五千属于术赤家族，三千属于拖雷家族的唆鲁禾帖尼，八千直属忽必烈管辖。于是残酷的屠杀波及了布哈拉城，旭烈兀假托忽必烈的诏令，将属于术赤家族的五千蒙古军驱赶出城，最后在草原上全部杀害。他们的家属、财产悉数被没收。

蒙古人的天下大乱，大家都忙于报仇雪恨、血腥杀戮。被世人所遗忘的窝阔台家族终于迎来了冒出头的机会。海都（窝阔台第五子合失之子）填补禾忽逃走之后权力真空，在海押立称汗，成了窝阔台汗国的实际创始人。

窝阔台生前跟各大宗王约定，只要窝阔台家族还存在一块肉，就要被推举为蒙古大汗。野心勃勃的海都汗决心继承窝阔台的遗志，于是宣告与阿里不哥结盟，共同对抗忽必烈。

阿里不哥杀进伊犁河流域时，忽必烈也想趁机在其背后猛捅一刀。但是此时已无暇西顾了，宋蒙前线的江淮大都督李璮发动叛乱。后院燃起熊熊大火，给焦头烂额的忽必烈再添一乱。

第五章　芟平内乱

一、李璮之叛

李璮，据说是南宋淮东制置使徐希稷之子，后被金末山东军阀李全收为养子。这个李全本是潍州北海的一个无赖，他膂力过人，有次洗刷牛马时，在泥巴中捡到了一条两三米长的铁枪杆。配上铁枪头之后，重达四五十斤，李全却可以将之舞动得呼呼作响，时人叹为神力，因而得了一个"李铁枪"的美名，横行山东。

成吉思汗八年（1213 年），蒙古军围攻金国中都，分兵抄掠山东，李全惨遭不幸，母亲和哥哥死于乱兵之手。李全为了雪仇，响应抗金义兵——红袄军首领杨安儿的号召，发动暴动，占领了益都。

蒙古军撤退之后，金宣宗完颜珣调集重兵围剿红袄军。杨安儿为叛徒所出卖，壮烈牺牲。杨安儿妹妹杨妙真，也是耍枪的高手，被红袄军拥戴为新的首领。

为了甩掉金军的追击，杨妙真南下跟李全会师。两人一见钟情，在磨旗山（今山东莒县东南）指天为媒，结成一对令金兵胆寒的"铁枪双煞"。

五年之后，李全夫妇接受宋宁宗的招安，南下投宋。在两淮一带打游击战，屡败金军，先后被提拔为达州刺史、广州观察使、京东总管，负责防守淮东重镇楚州（今江苏淮安）。

成吉思汗十五年（1220年）八月，李全跟另一个义军首领张林渡过黄河，北伐金国。不幸在汶水打了败仗，损失惨重，被迫退回楚州。

南宋却过河拆桥，封锁北方义军的退路，禁止他们南渡，李全干脆就在淮北抢占山头，大肆扩张地盘。最后在宋金夹缝之中发展、壮大，称霸鲁、淮，成为天平上一粒举足轻重的砝码，加入哪一方，哪一方就占绝对优势。

李全因而左右逢源，在宋金对峙之中坐收渔利。但好景不长，不久蒙古人又来了。李全接连打了败仗，最后在青州被木华黎之子孛鲁围困了一年。城内军民几乎死绝，粮草殆尽，连战马都吃光了。成吉思汗二十二年（1227年）五月，李全出城投降。孛鲁授予他山东淮南、楚州行省一职。

投靠蒙古之后，李全与南宋为敌。窝阔台二年（1230年）八月，起兵伐宋。李全攻克盐城，要挟宋廷惩罚江淮制置使赵善湘、淮东总领岳珂（岳飞之孙）。

次年（1231年）正月十五日，李全被宋将赵范、赵葵设计堵截在新塘的泥淖中，动弹不得。制勇军赵必胜等人追到，用长枪将李全戳成肉窟窿。

李全之妻杨妙真率残部退回山东老家，窝阔台怜悯李全的悲惨结局，让杨妙真做益都行省，镇守山东。杨妙真死后，义子李璮承袭母职，继任益都行省。

益都府地处山东半岛的中心地带，是南北交通的枢纽，历来为兵家必争之地。李璮占尽了地理便利，加上老丈人王文统是忽必烈的第一任平章政事（宰相），又跟大将塔察儿联姻，所以在世人眼中，李璮俨然是山东的土皇帝，其风头远远盖过其父李全。

但李璮也是个红皮白心之人。他压根儿就瞧不起忽必烈这个喝着羊奶、吃着牛肉长大的草原皇帝。忽必烈上台之后，李璮肆无忌惮地扩军备战，广积粮、高筑墙，甚至私自截留山东的盐税。

李璮明目张胆的行动，忽必烈朝廷并非一无所知。西京路宣抚使粘合南合曾经警告忽必烈："国家供养了李璮二三十年，现在他已经是一方之霸。此人狡诈多端，不安分守己，迟早会叛变的！"

忽必烈也为此忧心忡忡，但是与阿里不哥的战争让他身心俱疲，根本就没有余力去照料蠢蠢欲动的李璮。为了集中兵力进攻阿里不哥，忽必烈不得不采取怀柔政策，以稳住李璮，任命他为江淮大都督，还多次赏赐金银，允许李璮征收山东益都路的盐税。

除了益都路的李璮之外，在中原地区，还有其他的汉人军阀世家，如东平路的严实家族、济南路的张荣家族、大名府的梁仲家族等等。这些土豪世家往往父死子继，盘踞一方，划界而治，形成地方独立王国。李璮却跟他们尿不到一个壶里去，相互猜忌，暗地里钩心斗角。

特别是李璮与济南路军民万户张宏（张荣之孙）的关系日益紧绷，随时就会爆发掀翻桌子出手的火并事件。

张宏遂向忽必烈告发李璮密谋图反等十条罪行，诸如：山东各路都不修筑城墙，只有益都一个外包砖石、内储粮草，成年壮丁都留在城中，这不是图反那是什么；经过战火洗劫之后，山东各地百废待兴，而李璮却拥兵五万到七万，假托讨伐南宋，日夜厉兵秣马，可是从未见过李璮的一个兵走出益都府，致使士卒们只知李璮的号令，不闻朝廷的圣旨；朝中宰相王文统，本是李璮的参谋幕僚，两人早已狼狈为奸，暗中往来；至于皇帝北征阿里不哥回到燕京，各路诸侯排着队去觐见，只有李璮躲避不见，司马昭之心，路人皆知，等等。

忽必烈看了张宏的奏本之后，立刻提拔他为济南路大都督。没多久，又划出山东五州给他，改济南路为山东路。张宏也变为山东路大都督，其实力大有赶超李璮之势。

在身旁蹲了只大老虎，让李璮坐立不安。更令李璮惊慌的是，忽必烈的心腹大臣、燕京路宣慰使赵璧又兼任燕京路大都督，统领军队。种种迹象表明，忽必烈已经对李璮起了疑心，开始撒下大网。

如果再不有所行动，自己就成了锅中烹煮的小鱼，很快就会浑身熟烂。与其坐以待毙，不如铤而走险。不造反就没有出路，李璮将心一横，我造了你的反，忽必烈！

造反前夕，李璮还试图对忽必烈表忠心、诉肝胆，以掩人耳目。

中统三年（1262年）正月二十六日，南宋宰相贾似道秘密向蒙古总管张元等人写了诱降书，结果被李璮截住，送到燕京去。可是很快就被证明，这只不过是李璮在谋反前放出的一颗烟幕弹。

几天之后，李璮的儿子李彦简慌里慌张地逃出了燕京城，但他还没有逃到山东去，就传来了令人震惊的消息。二月初三，江淮大都督李璮在淮河前线竖起反旗，宣布将涟水、海州、东海三城献给南宋。李璮迅速清除了三地的蒙古驻军之后，向北直奔大本营益都而去。益都等路宣抚副使王磐见大事不妙，赶紧一溜烟躲入了济南城。

李璮叛乱消息传到燕京，忽必烈把王磐召过去，跟姚枢商议对策。

忽必烈首先问王磐，王磐恨恨地大骂李璮："这小子太张狂了，活不了几天。"

忽必烈接着问姚枢："你怎么看？"

姚枢认为李璮有上、中、下三策：上策，李璮趁着我们跟阿里不哥开战，沿着海边北上攻占燕京，然后封闭居庸关，以乱我军心；中策，李璮联合南宋展开持久战，屡出奇兵袭扰我们，让我们疲于奔命；下策，李璮袭取济南，然后坐等山东各路诸侯前往接应。此策一出，李璮必成瓮中之鳖。

忽必烈又问："李璮会选择哪一策？"

姚枢一向料事如神："李璮鼠目寸光，必出下策。"

二月初八，李璮进入益都城，打开仓库，犒赏部下。十七日，忽必烈开始部署平叛行动。首先，将李璮的叛乱罪行布告天下，革去李璮的老丈人王文统之职，任命赵璧为平章政事。其次，构筑河北东南防线，加固深州、冀州、南宫、枣强四城，扼住李璮进攻燕京的通道。最后，调派各路大军围剿李璮。水军万户解成、张荣实、大名万户王文干、万户严忠范集结于山东西部的东平；济南万户张宏、归德万户邸浃、武卫军炮手元帅薛军胜集结于山东北部的滨棣（今山东滨州、惠民）。从北、西两个方向形成钳击之势。同时下令济南路军民万户张宏、滨棣路安抚使韩世安加固城防、招募兵员，做好守城准备。

二十日，忽必烈任命蒙古悍将合必赤为平叛军总指挥，统率真定、顺天、河间、平滦、大名、邢州、河南各路驻军，向济南方向移动。

此外，忽必烈又建立了山东行省、大名宣慰司，加强军地协调，负责筹粮。

山东行省，不只爱不干、赵璧为行中书省事（最高行政长官），宋子贞为参议中书省事（秘书长），董源为左司郎中（分管人事、财政、文化）、高逸民为右司郎中（分管军事、司法、农业）。

大名宣慰司，位于河北、河南、山东三省交界处，统辖洺滋、怀孟、彰德、卫辉、河南东西两路。任命中书左丞阔阔、尚书怯烈门、大名路宣抚使游显为宣慰使。

二十三日，忽必烈下令将王文统斩首，以清除内鬼。

二十五日，忽必烈又让元帅阿海（兀良哈台次子）分兵戍守平滦、海口及开封、广宁、懿州，张柔及其子张弘范率兵二千移防燕京，做好万全之策。

短短的七八天时间，忽必烈就采取果断措施，完成了平叛的所有部署。接下去该是收拢渔网的时候了。

但李璮绝对是一只不好惹的巨鳄，他张开大嘴，周围各州县猝不及防，一下子被吞吃干净。二十六日，李璮杀到济南城下。万户张宏自知不敌，第一个开溜。参议官姜或更是连父母、妻儿都舍弃了，跟在张宏屁股后面，逃出济南城，等候合必赤的到来。

忽必烈的监察特派员——山东东路廉访府详议官魏信也想步其后尘，有两个部下不让他离开。魏信厉色怒喝："你们是想背弃朝廷、投降叛军吗？"结果也是抛家弃族而跑。

当官的都跑得一个不剩，济南城中乱如马蜂窝，很快就竖起了李璮的叛旗。

济南沦陷之后，蒙古军的山东防区濒临崩溃。形势非常危急，忽必烈不得不拆西墙补东墙，把江汉战区的蒙古军调到山东去。

三十日，息州蒙古驻军统将拔都抹台率部驰援济南，老百姓则后撤到蔡州城中去。东平万户严忠范除了留下少数兵力戍守宿州、蕲县，其余都西上济南。

三月十七日，忽必烈又命史枢、阿术率部赴济南。各路蒙、汉大军纷沓而至，在济南城外围与李璮展开恶斗。二十二日，东平万户严忠范、恩州万户张晋亨在历城遥墙泺大破叛军；万户韩世安率镇抚马兴、千户张济民也在益都以北的高苑打了胜仗，活捉李璮的伪长官傅珪。

战斗最为激烈的当数老僧渡口之役。老僧渡口位于历城赵王河上，是扼守济南的重要据点，李璮在此布下重防。合必赤进入山东之后，立即命令军马都元帅阿剌罕（两淮战区司令也柳干之子）、水军提领王庆端兵分水陆两路，夺取老僧渡口。

李璮叛军负隅顽抗，蒙古军日夜搏战，伤亡惨重，死者的尸体让赵王河断流。酣战了数天，蒙古军大败叛军，斩首四千，还缴获了一大批辎重。老僧渡口失陷之后，李璮只好退缩济南城。

四月初一，蒙古大军在城外三十里处挖深沟、竖栅栏，立下三个营寨，开始围困济南城。参加平叛的有十七路大军，其中还有高丽宗室王绰率领的高丽兵。

一切尽在姚枢的预料之中，李璮既不敢北攻燕京，也无意南联赵宋，只好选择了固守济南、坐以待援的下策。

李璮叛变后，天真地以为，只要打出了"归附赵宋"和"臣属阿里不哥"两个旗号，并传檄各路，那些汉人土豪世家就会揭竿而起，跟李璮一道驱除鞑虏。

但此时阿里不哥远在五六千里之外的伊犁河流域，根本就不可能支援李璮。中原各路也只有得到太原路总管李毅奴哥、达鲁花赤戴曲薛、邳州万户张邦直（张荣之子）三人的遥相呼应。但他们坐观其变，没有向济南派出一个援兵。其余的土豪世家都拥戴忽必烈，争先恐后出兵襄助平叛。就这样，李璮的期待只剩下南宋了。

二、奇策取济南

宋理宗对李璮的归附最初是半信半疑，李全的反反复复，已经让南宋吃够了苦头。直到接管涟水、海州、东海三城之后，才信以为真。

宋理宗马上赐封李璮为保信宁武军节度使、督视京东河北等路军马、齐郡王。一时临安城内又是欢欣鼓舞，群情激愤。但是头脑清醒的人都知道，李璮声言"归附赵宋"只是在逢场作戏，重演当年老爹李全用敌国要挟朝廷的伎俩。

南宋史馆检阅周应合上疏苦劝宋理宗："李璮南附，实则情急逼于无奈。跟他合作，很不划算。李璮区区兵力，对大宋是杯水车薪。可是李璮一旦兵败，大宋不但成了笑料，而且给了蒙古人一个出兵的口实。梁武帝在位四十年，中了侯景的奸计，国败身亡。前车之鉴，后事之师啊！淮东人都狡诈多端，李璮之父李全便是一例。有其父必有其子，希望皇上牢记梁武帝的教训，切切不可重蹈覆辙！"

只有傻瓜才相信李璮的谎言，偏偏南宋多傻瓜。良药苦口，忠言逆耳。宋理宗早把周应合的肺腑之言当作耳边风，天下太平的臆想症又发作了。他按捺不住心中的狂喜，竟然御赐贾似道一首诗，来讴歌李璮的南附：

> 力扶汉鼎来元勋，泰道宏开万物新。
>
> 声暨南郊方慕义，恩渐东海悉来臣。
>
> 凯书已奏三边捷，庙算潜消万里尘。
>
> 坐致太平今日事，中兴玉历喜环循。

贾似道更是想入非非，认为只要跟李璮联手，北伐不足虑。

在这一对昏君奸相的指指画画之下，南宋又上演了一出北伐的丑剧。

宋军北援山东兵分两路，陆路的总指挥是知淮安州兼京东招抚使夏贵，由江淮直向益都、济南。海路由海州北上，自黄河入海口深入山东，袭扰沧州、棣州、滨州、登州等濒海地区。

此外，宋军还趁着江汉一线的蒙古军兵力空虚，由怀远向亳州、光州向蔡州、信阳向息州，在长达数百里的战线上，同时发起进攻。

三月十九日，夏贵攻克符离，二十九日，包围蕲县。四月十八日，另一路宋军进攻亳州。

得知宋军北上之后，躲在济南城内的李璮有恃无恐，斗志昂扬。城外的蒙古军却因粮草不继，食不果腹，战斗力锐减。统帅合必赤一味猛攻，结果每一次攻城都成了李璮屠杀蒙古军的绝佳机会。

负责后勤补给的赵璧不得不将周围二十四里内居民家里的面粉、大米、羊、猪劫掠一空，让士兵们勒紧腰带，熬过难耐的三天之后，运粮车才到。

济南久攻不下，合必赤整天唉声叹气。忽必烈也是心急如火。武卫军都指挥使李伯佑、山东东路宣抚使董文炳建议，让身经百战的右丞相史天泽去济南督军平叛。

史天泽也向忽必烈推荐了两人：一个是曾经杀进地中海、攻占塞浦路斯的郭侃，另一个是元老张柔的第九子张弘范。

忽必烈召来郭侃问计。郭侃几句话就点明破敌之计："叛军看似凶恶，其实不过是笼中之虎。内缺粮草，外无强援，只要长期围困，叛军就是不投降也会被活活饿死。"忽必烈大喜，马上赏他尚衣、弓箭。

张弘范被任命为行军总管，临行之前伸手向其父张柔要毡帐，准备打仗时用。

这个张柔是蒙古帝国威名赫赫的统帅，战功在汉将之中堪称第一。长期镇守襄汉，屡挫宋军。忽必烈北返争夺汗位，亲征阿里不哥时，特意让他撤回去，担负起守卫燕京的重任。不久年迈致仕，赐封安肃公，在家当安乐公。

结果张柔不但一顶毡帐也没有给张弘范，而且还大骂一句："难道你要在济南定居吗？"

授之以鱼，不如授之以渔。张弘范悻悻离家时，张柔向他透露了打胜仗、立功勋的秘诀："李璮违背天意，必败。你好好干吧！但是李璮也是读过《孙子兵法》的，很会打仗。切记，围城时一定要在险地扎营。扎营于险地，你就会时刻保持警惕心，士兵们也会抱着破釜沉舟的决心。要是敌人来进攻，主帅见你处于险地，必来全力相救。到时候你就成了众人的焦点，从而脱颖而出，立下大功。"

说了这么多，张柔就是要教导儿子勇挑重担，敢作敢为。

四月三十日，史天泽带上张弘范和郭侃二人，风尘仆仆，赶到济南城下。左司郎中董源又向史天泽建议："在济南城外四周竖立栅栏，把李璮牢牢困在城中。等城内粮食都吃光了，李璮就会自动投降。"

英雄所见略同，史天泽立即让合必赤改变进攻策略，不跟李璮比力气，要比时间、比粮草。跟他打持久战，看谁的粮食多。

五月初三，夏贵包围蕲县一个多月，终于攻陷了。蒙古军守将万户李义、千户张好古战死。史天泽却不为所动，下令环绕着济南城筑起了一大圈木栅，把济南围得密不透风，就连一只苍蝇也飞不进。

但五天之后又传来消息说，夏贵自蕲县北上，相继攻克了宿州、邳州。徐、邳总管李杲哥守不住了，出城投降。宋军已经占领了山东南部邹县峄山、滕县牙山的山寨，离济南只有两百多里。

眼看夏贵就要蹦到济南来了，史天泽这才有点紧张，命令蒙古将按脱、汉将郭侃，南下挡住夏贵。按脱、郭侃一到，宋军纷纷溃退，峄山、牙山得而复失。夏贵退到徐州之后，把房屋全部烧光，驱赶老百姓逃到南宋去。郭侃一路追袭，在宿迁大败宋军，活捉李杲哥，夺回军民万余而返。

赶跑了夏贵，南宋的海路援兵又来了。

五月初九，一股宋兵突然出现在济南东北三百里黄河口的利津县。他们是从海州出发，到了黄河口外海之后，分成小股兵力，采取游击战术，登岸袭扰蒙古军的据点。由于主将怯战，不敢组织大胆的破袭行动，对蒙古军来说只是隔靴搔痒，收效甚微。有一个扬州都统赵马儿，率船队北援李璮，抵达登州、莱州洋面时，竟然在海上待了几个月，裹足不前，逛了一圈之后，无功而回。

六月初四，滨州丁河口又冒出一队南宋的"海军陆战队"，但是很快就被蒙古的滨棣安抚使韩世安赶下海。

水陆两路都遭到蒙古军的迎头痛击，宋理宗孤注一掷，拿出五万两白银，用来犒赏李璮，勉励他继续战斗下去。他挑选了一个饱学之士负责将这笔钱送到济南去。此人复姓青阳，名梦炎，字梓卿，祖籍四川成都，迁居京口，世代都是读书人。青阳梦炎因精通儒学，选补太学生，考上进士之后在朝中做了提刑官。

青阳梦炎虽满腹经纶，却胆小如鼠，进入了山东境内，远远看见蒙古军的旗帜就吓得魂不附体，慌不择路，逃回南宋。

二十四日，宋理宗震怒，立即将他投入大牢。救援李璮的所有行动宣告失败，至此济南成了汪洋大海中的一个孤岛。

叛军的末日到了。

董文炳在济南城外走了一圈，发现叛军已是穷途末路，正好可以用上攻心计。于是在城下大声叫着李璮爱将田都帅的名字：田都帅，快快投降吧！造反的只是李璮一个人，你归顺了，就是蒙古帝国的忠臣，不要再做无谓的牺牲了。

董文炳的喊话马上发挥作用，田都帅想也没想，就从城头抛出绳子，溜下来投降了。

田都帅一降，城中士气降到了冰点。

蒙古勇将忽珊抓获了七个俘虏，审讯一下，都是被李璮逼着上战场的平民百姓。忽珊立刻将他们释放，让他们回城告诉叛军，朝廷只杀首恶分子，其余一概不追究。

蒙古军的心理战极大地瓦解了叛军，投降的一天比一天多。

谁笑到最后，谁笑得最好！李璮也懂得这句话的内涵，所以他宁死也不投降。军中缺粮，他就让士卒们住在老百姓家中，掀地窖、挖埋藏，凡是能吃的全都被翻出来。最后实在没得吃了，只好人吃人。

死地则战，李璮决定出城反击，做最后一搏。

张弘范遵照父亲张柔的指示，在济南城西最险要处扎下大营。但是李璮出击时，所有的蒙古军阵地都受到攻击，只有张弘范的营寨安然无恙。

张弘范马上想起其父的告诫，身处险地，应该有百倍的警惕心。张弘范告诉部下："我们最容易受到攻击，李璮却熟视无睹。这是他在示弱，试图麻痹我们，然后搞突然袭击。不可不防啊！"

说罢马上下令筑起一条长长的堡垒，外边是壕沟，里边埋伏着甲胄斗士。开启东门，准备诱敌深入。到了夜里，又悄悄将壕沟加深、加广。

果然不出张弘范所料，第二天，李璮叛军抬着飞桥，急匆匆地杀奔而来。结果壕沟太宽阔了，飞桥一放上就陷空了。叛军全都坠落在壕沟里，侥幸爬上去，又在堡垒遇到伏兵，一个个成了张弘范的刀下冤鬼。是战，张弘范大获全胜，斩杀叛军无数，生擒叛将两名。看得李璮心惊胆战，再也不敢出城偷袭了。

围困了两三个月，济南城成了人间鬼域，饿死的、战死的比比皆是。

总攻时机已到，各路蒙古军摩拳擦掌，跃跃欲试。可是一旦城破，那些无辜的老百姓也将玉石俱焚。于是参议官姜彧连夜求见合必赤，说是有要事相告。

合必赤奇了，"都快睡觉了，跑这儿干什么？"

姜彧是来替老百姓乞命的："听说出征前皇帝亲口告诉你，不要滥杀无辜。济南城这一两天就攻陷了，请你早点发布军令，让将军们守好城门，不许纵兵掳杀。否则，城中就民无噍类了。"

合必赤更加纳闷了："难道姜老弟有未卜先知之能，怎么知道这么快就可以拿下济南城？"

姜彧回答说："我虽然没有未卜先知之术，但是只要观察人气就可以看得出。"

合必赤也很喜欢掳掠，心里头有点不高兴："儿子还没有落地，就要起名字。我看你是没事找事做。"

姜彧坦诚相告："如今济南城中已经没有一粒粮食了，就是黄金打造的城池也难守。皇帝不是下了圣旨吗？都是李璮一人造的孽，关那些官吏、平民百姓什么事？如果不早早来求你，城破之日，千军万马左冲右突，我到哪里去找你啊？即使找到你，仓促之间又如何解释得了？悠悠万事，唯民生最大、最急。请你早做定夺。"

合必赤深受感动，当即允诺。于是翌日天还没有亮，合必赤就召集众将开会，发布军令，禁止滥杀。会议还没有开完，军士来报，济南西城门有五六百叛军要投降，合必赤二话没说，飞上战马，敲响金鼓，亲自去见那些叛军。叛军大为所动，纷纷扔下兵器投降了。

城中叛军见此情状，天亮之后，有五六千人争着跑出东门、南门，归顺合必赤。

叛军已到了崩溃的临界点，七月中旬，史天泽下令总攻开始。

济南城西南方有一个大涧谷，横穿过历山。蒙古老将史枢单独扎营于此，夹着涧谷筑城，在涧谷中又竖起了木栅栏。突然间暴雨连天，洪水冲垮了木栅栏。

史枢马上警觉起来，叛军必定趁夜来攻。当即下令在城头上准备了数百把大火炬，三更时分，叛军果然鬼鬼祟祟地来了。眨眼间火炬如雨点般落在叛军头上，这时候又刮起了大风，风急火更旺，烧得叛军皮开肉绽。蒙古军弓箭齐发，杀得叛军哭爹叫娘，自相踩躏，遗尸累累。

七月二十日，蒙古军一鼓作气，攻进济南城。李璮无路可逃，绝望之下，一刀砍死了自己的老婆、小妾，搭乘一条船，开进大明湖，跳水自杀。结果被蒙古军捞上来，史天泽杀死他后，下令剁成几大块，巡游全城。

李璮之败，还有个奇怪的故事，说的是史天泽包围了济南城之后，发现城头上盘旋着一团白气。有人说是个白蛇精。史天泽赶紧差人去东平请来开山人，也就是捕蛇高手。开山人看到白气，大吃一惊："幸亏李璮是只尚未吸血的白蛇精。要是吸了血，那就难办了。如今有一法，可捕获白蛇精，活捉李璮，打下济南城。"

于是开山人开始作法，他在白气的周边挖了一个地洞，在里边养了一条禁蛇（被施法后的毒蛇）。然后从早到晚，绕着济南城，口中念咒："大蛇不出小蛇出，小蛇不出大蛇出。"

如此日复一日，到了六月中旬，城中白气腾空而去。自那以后，李璮整天昏昏沉沉，无精打采。七月十九日夜戌时，天空有颗流星坠落下来。第二天，济南城破，李璮被杀死。

蒙古军确实像施了魔法似的，把李璮牢牢地禁锢在济南城中，连翻转身子的空间都没有。

李璮叛乱，对忽必烈来说，既是一场危机，也是一个契机，一个削夺汉族豪强世家势力的契机。忽必烈开始在中原采取汉人、西域人（色目人）并用的统治政策，从根本上解决了汉人地方割据势力的威胁，也扫除了进攻阿里不哥和南宋的后顾之忧。

攻下了济南，史天泽又东击益都。但是史天泽还没有到城下，益都的老百姓就大开城门，恭候他的莅临。李璮叛乱，历时五个月，终于平定了。蒙古又重新占领了山东全境。

宋理宗听到李璮事败的消息，感叹不已，下诏赠李璮太师，赐庙额精忠。给李璮这么一个反反复复的小人贴上"精忠"的金字牌子，对愚蠢的宋理宗来说，不啻一个莫大的讽刺。

三、阿里不哥的末途

李璮叛乱平定之后，郭侃挟大胜之余威，挥师南下收复失地。李杲哥的弟弟李驴马又跟着夏贵引兵三万卷土重来。郭侃奋力一击，杀宋军千余，夺取战船两百艘。张弘范的哥哥、亳州万户张弘略率船队在涡口截断宋军的退路，夏贵只好退保蕲县。

九月初五，张弘略调派精锐的亳州兵，水陆并进，大举反攻。宋军素来忌惮亳州兵，趁夜烧城而遁。张弘略乘胜追击，斩获无数，收复了宿州、蕲县二城。蒙宋两军态势又回到了战前的对峙。

经过两次内战之后，阿里不哥元气大伤，一时之间还谈不上威胁。平定李璮叛乱之后，蒙古形势一片大好，从山东到江淮，再到江汉，最后到西川，已经对南宋形成了全线压境的格局。

忽必烈踌躇满志，该是百万雄师过大江，征服南宋的时候了。

宋蒙前线的蒙古军、汉军由兀良哈台之子、都元帅阔阔带统一指挥。但是在九月二十日，阔阔带死在军中。忽必烈就把统帅大权移交给阔阔带的哥哥阿术，这个浑身是胆的阿术将在日后的战争岁月中担负起中坚作用。

十月十三日，忽必烈又把东西两川都元帅府一分为二，让蒙古将帖的、汉将刘整去做都元帅、左右副都元帅。

二十二日，忽必烈任命阿合马统领新设立的中书左右部，同时兼任诸路都转运使，负责全国的财政预算。阿合马是费纳客忒人，曾经是忽必烈老丈人按陈的陪嫁奴隶。这个按陈很牛，两个女儿一个是察必，嫁给了忽必烈，另一个是兀乞旭真可敦，嫁给了术赤，生下金帐大汗拔都。由于阿合马擅长理财，被蒙哥委任为别失八里行省长官助理。后来忽必烈把他挖过去，成了金莲川幕府的重要一员。忽必烈与阿里不哥争汗时，阿合马也参加了讨伐六盘山浑都海和哈剌不华的战斗，再之后出任开平府同知（副长官），逐渐跻身于忽必烈朝廷的权力核心阶层。但阿合马一朝得志之后，开始瞧不起其他大臣，表现出极大权力欲。他每次奏事都要跳过丞相，越级直接向忽必烈报告。

在忽必烈心中，一个征伐南宋的人事框架初现轮廓。阿术负责长江中游的江汉战区，刘整、帖的等负责长江上游的四川战区，而粮草转运及后勤补给的重任就落在精明的阿合马身上。

半个世界都被成吉思汗的子孙们瓜分了。金帐汗国占据了东欧，伊利汗国占据了西亚，中亚和西域成了阿鲁忽和阿里不哥争夺的惨烈战场，而漠北广袤的草原则成了忽必烈的地盘。只有亚洲东部的南宋，其富庶程度远超世界上的任何地方，就像一块神秘的处女地，等待着忽必烈去发现、去拓荒。

　　忽必烈的使命就是征服南宋，完成蒙古人统治整个世界的最后一环。他首先把政治中心从草原都城和林南迁到燕京。那儿是漠南汉地的心脏，也是周边各族攻伐南宋的统帅部所在地。中统四年（1263年）三月二十三日，忽必烈又模仿中原王朝，在燕京城内建立太庙。五月初九，开平府改名为上都，实际上沦为忽必烈朝廷的政治副中心。

　　汉将刘整告诉忽必烈，要征服南宋，首先要夺取襄樊。要夺取襄樊，就得从南宋大将吕文德入手。此人贪得无厌，可以给点甜头尝尝。请派人送他一条玉带，准许在襄阳城外设置一个榷场（双边贸易市场）。

　　吕文德拿到玉带，登时眉开眼笑。忽必烈的使者趁机说："宋人都言而无信，安丰等地设置榷场之后，蒙古商人经常遭到抢劫。我们想再筑一道围墙，以保护那些货物。"

　　吕文德起初不答应，但是马上有人告诉他："一旦开了榷场，对我们来说是利大于弊。而且可以跟蒙古通好，何乐而不为呢？"

　　吕文德耳根一软，就答应了蒙古人的要求。

　　七月，樊城外锣鼓齐鸣，鞭炮震天，又一个榷场开张了。蒙古人在樊城东北的鹿门山筑起一道围墙，围墙的外面是热闹的商场，里边却暗藏杀机，建了一个坚固的堡垒，驻扎兵马。接着蒙古人又得寸进尺，在樊城西边的白鹤也筑起堡垒，与鹿门山一东一西，遥相呼应，基本上控制了襄樊城的南北交通要道。

　　不知不觉之中，蒙古人就在宋军的眼皮底下建立了两个前沿阵地，时不时就派出一队人马，在襄樊城外耀武扬威，搞得宋军紧张兮兮的。吕文德的弟弟吕文焕这才知道中了蒙古人的圈套，赶紧写信劝阻。但是覆水难收，吕文德哑巴吃黄连，只好认栽了。

初步规划征讨南宋的同时，忽必烈加强对周边各小国的控制。大理国是忽必烈亲自拿下的，跟着吐蕃一道并入了蒙古帝国的版图。交趾国也在兀良哈台的铁拳重击之下，放弃抵抗，乖乖地献表称臣。最让忽必烈不放心的是偏安朝鲜半岛一隅的高丽国。高丽国就像一粒炒不烂、蒸不熟、砸不扁的铜豌豆。从成吉思汗时代开始，历经三汗，进行了八九次征讨，高丽主王皞才心不甘情不愿地向蒙古帝国俯首称臣。蒙哥时期，王皞派遣世子王倎到蒙古去做人质，以换取蒙古军的退兵。在蒙哥丧命于钓鱼城前一个月，王皞已先行奔赴黄泉。忽必烈即位之后，王倎被冷落在上都不得归。当时的陕西宣抚使廉希宪见王倎可怜兮兮的，给忽必烈出了一个主意："让王倎回去做高丽国王，他必对蒙古感恩戴德。如此一来，便可不费一兵一卒就将高丽征服了。"

忽必烈一听很有道理，就把王倎捧为上宾，并派遣卫队护送他回到高丽国。王倎对忽必烈是说不尽的感激之情，坐上王位的第二年亲自跑到上都去答谢，还把名字改为王禃，意思是从一而终。

做人不能忘本，饮水要思源，知恩要图报。忽必烈向王禃提出五件事："置驿站、籍编民、出师旅、输粮饷、助军储。"这五件事犹如五条套在脖子上的缰绳，登时让王禃呼吸困难。那岂不是立下一张卖身契，把高丽国全都卖给忽必烈为奴？于是支支吾吾，迟迟不肯答应。

忽必烈大怒："我扶植你做国王，就是要你为蒙古帝国卖命啊！"立刻下诏，把王禃骂得狗血喷头，还罢免了高丽永宁公王绰的统兵权，任命王绰的仇家洪福源之子洪茶丘为高丽军民总管。

这下子惹出大祸了，王禃赶紧派礼宾卿朱英亮、郎将郑卿甫到上都去，在忽必烈面前哭哭啼啼，说什么高丽弹丸小国，根本就经不住那五件事的瞎折腾。

忽必烈打开地图一瞧，高丽国果然只有一个小指头大，地狭人稀而且物产贫瘠，能抠出多少油水？就免除了那五件事，还赏赐王禃五百只山羊，让他补补身子，日后好为蒙古多做点事。王禃感动得涕泪齐下，从此死心塌地效忠于忽必烈。

高丽降服之后，又从大西北传来了令忽必烈最为兴奋的好消息，四弟阿里不哥走投无路之下，浪子回头，率众归附，拖雷家族的内战看到终结的时刻了。

阿鲁忽、禾忽跑到喀什之后，阿里不哥穷追不舍，从伊犁河南下。不甘心失败的阿鲁忽收拾旧部，掉头向东，在浑八升（今新疆阿克苏）展开阻击战，结果还是未能拦住阿里不哥的大军。

由于漠北草原都被忽必烈占据了，越来越多的宗王倒向忽必烈那一边，阿里不哥的阵营逐渐瓦解，开始出现众叛亲离的不利局面。旭烈兀的次子出木哈儿借口要到撒马尔罕去治病，在中统四年（1263年）十二月，第一个离开了阿里不哥。

第二年春天（中统五年，1264年），阿力麻里城内出现大饥荒，粮食严重短缺。但是阿里不哥草菅人命，残暴不仁，下令用小麦代替大麦去喂马。老百姓们却只能吃上草料，以致饿殍遍野。就连当地的穆斯林长老也填不饱肚子，饿死者比比皆是。再加上阿里不哥把汗帐迁到这里之后，当地居民惨遭荼毒。老百姓们哀鸿遍野，再也活不下去了，只好向苍天祈祷："先知穆罕默德快快显灵，惩罚可恶的阿里不哥吧！"

先知很快就显灵了。有一日，阿里不哥在汗帐中举行宴会，觥筹交错之时突然刮起一阵猛风，把汗帐的数千个钉子全都拔掉，连帐篷的支撑柱也折断了，结果塌下来压伤所有的人。宰相孛鲁合等大臣吓得脸色发白，这是老天爷抛弃阿里不哥的征兆！于是纷纷卷起铺盖，准备走人。只有一个阿速带紧跟在阿里不哥屁股后面，舍不得走，也无处可走。

叛逃之风从伊犁河一下子蔓延开来，驻守在阿尔泰山匝盆河畔的玉龙答失（蒙哥第三子）看到阿里不哥众叛亲离，决定向他讨回蒙哥的大汗金印，然后投奔忽必烈。阿里不哥也昏头昏脑的，竟然将金印拱手相让。玉龙答失一拿到金印，立刻扯上一大堆千户、百户，头也不回地向东而去。阿里不哥的势力登时呼啦啦似大厦倾，昏惨惨似灯将尽。

墙倒众人推，破鼓万人捶。在和田、喀什的阿鲁忽、禾忽两人也趁机反攻倒算，成了压垮阿里不哥这头瘦弱骆驼的最后一根稻草。

这时候阿里不哥真的已经走到了穷途末路，要兵无兵，要粮无粮。于是他又耍了一个缓兵之计，派遣牙剌瓦赤的儿子、原别失八里等处行尚书省事麻速忽以及兀鲁忽乃王后，到撒马尔罕去试图跟阿鲁忽达成和平协议。

没想到这回阿里不哥是赔了夫人又折兵，在撒马尔罕上演戏剧性的一幕，阿鲁忽与兀鲁忽乃王后一见钟情，竟然私定终身。而麻速忽也被阿鲁忽挖过去，成了他的财政大臣。结果麻速忽不但没有跟阿鲁忽议和，反而替他筹集到了大量的钱财和人马，要彻底将阿里不哥推向火坑。

阿里不哥前有追兵、后有堵截，成了涸泽枯鱼。他有翅难飞，叫天天不应，叫地地不灵，只好火烧灯草——灰下心来，乖乖地向忽必烈屈下高傲的膝盖。

忽必烈决定召集所有的王公大臣、诸路总管，齐聚上都，举行一个盛大仪式，隆重迎接四弟阿里不哥的归来。

中统五年（1264年）四月初四，忽必烈诏令高丽国主王禃到上都去，让他亲眼见识下不可一世的阿里不哥是怎么向自己磕头求饶的。五月，忽必烈的使者到了王京（今韩国首尔），王禃赶紧招来朝臣商议要不要去上都觐见忽必烈。大家都说忽必烈摆下了鸿门宴，恐怕一去就不复返了。只有平章事李藏用认为："大王须亲自走一趟，蒙古与高丽才能和平共存，否则战祸难免。"王禃一听到战争两个字就吓得浑身发抖，赶紧带了一帮臣子，直奔上都而去。

七月二十八日，金莲川草原绿意融融，牛马欢腾，犹如过节一般，热闹非凡。阿里不哥偕同蒙哥的三个儿子——玉龙答失、阿速带、昔里给以及谋臣孛鲁合、忽察、秃满、阿里察、脱忽思等人，抵达上都城外。

忽必烈俨然以胜利者自居，排出两列士兵，夹道相迎。而阿里不哥被要求按罪人的惯例，披上大帐的门帘，走进去见忽必烈。但是阿里不哥进去之后，又在大臣们站立的位置被拦阻下来了。

威武的忽必烈满面红光，傲慢地凝视着瘦弱不堪的阿里不哥，突然间他想起了拖雷家族所遭受到的苦难以及母亲唆鲁禾帖尼生前的教诲。阿里不哥也忆起了孩提时节兄弟之间的嬉闹欢乐，如今却成了一个屈辱的阶下囚，不由得放声大哭起来。忽必烈心里一酸，也是两行热泪唰唰往下淌。

忽必烈毕竟是强者，很快就抹干脸上的泪痕，得意扬扬地问阿里不哥："亲爱的四弟，我们两个人的战争，到底谁对谁错呢？"

阿里不哥的脾气依然是那么犟，他的回答丝毫没有反悔的意思："当初是我们对，今日是你们对。"

早知今日，何必当初？但是阿里不哥的血液里仍然流淌着成吉思汗不屈不挠的基因。他那富有哲理性的回答，道出了自古以来的帝王本质——成者为王，败者为寇。假如最终的胜利者是阿里不哥，问出了同样的话，忽必烈该如何作答呢？

怎么处置阿里不哥和蒙哥的三个儿子呢？忽必烈曾经询问过别儿哥、旭烈兀和阿鲁忽三人，阿鲁忽要求严惩不贷，旭烈兀希望宽大处理，而别儿哥模棱两可。忽必烈最终饶恕了他们，因为都是成吉思汗的子孙。几个助纣为虐的谋臣孛鲁合、忽察、秃满、阿里察、脱忽思等，则难逃一死。

两兄弟握手言和之时，有一个叫成忽儿的旭烈兀使者也在现场。他回到伊利汗国之后，向旭烈兀奏报目睹的一切。兄弟之间的纷争令旭烈兀烦躁不安，他派人转告忽必烈："本是同根生，相煎何太急。四弟说什么也是拖雷家族的一分子。怎么可以如此安排跟四弟的相会？这是拖雷家族的耻辱啊。要是妈妈泉下有知，该会多难过啊！"

忽必烈听了以后羞愧难当，虽然原谅了阿里不哥，但还是把他软禁起来，此后再也没有召见过。两年之后，阿里不哥在秋风萧索之中撒手而去。

四、大汗的新猎物

解决了阿里不哥之后，忽必烈的雄心壮志再次被激发起来。他梦想着有朝一日，能够像成吉思汗、窝阔台那样，号令天下。只要自己振臂一呼，从远东的鸭绿江，到东欧的伏尔加河，再到北非的尼罗河，比海沙更多的蒙古人就会群起呼应，重新凝聚成一块坚固的巨石。于是忽必烈极力邀请别儿哥、旭烈兀、阿鲁忽，甚至对忽必烈一肚子怨气的海都，在明后年春天齐聚克鲁伦河畔的曲雕阿兰，召开忽里勒台大会，正式推选自己为合法的蒙古大汗。

很快地忽必烈就发现，这个可望而不可即的梦想到头来仍只是一场空。

自拖雷家族执政之后，曾经铁板一块的蒙古帝国出现了前所未有的分崩离析。金帐大汗别儿哥独占东欧，跟忽必烈平起平坐，早已把自己排除在蒙古帝国之外。伊利汗王旭烈兀称霸西亚，察合台汗王阿鲁忽雄踞中亚，这两汗虽奉忽必烈为蒙古之主，却已是同床异梦，也把各自的政权视为独立自主的汗国。海都则躲在偏远的叶密立河流域，时刻盘算着如何让窝阔台家族东山再起，重掌蒙古帝国的执政大权。

原本一家亲的各大汗王如今已是陌路仇人，就连坐在一起聊个天也成了奢望，更别说摒弃前嫌，共商大事了。

阿里不哥归降之后，忽必烈虽然完成一统，但是他的帝国疆域限于阿尔泰山以东的广袤大地，包括漠北和漠南汉地。此外还有两个臣属的小国——交趾和高丽。

成吉思汗的子孙已经彻底四分五裂了，破镜难圆，忽必烈也是回天乏术。既然无法成为所有蒙古人的大汗，那就老老实实当好东方的主子吧！让别儿哥在遥远的伏尔加河尽情逍遥吧，让旭烈兀、阿鲁忽、海都在各自的领地自由放纵吧。忽必烈决心沿着自己道路继续走下去，开创一个特立独行的蒙古帝国。这个帝国以儒术治天下，而不是靠骑马打天下。这个帝国有高大坚固的都城，而不是随处可栖的帐篷。

八月十二日，忽必烈听取翰林承旨王鹗的建议，让首席参谋僧子聪恢复原姓刘，赐名秉忠，官拜太保，成了忽必烈朝廷的第一重臣。刘秉忠也彻底甩掉了假和尚的名号，开始堂堂正正参与国家大事。他改名之后第一个动作就是请忽必烈正式把燕京定为国都。

刘秉忠为燕京的地位打抱不平："连开平府这样的度假胜地都加了一个上都的雅号，燕京更是行政中枢所在地，理应为之正名。"

十四日，忽必烈下诏，改燕京为中都，让刘秉忠负责规划营造城池、宫殿。两天之后，忽必烈又诏改中统五年为至元元年，大赦天下。九月初一，立翰林国史院。

向辉煌的汉、唐帝国靠拢，成了忽必烈最高的人生目标。

这时候空谈误国的宋理宗赵昀死去，继位的是荒淫无度的赵禥，即宋度宗。赵昀的皇后谢道清是一个女强人，她被尊为皇太后之后想垂帘听政，但是权参知政事（临时宰相）叶梦鼎认为，皇太后听政，决非一件好事。谢太后只好作罢。南宋从此一天一天烂下去，败亡之日，屈指可数了。

不久，忽必烈就发现，原来东方那么辽阔，除了坐以待毙的南宋、弹丸小国高丽之外，在距离燕京四五千里之外的东北海域，还有一个库页岛。岛上生活着三个部落——吉里迷（今尼夫赫人）及其东边的骨嵬、亦里于。吉里迷人依附蒙古，派人向忽必烈报告说，他们屡屡遭到骨嵬、亦里于的侵扰，请求发兵征讨。

十一月初十，忽必烈命令将军塔匣剌为征东招讨使，率一支船队讨伐库页岛。虽然塔匣剌在海上遇到了大风浪，无功而回，但是这次军事行动极大地拓展了蒙古帝国的疆域。

次年（至元二年，1265年）三月初四，吉里迷人又报告说受到骨嵬人的欺负。忽必烈非常同情这一新归附的臣民，马上诏令拨出一大批粮食、弓箭甲胄，让吉里迷人自行武装起来，保护家园。

正当忽必烈为自己的地理大发现而扬扬得意时，高丽人赵彝告诉他，在更遥远的大海东边，还有一个叫日本的岛国，此国自汉唐以来就跟中原王朝往来密切。赵彝本是高丽的医官，他的老家就在跟日本隔海相望的咸安。由于赵彝医术高明，而且说话很滑稽，所以来蒙古之后成了朝廷官员们的开心果。

在赵彝的极力渲染之下，日本简直就是一个用黄金堆砌起来的国度。王宫堂皇富丽，屋顶砖瓦全都贴上一层厚厚的金箔，阳光一照耀眼夺目。赵彝说得口沫横飞，忽必烈也是听得垂涎三尺，恨不得插上翅膀，飞到日本去看个究竟。于是又问："日本这么富庶，可以走得到吗？"

赵彝郑重认真地回答："怎么走不到？从高丽到宋国，如果是顺风顺水，顶多两三天的时间。但是要去日本，朝发夕至，一天就够了。而且海上航行，只需备些干粮，且行且捕鱼，根本就不担心饿肚子。"

忽必烈听了，喜忧参半。喜的是日本那么富裕，一旦打下，国库立即充足。忧的是高丽和日本那么近，一旦蒙古讨伐南宋，日本和高丽从海上出兵相救，那岂不坏自己的一统大业？要吞并南宋，首先就得剪除高丽和日本的侧翼威胁。所幸的是高丽业已归附，现在只需派遣一两个能说会道的到日本去，劝服国王自动纳降，攻伐南宋就手到擒来了。

忽必烈四处物色出使日本的人选，同时，加紧攻宋的准备工作。他下诏宋蒙边境驻军练习水战，积极屯田。其后又禁止跟南宋的商业往来，将民间的宋货全都收缴。

八月十四日，忽必烈又简化中央机构，把那些老态龙钟的宰相统统罢免，提拔两个年轻人来打理朝政。一个是二十一岁的安童，任中书右丞相（元代尚右，右丞相的地位最为尊贵）。另一个是二十九岁的伯颜，任中书左丞相。

安童之父就是忽必烈的得力干将、木华黎之孙霸突鲁。安童忧心忡忡地告诉忽必烈："如今虽说周边已定，但是宋国尚未臣服。我这么年少就挑起大梁，恐怕会被世人蔑视，误了你的大业。"忽必烈却对这个亘古未有的年少宰相信心百倍，鼓励说："我把朝中的每个大臣都仔细考虑了一遍，还真没有一个超过你的。"

伯颜也是有来历的，他是八邻部人，祖父阿剌做过成吉思汗的断事官，父亲晓古台跟随旭烈兀西征，所以伯颜是在波斯长大的。刚刚受到旭烈兀的差遣而来，向忽必烈汇报工作。忽必烈一瞧此人虎背熊腰，英姿勃发，马上起了私心，想把他挖过来："让你做诸侯王公的臣僚，那是委屈你了。就留在我身边，不要回去了。"

忽必烈跟伯颜聊了天下大事，发现此人确实不凡，于是愈加器重，竟然钦定安童的妹妹嫁给他做媳妇。伯颜官居左丞相之后，果然办事老练，很有一套。让百官们头大好几天的难题，结果到了伯颜手中，一两句就解决了。朝中百官不由得咋舌惊呼："伯颜真是当宰相的料！"

忽必烈也有过用人失察的错误，重用狡诈的阿合马就是一例。在阿合马的奏请之下，忽必烈设立了制国用使司，专门负责全国的财赋管理。左右司郎崔斌屡屡向忽必烈告发阿合马的奸诈狡猾，但是忽必烈仍然执迷不悟。

正当忽必烈为东方的南宋和日本而殚精竭虑时，西北局势发生了急剧的变化。伊利汗王旭烈兀、察合台汗王阿鲁忽、金帐大汗别儿哥相继死去。忽必烈心中重新点燃了将所有汗国整合到自己旗下的希望之光。

一年前（1265 年）的正月二十一日，旭烈兀在乌尔米耶湖畔的马腊格死去，安葬在湖中的小岛上。其后旭烈兀长子阿八哈在哈马丹的白湖畔继位。虽然此时的伊利汗国已是威震西亚的大国，但是旭烈兀、阿八哈仍尊奉忽必烈为宗主，伊利两个字在突厥语中就是从属的意思。阿八哈即位之后，因尚未获得忽必烈的认可，只敢坐在一只凳子上打理国事。直到四年之后的闰十月十二日，阿八哈才按照忽必烈的册封圣旨，正式登上汗位。

察合台汗国却不像伊利汗国那样恭顺。至元三年（1266 年）初，汗王阿鲁忽死去，国内动荡不安。二月，梅开二度的兀鲁忽乃王后征得国内宗亲和大臣的同意之后，把她跟前夫哈剌旭烈生育的木八剌沙扶上汗位，成了察合台汗国的第六任汗王。

由于兀鲁忽乃曾经站在阿里不哥一边，跟忽必烈对抗，所以忽必烈对木八剌沙上台颇为不满，决心有所作为，像贵由汗那样干预察合台汗国的事务。他指定八剌（察合台长子木阿秃干三子也孙都哇第三子）到阿力麻里去，跟木八剌沙联合执政。

没想到八剌是个非常狡黠的人。他携带着忽必烈的诏书抵达阿力麻里后，发现木八剌沙深得人心，于是把诏书藏起来，假扮成一个避难者，乞求木八剌沙允许他到也孙都哇生前的封地石汗那（今阿富汗兴都库什山北）去召集部众。

孰料八剌到了石汗那之后，很快就挖起木八剌沙的墙脚。八月，八剌煽动叛乱，在忽毡（今塔吉克列宁纳巴德）活捉木八剌沙，把他降为狩猎队长。

十月，八剌在讹迹邗（今吉尔吉斯乌支根）登上汗位，攫取了阿鲁忽和兀鲁忽乃生前辛辛苦苦积累的所有财富。

八剌称汗之后立刻变脸，竟然恩将仇报，跟忽必烈抢夺天山北路。天山北路处在蒙古帝国、察合台汗国、窝阔台汗国三国的交界点上，地理位置相当重要。自蒙哥汗起，就在这里设置了别失八里行省，实施有效的管辖。忽必烈也委任蒙勒兀台为别失八里行省长官。但是八剌撵走了蒙勒兀台，改派自己的亲信别克迷失为长官。

养了一只白眼狼，令忽必烈懊悔不已，于是派大将阔云赤率六千骑兵去夺回别失八里行省。八剌发动三万大军，逼退了阔云赤，又乘胜反攻，洗劫了属于忽必烈的和田城，将天山北路据为己有。

这回忽必烈吃了大亏，不但控制察合台汗国的努力受到挫折，而且也失去了天山北路这一块战略要地。但忽必烈很无奈，此刻正集中兵力征讨南宋，对西域是鞭长莫及。

不久，金帐汗国和伊利汗国发生了第二次战争，那海再次穿越打耳班关，兵临库拉河，直接威胁着阿塞拜疆地区。伊利大汗阿八哈立即予以反击，两军在阿黑速河打得难分难解，最后那海的眼睛中了一箭，被迫撤退，逃到设里汪去。

别儿哥率大军亲自来援，在库拉河与阿八哈相持了两个星期。双方均无法突破对方的防线，只能隔着库拉河互相射箭。别儿哥溯流而上，想在第比利斯渡河，包抄阿八哈的侧翼。可惜人算不如天算，在转移途中别儿哥得了大病，不治身亡。这次战争遂以阿八哈的胜利而告终。

别儿哥死后，他的侄孙忙哥帖木儿成了金帐大汗。忙哥帖木儿的父亲是拔都次子托托罕，母亲是成吉思汗的外孙女忽出哈敦，祖母兀乞旭真可敦跟忽必烈的夫人察必是亲姐妹。于是忽必烈试图拉拢忙哥帖木儿，去对付桀骜不驯的窝阔台汗王海都。海都统治着叶密立流域和塔尔巴哈台山地，在中亚建立了独立的汗国，决心用自己的力量去恢复窝阔台家族的权益。如果坐视其大，早晚将会是一个可怕的威胁。

忽必烈正式承认忙哥帖木儿为金帐大汗，并派遣使者铁连到撒莱城去游说，让他出兵夹击海都。忙哥帖木儿做出了令忽必烈非常满意的表态："成吉思汗有遗训，凡叛乱者人人诛之。如果海都不听劝告，大军西讨。我立即起兵响应，在外掩杀，不难剿平。"

得到忙哥帖木儿的保证之后，忽必烈又放心地把视线转移到东方去。他发现自己的野心实在太大了，除了东方的南宋和日本之外，西域的各个汗国都成了自己的猎物。而争夺西域屡屡失利，让忽必烈清醒意识到路要一步一步走，饭要一口一口吃。何况这时候物色到了合适的日本通使人选。忽必烈决定先搞定这个传说中的黄金之国，再拿下南宋，最后集中力量解决西域的汗国纠纷。

五、初使日本国

赵彝向忽必烈推荐了两个人——兵部侍郎黑的、礼部侍郎殷弘。这两个人是赵彝好友，他们倾听赵彝的演说之后，决心帮助忽必烈实现他的雄心壮志。

至元三年（1266年）八月初七，忽必烈让黑的做国信使，佩戴虎符，殷弘做国信副使，佩戴金符，携着国书，前往日本通好。

十一月，他们抵达高丽，向国王王禃转呈了忽必烈给他的诏书：

今尔国人赵彝来告，日本与尔国为近邻，典章政治有足嘉者，汉、唐而下，亦或通使中国，故今遣黑的等往日本，欲与通和。卿其导达去使，以彻彼疆开悟东方向风慕义。兹事之责，卿宜任之，勿以风涛险阴为辞，勿以未尝通好为解。恐彼不顺命，有阻去使，故托卿之忠诚。卿其勉之！

王禃接到诏令之后，焉敢怠慢，立即指定枢密院副使宋君斐、礼部侍郎金赞，为蒙古国信使的向导。

第二年（1267年）正月，黑的、殷弘一行自王京南下，抵达巨济岛松边浦。起航的那一刻天气倒不错，海上平静得像一面镜子，微风轻拂，阳光照耀，水面上波光粼粼，景色宜人。黑的、殷弘也是踌躇满志，深为自己的使命而感到无上光荣。因为他们将是第一批抵达那个黄金之国的蒙古人。

但是很快地他们就看到了朝鲜海峡恐怖的一面。太阳光逐渐在眼前消失，海面上开始掀起惊涛巨浪，船只剧烈晃动，几乎就要把黑的、殷弘两人的胆汁都倾倒出来了。从西伯利亚南下的季风刮过朝鲜海峡，激起千层浪。黑的、殷弘吓得命都没有了，立即下令返回高丽国。

这正是王禃所期待的最好结局，他极不愿意跟凶残的日本人打交道。近千年来，猖獗肆虐的日本海盗给朝鲜半岛留下了无数令人惨痛的回忆。要是蒙古使者到了日本，恐怕又将横生枝节。

于是王禃让宋君斐陪同黑的回到蒙古，还附上一封书信，说明这次出使日本的经过：

诏旨所谕，导达使臣，通好日本事。谨遣陪臣宋君斐等，伴使臣以往。至巨济县，遥望对马岛，大洋万里，风涛蹴天。意谓危险若此，安可奉上国使臣冒险轻进？虽至对马岛，彼俗顽狂无礼义。设有不轨，将如之何？是以与俱而还。

且日本素与小邦未尝通好，但对马岛人时因贸易往来金州耳。小邦自陛下即祚以来，深蒙仁恤。三十年兵革之余，稍得苏息。绵绵存喘，圣恩天大。誓与报效，如有可为之势，而不尽心力，有如天日。

六月二十九日，黑的、殷弘跟宋君斐等人回到了中都。但忽必烈根本就听不进宋君斐的解释。他以为是高丽国主王禃在耍弄诡计，用海上险阻来吓唬自己。于是颁布诏书痛斥王禃，又让黑的、殷弘到高丽去。

八月，黑的、殷弘、宋君斐一行沮丧地回到高丽。他们见到王禃之后第一件事就是呈上忽必烈的诏书。上面写道：

向者遣使招怀日本，委卿向导，不意遂令徒还。意者日本既通好，则必尽知尔国虚实，故托以他辞。然尔国人在京师者不少，卿之计以疏矣。且天命难堪，人道贵诚。卿先后食言多矣，宜自省焉。今日本之事，一委于卿，卿其体朕此意。通谕日本，以必得要领为期。卿尝有言，圣恩天大，誓欲报效。此非报效而何？

在诏书中，忽必烈大骂王禃背信弃义，存有异心，担忧蒙古跟日本通好之后，尽知高丽国内虚实。还勒令王禃，务必在限期之内，把蒙古国书交到日本国王手中，劝他早早归降。

王禃吓得浑身发抖，这岂不是打着公鸡生蛋——强人所难吗？日本人的德性世人皆知，可是不做呢，后果怎样王禃想也不敢想。

国相李藏用认为此事非同小可，必给高丽带来灾难。于是瞒着王禃，偷偷给黑的写了一封书信，书信上说：

日本阻海万里，虽或与中国相通，未尝岁修职贡。故中国亦不以为意，来则抚之，去则绝之。以为得之，无益于王化，弃之无损于皇威也。今圣明在上，日月所照，尽为臣妾。蠢尔小夷，敢有不服乎？然蜂虿之毒，岂可无虑？国书之降，亦甚不宜。隋文帝上书云：日生处天子致书于日没处天子，其骄傲不识名分如此，安知遗风不存乎？国书既入，脱有骄傲之答，不敬之辞，欲舍之则为天朝之累，欲取之则风涛艰险，非王师万全之地。陪臣固知大国宽厚之政，亦非必欲致之。偶因人之上言，姑试之耳。然取舍如彼，尺一之封，莫如不降之为得也。

且岂不闻大朝功德之盛哉？既闻之，计当入朝。然而不到，盖恃其海远耳。然则期以岁月，徐观其至否。至则奖其内附，否则置之度外，任其蚩蚩自活于相忘之域。实圣人天覆无私之至德也。陪臣再观天陛，亲承睿渥。今虽在退，犬马之诚，思致万一耳。

李藏用从隋文帝时倭人傲慢的国书谈起，再说到海上风浪艰险，根本就难以征讨。目的是想让黑的知难而退，为高丽推卸责任。但是事情泄露出去之后，王禃却怀疑李藏用欲有叛逆之心，马上下令将他流配到灵兴屿去。负责接待蒙古使者的起居舍人潘阜知情不告，也流配到彩云屿。

当时黑的在馆舍里正和潘阜谈笑风生，突然间窜进了一队气势汹汹的高丽武士，扯住了潘阜，就要把他拉走。黑的火冒三丈，怒问高丽武士之后，这才得知原来王禃要把李藏用、潘阜发配远方。

黑的赶紧去见王禃，掏出李藏用的书信，替他求情："这个李藏用也是一片苦心。我回去奏报大汗，如果大汗听得进，那是天下苍生之福。如果大汗听不进，你们高丽也获得了解脱。"

王禃迫不得已，只好饶恕了李藏用和潘阜两人。但他知道忽必烈的脾气，不达目的誓不罢休。干脆设法把蒙古国书送到日本去，可是海上凶险，万一黑的、殷弘有个三长两短，那就坏了大事。

折腾了许久，最后王禃在九月决定，让李藏用、海阳公金俊陪同蒙古国信使黑的、殷弘回蒙古，让潘阜带上忽必烈的国书，还有自己的亲笔书信，去日本走一趟。至于忽必烈能否如愿，那就看他的造化了。

王禃的信件是这么写的：

我国臣事蒙古大国，禀正朔有年矣。皇帝仁明，以天下为一家，日月所照，咸仰其德。今欲通好于贵国，而诏寡人云，勿以风涛险远为辞，其佛严切。兹不获已，遣起居舍人潘阜奉皇帝书前去。遣国通好中国，无代无之，况今皇帝之欲通好贵国者，非欲其贡献，盖欲以无外之名，高于天下耳。若得贵国之通好，必厚待之。其遣一介之使，以往观之，何如？幸贵国商酌焉。

当高丽国主王禃正为通好日本的事而愁眉苦脸时，忽必烈也开始了攻伐南宋的军事行动。这时候南宋已滑入腐败的深渊，宋度宗赵禥只顾玩弄女人，根本就无心料理朝政。

权臣贾似道不断加官晋爵，从太师到魏国公，又到平章军国重事，几乎成了南宋的主宰。

赵禥每次见面，都称呼贾似道为"师臣"。文武百官更不敢直呼贾似道的名讳，而是尊称为"周公"。

但这个"周公"的办公室设在都堂里，三天才上班一次。后来赵禥把西湖葛岭的豪宅赏给他，于是贾似道连都堂也不去了，每五天就要乘船到西湖去游玩。遇到紧急大事，官员们都要抱着文书到贾似道家里去请示。结果所有的政务都由贾似道的亲信馆客廖莹中、堂吏翁应龙决定，朝中那些什么宰相啊、参知政事啊等等，全成了没用的摆设。

在贾似道的专政之下，南宋死气沉沉，日益堕落下去。征伐南宋，正是其时。

十一月，蒙古南京宣慰使刘整告诉忽必烈："攻讨宋国的方略应当从襄阳城入手。襄阳本来是我们的东西，可惜后来抛弃了，无人防守。被宋国捡回去之后，加以巩固，成了他们的屏障。只要我们把襄阳城拿回来，由汉水进入长江，一路顺流东下，宋国就可以平定。"

忽必烈见刘整分析得很有道理，马上下诏征调各路兵马，并敕令陕西五路、四川行省打造战舰五百艘，交给都元帅阿术与刘整，让他们去攻打襄阳城。

消息传到临安，十二月初四，赵禥赶紧提拔吕文焕为知襄阳府兼京西安抚副使，负责防守襄阳。

蒙宋之间的大决战——襄樊战役正紧锣密鼓地准备之中，蒙日之间的对决也渐渐拉开序幕。此后宋蒙战争与蒙日对抗几乎是同步进行的，甚至可以这么说，忽必烈急着要跟日本通好，最初动机并非垂涎日本的富庶，而是要把高丽和日本拉入无休止的纠缠中，确保他们置身于蒙宋战争之外，以达到彻底孤立南宋的目的。

至元五年（1268年）正月初一，高丽使者潘阜抵达日本九州岛的筑前，向九州岛的总部太宰府献上蒙古和高丽国书。

筑前守护武藤资能收到国书之后，不敢做主，马上将它们呈给镰仓（今日本神奈川县）的执权兼相模守（相模国的长官）北条时宗。

说到执权，就不得不提日本的镰仓幕府。

众所周知，日本的国王通称天皇。神话中日本的第一代天皇叫神武天皇，据说就是秦始皇派到海外去寻找长生不老丹的术士徐福。既然是神话那就荒诞不经了，真正可信的是从第十七代履中天皇开始。

本来天皇是日本的最高统治者，但是到第八十二代后鸟羽天皇时，出生于尾张国的武将源赖朝消灭了其他的地方割据势力，统一日本国。宋光宗绍熙三年（1192年），源赖朝被十三岁的后鸟羽天皇册封为征夷大将军。源赖朝欺负天皇年幼，仗着手中的枪杆子，在镰仓另立中央，称之为幕府。从此，天皇成了任人摆布的傀儡，幕府的征夷大将军实际上就是日本最有权力的人。

但在成吉思汗十四年（1219年），镰仓幕府第三代将军源实朝被人暗杀，于是幕府的实权落到豪族北条氏手中。他们名义上是幕府执权，也就是幕府将军的助理，实际上却是幕府武家政权的第一把手。于是日本的最高统治者又变成担任幕府执权的北条氏一族。天皇仍旧大权旁落，沦为风云变幻之中的一个座上看客。

北条氏有恃无恐地将征夷大将军玩弄于股掌之中，自然也不把天皇放在眼里。

蒙哥二年（1252年），当时的执权北条时赖废去了第五代征夷大将军藤原赖嗣，改立出身卑贱的后嵯峨天皇长子宗尊亲王为第六代征夷大将军，开创了王室将军的幕府时代。当然，北条时赖之所以看上宗尊亲王，就因为他才十一岁，幼弱无知，便于操控。

可是好景不长，到了至元三年（1266年），宗尊亲王身边的人不满北条氏的骄横跋扈，企图谋杀北条氏的嫡系传人（称之为得宗）北条时宗。结果东窗事发，北条时宗一怒之下，又废了宗尊亲王，把他的三岁儿子惟康亲王立为幕府第七代将军。而这时候的日本天皇是宗尊亲王的异母弟龟山天皇，北条氏的专政独裁由此可见一斑。

所以蒙古、高丽的国书在第一时间内到了北条时宗的手中。至于什么龟山天皇、幕府将军惟康亲王，根本就无权过问。

北条时宗抖开忽必烈的国书一瞧，只见上面写着：

上天眷命大蒙古国皇帝，奉书日本国王，朕惟自古小国之君，境土相接，尚务讲信修睦。况我祖宗，受天明命，奄有区夏，遐方异域，畏威怀德者不可悉数。

朕即位之初，以高丽无辜之民，久瘁锋镝，即令罢兵，还其疆域，反其旄倪。高丽君臣感戴来朝，义虽君臣，欢若父子。计王之君臣亦已知之。高丽，朕之东藩也。日本密迩高丽，开国以来，亦时通中国，至于朕躬，而无一乘之使以通和好。

尚恐王国知之未审，故特遣使持书，布告朕志，冀自今以往，通问结好，以相亲睦。且圣人以四海为家，不相通好，岂一家之理哉？以至用兵，夫孰所好，王其图之。

在书信中，忽必烈竟然自称为大蒙古国皇帝，蔑称日出之国的天皇为日本国王。而且轻描淡写的字里行间，处处透露出杀气。北条时宗气得脸色发青，于二月派人把蒙古国书送到京都去。龟山天皇赶紧召来公卿大臣，叽里呱啦了一阵子，有人提议应该回信答复，也有人提议干脆把高丽使者宰了。最后龟山天皇决定让做过权中纳言（相当于秘书长）的菅原长成草拟了一份答书。

三月，答书毕恭毕敬地送到镰仓给北条时宗过目。北条时宗大言不惭地飙了一大堆话："首先，自神功皇后开始，高丽就是日本的附庸国。神功皇后要是泉下有知，她怎能容忍如此一封傲慢无礼的书信呢？其次，日本是神圣不可侵犯的，别被忽必烈的虚张声势吓倒了。最后，根本就没必要给忽必烈回信。要是战争来了，全体日本人都会为了天皇陛下站起来，保卫国家。"

这个东洋的独裁者也是蛮有远见的，他未雨绸缪，下令日本滨海各地紧急戒严，以防备蒙古人的进攻。龟山天皇也担心战争来临，除了为逊位的后嵯峨法皇庆贺五十大寿之外，停止一切土木营造。拿出钱币进献给二十二个神社，诏令各神祠、寺院，大行祈禳之法，以求得神灵的庇护。

六月，龟山天皇又向神功、天智、宇多、后三条、后白河、后鸟羽、土御门七个天皇的陵墓派去了山陵使，向老祖宗们汇报了跟蒙古人交涉的经过。看来，从北条时宗到龟山天皇，再到朝廷上的公卿大臣，都已经在心理上做好了抵御蒙古军入犯的准备。于是忽必烈的国书没有了下文。

六、东洋的烦恼

潘阜被晾在太宰府五个月之后，什么也没拿到，只好悻悻地空手而返。而李藏用、金俊、黑的、殷弘等到了中都之后，迎接他们的又是一场暴风骤雨。

忽必烈大发雷霆，特意召来李藏用，狠狠地训斥一顿："赶快回高丽吧，召集军队、备好粮饷，否则我就发兵攻打你们。你们一定想问调兵备粮干啥？实话相告，就是要攻打宋国和日本。在我眼中，高丽和蒙古从来就是一家，所以高丽有难，我必相救。今天我要讨伐无道之国，高丽出兵襄助，也是应该的嘛。你回去之后，麻烦转告国王，我需要一千艘战船，每艘可以运载三四千石大米。高丽人和宋国人告诉我，从高丽到宋国，顺风的话只要两三天，到日本就更近了，朝发夕至。既然这么便利，那我就责成贵国，好好把事情办妥！"

李藏用听了之后，一溜烟跑回高丽。王禃苦不堪言，心里早已把那个叫赵彝的混蛋杀死了一千遍。无奈之下，只好在七月二十七日让崔东秀去中都见忽必烈，告诉他高丽已经征调士兵一万人，准备打造一千艘战船，以助蒙古帝国征战之用。

忽必烈大喜，立刻遣使明威将军都统领脱朵儿、武德将军统领王国昌、武略将军副统领刘杰等去高丽督查、检阅，并顺便到高丽国最西南的黑山岛，实地考察下通往日本、南宋的航道，还命令耽罗岛（今韩国济州岛）另外打造一百艘战船，以备他用。

一旦把高丽的黑山岛、耽罗岛建设成海军基地，南可攻赵宋、东可讨日本。忽必烈对征伐南宋也有了一个庞大的规划：陆路由襄樊突破长江防线，海路从高丽南下，配合陆路直捣南宋的心脏临安城。

而征服南宋的最关键在于夺取襄阳城。负责攻城的是一支蒙汉混编部队，都元帅阿术认为蒙古军擅长骑射、打野外运动战，而山地战、水战和攻坚战是汉军的拿手好戏。所以建议忽必烈调派汉将史枢，统率汉军，负责协调蒙、汉军联合作战。

为了协调好前线指挥作战，忽必烈还将刘整提拔为都元帅，跟阿术平起平坐。九月，刘整抵达襄阳城，与阿术组成联合司令部。刘整首先在军中走了一圈，很快就发现了军队的短板。虽然骑兵部队所向披靡，但是水战部队远远不如宋军。于是向阿术提议，大造战船，拼命地练习水战，如此就可以对宋军形成全面的压倒性优势。

阿术也骑着马绕着襄阳城走了一圈，结果他发现了宋军的短板。宋军虽然擅长水战，而且凭险据守，但是南宋的后勤补给线很脆弱。只要在汉水以东的白河口筑下堡垒，就可以切断襄阳的粮道，困死宋军。

没想到刘整也建议，抢占汉水东岸以北的白河口、以南的鹿门山两个阵地，就可以对襄阳守军形成关门打狗之势。

英雄所见略同，两人一拍即合，马上结成一对亲密的战友。前线将帅团结，使得蒙军真正做到上下一心，众志成城。

襄阳守将吕文焕听说蒙军要在白河口和鹿门山筑城立寨，吓坏了。一旦得逞，就等于自己的咽喉被掐住了。赶紧送蜡书到江陵去，密报京湖制置使（京湖战区总司令）吕文德。

孰料吕文德接到蜡书，火冒三丈，叫着弟弟的小名吕六，把他骂得体无完肤："这个吕六胡言乱语，满脑子就想着向我邀功。即使蒙军真的在白河口和鹿门山筑了城堡，也是假的。襄樊固如金汤，当年三国的战神关羽打了几个月都没有打下。如今城中粮草至少可以坚持十年以上，吕六务必坚守不动。要是刘整这小子胆敢乱来，春水一到，我就亲自提兵去攻。怕就怕那时还没到，他就跑了。"

吕文德的自大、麻痹犯下了致命的错误，但他仍然执迷不悟，凡是稍稍懂得用兵的人无不掩嘴耻笑他不学无术。阿术趁机又在汉水中筑起高台，跟江边的城堡互相呼应，从此之后，宋军再也无法驰援襄阳城。

九月初九重阳节，阿术统兵包围汉水北岸的樊城。蒙宋之间决定生死存亡的襄樊大战自此拉开了序幕。

此时忽必烈正待在距襄樊有三千里之远的上都，遥望着南边的烽火，又开始忙着降服日本国的事了。对他来说，降服日本和攻打南宋决不是两个孤立的战场。十七日，又派遣黑的、殷弘携带国书，出使日本。还给高丽主王禃下达了一个死命令，务必护送两个国信使安全到达日本国，否则唯他是问。

十一月，黑的、殷弘抵达王京，把一封沉重的书信塞到王禃手中。信上写道：

向委卿导达使者，送至日本。卿乃饰辞以为风浪险阻，不可轻涉，中道乃还。其言若是，今潘阜等何由得达？来奏有潘阜至日本逼而送还之语，此亦安足取信？今复遣使以往，期于必达。卿当令重臣导达，勿致如前稽阻。

忽必烈质疑道："王禃不是说日本去不得吗？怎么潘阜在惊涛骇浪之中就如履平地，来去自由呢？"

王禃无话可说，认栽吧。只好让门下省事申思佺、侍郎陈子厚、起居舍人潘阜为向导，侍从五位以及其他高丽人六十七位陪着黑的、殷弘去日本。

至元六年（1269年）三月初七，黑的使团分乘四条船抵达对马岛丰岐浦。对马岛就像一艘巨大的船只停泊在朝鲜海峡的中间，由于地理位置的特征，从西汉开始就跟中原王朝有过热络的往来。当时的史书称，对马岛的长官称卑狗，副长官称卑奴母离。岛上山地崎岖艰险，森林茂密，道路都是羊肠小道。土著一千多户，因为没有田地可耕种，人们只好打捞海鲜充饥。

但是黑的、殷弘等人登上对马岛之后，发现岛上土著并不像史书上描写的那么纯朴。

对马岛的长官宗助国一见到有外人来了，就用尖皮靴狠命地踢着胯下的一匹母马，气势汹汹地冲向岸边。在他身后，一大堆人操着各种各样的武器，有刀剑甚至木棍，张牙舞爪直扑过去。

黑的试图用忽必烈的名号来吓唬土著，但那些粗鲁的土著从来没有听说过蒙古人，恶狠狠地把黑的等人赶回船上去。正当黑的、殷弘垂头丧气，不知道回去该如何向忽必烈交代时，有人发现了海边有一只小船，船上有两个倒霉的土著居民，一个叫塔二郎，另一个叫弥二郎，成了黑的、殷弘这次出使日本的唯一收获。黑的、殷弘跟申思佺暗中商议，耍了个瞒天过海之计，把塔二郎和弥二郎带回蒙古，冒充日本使者。

四月，忽必烈在中都召见黑的、殷弘等人，见到塔二郎、弥二郎之后信以为真，无比兴奋地告诉他们："这次你们远道而来朝觐大国，必将永载史册。我要让你们的国王亲自来朝，绝不是无理地逼着你们，只是图个千古流芳的虚名而已。"

塔二郎、弥二郎根本就听不懂忽必烈在瞎扯些什么，胡乱地点了点头。忽必烈龙颜大喜，立刻下令赏给他们一大把财物，并让高丽人金有成、高柔护送他们回家。

金有成、高柔并没有把塔二郎、弥二郎送到对马岛，而是押解他们去九州岛的太宰府，向守护武藤资能递上书信。但是如石沉大海，过了许久不得回信。高柔谎称做了一个可怕的梦，第二天到当地的安乐寺，脱下头顶上的毛冠，献给寺中的佛祖，留下几句诗歌之后，灰溜溜地回到高丽国。不过这次总算蒙混过关，王禃不由得松了一口气，赶紧派遣世子王谌去觐见忽必烈。忽必烈连声称赞国王干得漂亮，又是大行封赏，赐王禃玉带一条，王谌黄金五十两。

跟日本的通好就在眼前，忽必烈甚至梦到日本国王向自己三跪九叩。可惜美梦还没有做完，忽必烈就被惊醒过来。高丽世子王谌的密使千里飞报，武将林衍作乱，国王被囚禁起来。

当时的东亚三国——高丽、南宋、日本都属于寡头政治，皇帝或国王大权旁落，权臣一手遮天。南宋的朝政被宰相贾似道垄断，日本的朝政被执权北条氏控制，而高丽国王则成了武臣的玩偶。最初由崔氏一族专政长达六十二年，后来崔氏的家奴金俊把主子拉下马，自己成了独裁者。再后来，金俊的干儿子郎将林衍率领夜别抄军（崔氏建立的夜间捕盗队，分左右别抄两军）杀了金俊，发动兵变，把王禃关进将军金皑的老宅里，改立王禃的弟弟安庆公王淐为王。

王淐粉墨登场之后，住进了新建的崇宁府，假惺惺地尊奉王禃为太上王。林衍自称教定别监，完全霸持了朝政。他比崔氏和金俊更加独裁，不但明目张胆地将王宫里的珍宝、钱财占为己有，而且垄断了高丽国的所有军政、外交等事务。王淐甚至连傀儡也算不上。

林衍确实是吃了一颗豹子胆，谋逆作乱之后还若无其事地派遣李藏用到中都参加忽必烈的节日盛会。

王禃是忽必烈在高丽精心布下的一颗棋子，王禃一下台，多年的心血，诸如建立海军基地、南征赵宋、东讨日本等都前功尽弃了。所以林衍政变之后不到一个月，忽必烈就迅速作出反应。八月初六，他派遣斡朵儿不花、李谔与高丽世子书状官金应文，到王京去调查真相。并严厉警告高丽人："有敢动国王、世子及其家属一根毫毛的，杀无赦！"

随后，反制措施进一步升级。十四日，忽必烈又让兵部侍郎黑的、淄莱总管判官徐仲雄去高丽，把王禃、王淐、林衍三人都召到蒙古当面对质。同时拟定了武装干涉的计划，诏令镇守辽阳的木华黎曾孙头辇哥召集军队。置辽阳等处行中书省，任命赵璧为长官，做好打大仗、打硬仗的准备。

林衍这才慌了神，赶紧让刑部尚书金方庆去见蒙古使者斡朵儿不花、李谞，谎称前任国王生了大病，恐怕没几天了，所以让王禃暂时摄政，由于事出突然，无法及时汇报，乞求忽必烈的宽恕。

要跟忽必烈斗心机，林衍实在是太嫩了。忽必烈根本就不信林衍的花言巧语，这逆徒是不见棺材不掉泪，立刻下令动手。

九月十六日，忽必烈授封高丽世子王谌为特进上柱国、东安公。二十八日，又坐镇中都，传命管军万户宋仲义征讨林衍叛军。

十月，高丽西京（今朝鲜平壤）都统领崔坦、李延龄率大同江以北的五十座城内附蒙古。

十一月，蒙古特使黑的、徐仲雄抵达王京，向王禃、林衍发出最后的通牒："若再不释放王禃，头辇哥马上挥师杀过鸭绿江，恐怕那时候高丽就噍类无遗了。"

胳膊是拧不过大腿的，在忽必烈的高压政策之下，林衍别无选择，只有屈服一条路。他躲在屋子里，仰天长泣："我本来打算让国家走上正轨之后，再亲自向忽必烈请罪。现在蒙古人是赶着绵羊上火焰山，叫我如何是好？"

人在屋檐下，不得不低头。林衍把黑的请到家里，美酒佳肴款待。黑的好言相劝："赶快让王禃复辟啊！否则将死无葬身之地。"

解铃还须系铃人。林衍乖乖地把王禃请出来，恭恭敬敬地将他扶上王位。王禃做了四个月的窝囊国王，屁股都还没坐热，又被稀里糊涂地轰下台，仍然做他的安庆公。

这时候，王绰和洪茶丘已经率领三千签兵从蒙古先行进入高丽国，头辇哥应高丽西京都统李延龄增援的要求，又派部将忙哥都统兵两千，准备跟林衍叛党大干一场。

消息传来，王禃赶紧派奉御（王室生活大臣）朴烋跟着黑的前往中都，奏报说自己已经重登王座了，很快就会亲自去觐见皇帝，乞求下诏退兵，免得产生误会，老百姓遭殃。

林衍叛乱的迅速平定，充分显示了忽必烈强硬的铁腕手段，确保既定东方政策的一贯性和连续性，其意义之重大是不言而喻的。但是有得必有失，忽必烈没高兴几天，很快又消沉下去。西域的几个汗王联手起来，将自己排挤出中亚。

七、西域的失落

金帐大汗忙哥帖木儿获得忽必烈的册封之后，投之以桃报之以李，果然于至元五年（1268 年）出兵讨伐窝阔台汗王海都。

这个海都可以说是成吉思汗子孙中最为守旧的一个汗王。他是窝阔台第五子合失的儿子。合失由于酗酒无度，很早就归西了。窝阔台死时，海都才六七岁，与生母舍乞涅哈敦相依为命，在成吉思汗的发迹之地曲雕阿兰度过了平淡无奇的童年时光。

此后蒙哥夺取了汗位，窝阔台家族失势。但是窝阔台家族里已经形成一个共识：只要是从窝阔台子孙中出来的，哪怕是一块肉，所有人仍要接受他为汗。所以在幼小的心灵上，海都就播种下叛逆的种子。

蒙哥死后，拖雷家族起了内讧，海都就依附阿里不哥，站在忽必烈的对立面。可是不久，阿里不哥归降忽必烈，这时海都恰好是而立之年。他并没有随同阿里不哥投奔忽必烈。因为无论是谁坐在汗位上，都是拖雷家族的人，跟海都八竿子打不着边。海都决心独立行动，依靠自己的力量来重振窝阔台家族的雄风。他在叶密立河流域的海押立城开始了令人叹服的艰苦创业。

海都没有继承窝阔台家族的一兵一卒，他依仗的是母亲舍乞涅哈敦的族人——蔑克邻人，他们既非蒙古人，也非畏兀儿人，擅长打山地战。海都个子虽不高，但颌下干净，仅有九根稀疏的胡须，看起来挺帅气的。而且洁身自好，既不酗酒，也不饮马奶酒。再加上富有谋略，所以很有号召力，迅速集合了一支部队。

阿鲁忽与别儿哥发生冲突时，海都很有远见地选择了别儿哥，由此博得了他的信赖。在别儿哥的帮助之下，海都夺取了阿鲁忽的一些地盘，从此有了自己的根据地。

海都狡猾地利用西域诸汗王之间的矛盾，在夹缝之中不断发展壮大，最后破壳而出，成为纵横西域的一大汗王。

虽然在忽必烈的离间之下，金帐新汗王忙哥帖木儿与海都为敌，但是两个人很快就找到对话的共同语言——遏制察合台汗王八剌无休止的扩张行径。

八剌站稳脚跟之后，野心逐渐膨胀。他左右开弓，向东南和西北同时进军。在东南，继夺取天山北路之后，又向天山南路渗透，赶走忽必烈派驻和田的大将忙兀台，不断蚕食属于忽必烈管辖的地区。在西北，挺进锡尔河、阿姆河之间的河中地区，侵入窝阔台汗国的地盘。海都汗挥师南下，双方在锡尔河打了一仗。八剌诱敌深入，把海都打得落荒而逃。

但是八剌入侵河中之后，继续北进咸海地区，染指金帐汗国的领地。于是忙哥帖木儿跟海都找到了和解的最大公约数，联手抵抗八剌的威胁。忙哥帖木儿助海都一臂之力，派遣宗王别儿克札率军五万，将八剌赶回河中的布哈拉和撒马尔罕。海都也趁机在侧背插一刀，八剌一败涂地，察合台汗国从此一蹶不振，其势力范围再也没有越过阿姆河一线。

正当八剌收拾旧部，准备跟海都和忙哥帖木儿一决生死时，海都突然提出议和。原来是忽必烈正调集大军，进攻窝阔台汗国。海都决心从中亚大混战的泥潭中脱身，集中力量对付忽必烈。

海都派遣堂兄弟、合丹之子乞卜察克，到撒马尔罕去跟八剌媾和。八剌对此举甚为欢迎，他特意在撒马尔罕城外隆重迎接乞卜察克的到来。两人手挽手入城之后，为了庆祝双方的和解，依照蒙古人的传统习俗喝了交杯酒。

乞卜察克代表海都，表示尊重八剌在河中地区的权益。作为回报，八剌也承认海都对伊犁河流域和天山北路的控制。这本来是忽必烈的领地啊，现在却成了八剌与海都私下交易的物品。

更令忽必烈沮丧的是，海都、八剌、忙哥帖木儿沆瀣一气，背着自己密谋召开忽里勒台会议，以调解西方三大汗王之间的矛盾。

至元六年（1269 年）春，当蒙古军与宋军在襄阳城杀得天昏地暗的时候，在海都控制之下的怛罗斯河畔的草原上，忽里勒台会议如期召开。忙哥帖木儿虽然不肯跋山涉水，亲自与会，但是也派出了一个宗王。

这次忽里勒台会议对忽必烈来说，无疑是一个可怕的梦魇。忽必烈第一次尝到了被人无情抛弃的滋味。八剌曾经是自己苦心扶植的对象，而忙哥帖木儿也信誓旦旦地宣告，要跟忽必烈站在同一条战线上，对抗海都。但现在，忙哥帖木儿的特使和八剌都成了海都的座上宾，他拿出好酒好菜，让各宗王尽情地大吃大喝了七天。

第八天，海都郑重宣布，忽里勒台会议开幕。海都首先致开幕词，倡议和平。当然他的和平宣言对拖雷家族来说，就是赤裸裸的挑衅。

大会主要的议程是讨论如何瓜分河中地区。该地从窝阔台时代开始，就是蒙古大汗的辖地，隶属于阿姆河行省，可是被当作礼物送来送去。蒙哥为了报答拔都的大恩，把它赠给了金帐汗国。后来阿里不哥与忽必烈争汗位，竞相拉拢察合台汗国，打击对方，结果落到阿鲁忽手中。

八剌对河中地区是势在必得，他侃侃而言："身为察合台汗王的合法继承者，有权维护自己的领地。"

忙哥帖木儿的特使满脸不高兴："河中地区本是划给金帐汗国的，后来阿鲁忽乘人之危，强取豪夺。理应完璧归赵，还给忙哥帖木儿。"

双方吵得不可开交，眼见就要闹翻了脸，没想到插进一个第三者。早已对河中起了觊觎之心的海都站出来，一点也不脸红地说："从地理位置来看，河中地区就是窝阔台汗国的自然延伸。既然如此，大家都有份。"

强龙压不住地头蛇，会场外头，怛罗斯草原上插满了海都的旗帜。八剌一见海都满脸横肉，立即心虚了几分。吵吵嚷嚷之后，野心勃勃的海都力压众汗王，成了大赢家，在河中地区分得一杯羹。西方三大汗国对瓜分河中地区达成了几条协议：

首先，八剌拿走了河中三分之二的地盘，明确划定了归属察合台汗国的夏季与冬季牧场。剩下的三分之一由忙哥帖木儿和海都共同管辖。

其次，河中两大重镇布哈拉、撒马尔罕城中的手工业作坊及工匠，那是一笔无穷无尽的财富，不能由八剌一口独吞，结果也被瓜分一空。海都做主，全权委托察合台汗国的财政大臣麻速忽管理这两座大城市。

再者，为了保护河中地区农耕居民的利益，三大汗王只准在山区和草原上放牧，禁止靠近城市，践踏农田。除了法定的租税之外，不得私自抢夺老百姓的财物。

最后，各大宗王无条件遵守老祖宗成吉思汗留下的法律——《大札撒》。互以兄弟相称，互换衣裳。依照蒙古人的传统习俗，互换酒杯，饮酒发誓决不背信弃义。

这次忽里勒台会议虽然没有选出大汗，但是建立了一个类似于独立国家联合体的松散联盟，推举海都为盟主。从此海都在西域坐上头把交椅，跟东方的忽必烈各为一方的宗主，几成分庭抗礼之势。

海都为了让八剌远离天山北路，以盟主的名义发号施令，让他南下去夺取伊利汗国的西亚领地，挑起了黄金家族的又一次内战。而忽必烈的势力，则被彻底驱赶出西域。

成吉思汗子孙的争霸战也愈演愈烈，加剧了蒙古世界的大分裂。

第六章　怒海雄心

一、围困襄阳

西域三大汗国与自己渐行渐远，令忽必烈油然而生"无可奈何花落去"之感。上帝的鞭子再长，总有个限度啊。管不了西域的事，不等于忽必烈就做不了大汗。再说这时候忽必烈对大汗这个名号也是兴味索然，那只不过是草原上跑马狩猎的头儿。要做就做"功高三皇、德迈五帝、君临天下"的千古第一人，汉人称之为天子。中原的儒学家告诉忽必烈，天子者受命于天，宣视天为父，事天以孝道。

俗话说天无二日、尊无二上。南方的宋人虽然偏安一隅，但是他们骨子里仍然瞧不起征服整个世界的蒙古人。更让人受不了的是，宋主竟然自命为真龙天子，称蒙古帝国为北朝，欲与大漠的苍龙平起平坐、并驾齐驱，是可忍，孰不可忍！

如果不灭了南宋，缚住那条不知天高地厚的井底之龙，一统寰宇，那忽必烈就大汗不像大汗，皇帝倒像蹩脚的皇帝，跟偏安一隅的宋主又有何两样？

要是把南宋比作一条龙，那么临安是龙头，重庆是龙尾，而襄樊就是龙腰。倚天屠龙，必先斩断龙腰，使首尾不得相顾，如此这条井底之龙束手可擒。

至元六年（1269年），在失去西域的惆怅与叹息声之中，征宋战争之中惊心动魄的斩腰行动——襄樊争夺战进入了第二个年头。

正月十二日，蒙古都元帅阿术抄掠汉水以东的复州、德安府、京山等地，基本上肃清了襄阳城东面的宋军据点。

兵家鼻祖孙武说过："用兵之法，十则围之，五则攻之。"忽必烈决定集中优势兵力，在襄阳城打一场漂漂亮亮的攻坚战。各地的驻军源源不断地被调到襄阳去，枢密副使史天泽、驸马忽剌出（成吉思汗三弟合赤温的曾孙）也被派往襄阳督率军队。

史天泽在襄阳城外走了一圈，制定下攻城的指导思想：打持久战，用囚笼战术将宋军困死在城内。蒙军从襄阳城西、汉水南岸的万山到襄阳城南的百丈山，筑起长达二十余里的堡垒，形成外线包围工事。在襄阳城南的岘山、虎头山之间修建了一字城，形成内线包围工事。内外两道工事紧密配合，基本上控制了南北的交通要冲。

二月二十一日，忽必烈又招募两万人马，派往襄阳前线。得到增援之后，三月初一，蒙军开始合围襄、樊两城。具体部署是这样的：都元帅阿术、刘整屯兵于汉水东岸的鹿门山。畏兀儿将领阿里海牙屯驻虎头山，与阿术、刘整隔着汉水遥遥相望，犹如两把大刀，铡断了江汉地区宋军溯流北援襄阳的通道。张弘范屯兵于万山，负责阻击顺流东下的四川宋军。

十六日，阿术在赤滩浦击败宋军京湖都统制张世杰，把樊城围得水泄不通。消息传到临安，宋廷上下震惊。大臣们建议宋度宗起用高达，让他去拯救襄阳。这个高达是一员难得的悍将，在鄂州保卫战中大显身手，让忽必烈望城兴叹。但是高达与吕文德、吕文焕兄弟不和，又鄙视当权者贾似道，结果被解了兵权，调回朝廷，做一个枢密都承旨的闲职。

御史李旺对国家存亡忧心忡忡，赶紧跑到西湖去见贾似道，向他推荐了高达。贾似道正玩得忘乎所以，根本就无心援救襄阳。他最恨的就是高达，反问李旺一句话："要是高达去了襄阳，那吕文德、吕文焕会安心吗？"

李旺悻悻而出，长声悲叹："吕氏兄弟安心，赵家王朝就危险了。"

襄阳守将吕文焕听说高达要来了，也是终日惶惶。有人给他出了个馊主意，朝中因为听到襄阳危急，所以才让高达过来。干脆来个瞒天过海，上奏说屡战屡捷，高达自然就没必要过来了。

这时候恰好宋军抓了几个蒙军战俘，吕文焕谎称打了胜仗，于是让高达驰援襄阳的计划成了泡影，令朝中忠义之士恨恨不已。

蒙军趁着南宋的麻木不仁，收紧套在襄阳守将吕文焕脖子上的缰绳。

六月二十八日，阿术率兵一万五千人扼住了通往万山、射垛冈、鬼门关的道路，让襄阳守军连煮饭的木柴都砍不到。

吕文焕叫苦连天，求救于驻守黄州、鄂州一带的沿江制置副使夏贵。夏贵趁着雨季来临，率三千轻兵、战船数百艘载运粮草，突破蒙军鹿门山的封锁线，抵达襄阳城下。但是夏贵担忧水路被蒙军断绝，回不了黄州。跟吕文焕草草交谈几句之后，就急匆匆地打道回府。

回去时又是大雨连天，汉水暴涨，到处都是汪洋一片。夏贵派出一支船队开进东岸的深山密林，耀武扬威。看得蒙军气愤不已，纷纷请缨出战。都元帅阿术却不以为意："夏贵是在耍声东击西之计，我们还是备好战船，小心白河口的新城堡吧。"

翌日，夏贵果然袭击白河口新城，船队进至鹿门山西边的虎尾洲时，蒙古万户解汝楫、李庭突然冲出，大破宋军，俘斩裨将王玘、元胜以下两千余人，缴获战船五十艘，溺死汉水的宋军不计其数。

京湖战区总司令吕文德听到夏贵的败讯，慌忙派遣黄州武定诸军都统制范文虎前去接应。史书上说范文虎是吕文德的女婿，但是挖出来的石碑证实他的夫人姓陈。不管怎么说，范文虎都是贾似道和吕文德的亲信。

范文虎生得倒是一表人才，可惜空有一副臭皮囊，胆小怯弱，根本就不配做统将。他硬着头皮率船队来援，结果在灌子滩遇到蒙军，未战就吓破了胆，抢先搭乘一条小船逃得无影无踪。

援救襄阳城接连失利，吕文焕成了瓮中之鳖，这些都是吕文德一手造成。十二月初二，吕文德在"误国家者我也"的悲叹声中恨恨而死。吕文德以抗击蒙古起家，建立一个庞大的吕氏军事集团，其成员包括儿子吕师夔、吕师孟，弟弟吕文信、吕文焕、吕文福，女婿范文虎、同乡夏贵（外号夏夜眼或夏旗儿）。这支吕家军可以说是宋军的中坚力量，吕文德一死，朝廷也就失去了一根顶梁柱。贾似道把"逃跑将军"范文虎提拔为殿前副都指挥使，让他统领京城的禁军，以拉拢吕氏集团。

第二年（1270年，至元七年）正月初二，宋度宗任命李庭芝为京湖制置大使，让他去指挥吕家军救援襄阳城。但是李庭芝一到江陵城，就受到吕氏集团的抵制。范文虎对贾似道大吹法螺："只要让我率领数万大军，襄阳城一战可定。就是要让我全权指挥，不可受制于人。一旦事成，大功都是贾恩相的！"

贾似道也不喜欢耿直的李庭芝，马上任命范文虎为福州观察使，让他统兵牵制李庭芝。结果李庭芝多次请求出兵，范文虎就是借口没有圣旨，整天待在家里与美女、男宠踢足球玩乐、花天酒地，根本就不买李庭芝的账。

援军来不了了，襄阳城中的吕文焕很着急，二月二十五日，出动步骑一万人、战船百余艘，袭击城西的万山蒙军阵地。结果被蒙古万户张弘范、千户脱脱击败。

但是吕文焕躲在坚固的襄阳城里，各路宋军凭借水师优势，陆续送来粮草、衣服，蒙军根本就奈何不得。照此下去，就是围困一百年，也无法攻下襄阳城。蒙军的最大短板仍是水军力量不足。

三月十九日，阿术和刘整奏报忽必烈，要拿下襄阳城，就必须拥有一支强大的水军。忽必烈立即给他们打造了战船五千只，每天训练水军七万人。即使是阴雨天，也要画地为船，进行模拟训练。

蒙军还在汉水中流筑起实心平台，上有大炮、弓弩，下有五个填满石块的竹笼，用来阻遏宋军的战船。

八月，阿术和刘整开始猛攻襄阳、樊城。宋军奋力抵抗，陷入苦战。

可临安城内却是一派纸醉金迷。贾似道在西湖北侧小山丘葛岭上的集芳园里造了精美的秋壑亭，盖了优雅的别墅半闲堂，甚至供养起自己的塑像。又强娶宫女叶氏、姿色艳丽的妓女和尼姑为妾，日夜寻欢作乐、聚众赌博，过着糜烂挥霍的日子。

不堪入耳的淫靡之声传出数里之远，但是人们视贾府为恐怖的人间地狱，无不躲得远远的。有一个老兄仗着自己的妹妹是贾似道的小妾，站在贾府大门口鬼鬼祟祟的。结果被贾似道发现了，马上将他五花大绑，推进火堆活活烧死。贾似道的专横、残暴可见一斑。

对贾似道来说，所谓的军国大事及不上跟成群的妻妾斗蟋蟀、赏玩古董更要紧。他还建了一个多宝阁，里边匿藏着肆意掠夺而来的古玩，几乎是一天去一次。为了搜求古玩宝物，贾似道不择手段。听说名将余玠有条玉带，可惜已经殉葬入土了。贾似道竟然派人去挖掘余玠的陵墓，盗取玉带。家中藏宝的难逃一劫，全被贾似道据为己有。敢不献出的，必遭横祸。

贾似道为所欲为，终日沉迷于酒色、赌博、古玩之中，形同行尸走肉，经常是几个月不上朝。有谁提起前线战事，贾似道更是咬牙切齿，恨之入骨。

整天泡在女人堆里的宋度宗偶尔也关心一下前方战况，他问贾似道："听说襄阳已经被围困了三年，怎么办啊？"

贾似道有点惊讶的样子："蒙军早就撤走了，是谁这么多嘴告诉陛下的？"

宋度宗也很糊涂："刚才有个嫔妃说了。"

贾似道立刻找到那个嫔妃，二话没说，给她安上一个莫须有的罪名，然后杀了。从此谁也不敢提起襄阳两个字。

襄阳的战况也因此日益恶化。九月二十九日，范文虎率战船两千艘驰援襄阳城，阿术和刘整又在灌子滩埋下伏兵，大败范文虎，俘斩一千人，缴获战船三十艘。范文虎又是率先开溜，宋军大乱，溺死不计其数。淄莱水军万户帖木儿不花追至云胜洲，斩获累累。

灌子滩之战让蒙军找到了克敌制胜之法。张弘范告诉史天泽："你制定的襄阳作战方针有些问题。在城外大造包围工事，打持久战，目的是想困死吕文焕。但是夏贵趁着水势上涨，远道而来，给吕文焕送粮食送衣服。我们却眼睁睁地看着他来去自若，根本就挡不住。更何况还有江陵、三峡、秭归的宋军，时不时就跑进襄阳城。如此看来，困死吕文焕无异于白日做梦。不如舍远求近，在万山筑起城堡，在灌子滩上竖立栅寨，犹如一把老虎钳紧紧夹住襄阳城，速毙吕文焕。"

史天泽打开地图一看，万山、灌子滩距离襄阳城不过三四里，一旦在此筑城立寨，就切断了宋军从东西两侧救援吕文焕的水路。于是果断拍板，筑起万山堡，派将军隋世昌、李恒坚守。

吕文焕派人乘坐渔船，偷偷地跑到万山堡下，刺探军情，差点儿被李恒的伏兵活捉了。从此，宋军再也无法给吕文焕送去补给，襄、樊彻底成了孤城，忽必烈看到了胜利的希望。

二、珍岛平叛

在进攻南宋、合围襄阳城的同时，忽必烈加紧对东方各小国的控制。交趾王陈日烜遣使入贡，忽必烈让他把国中的部落酋长都叫来，留下儿子做人质。并任命同签土番经略使张庭珍为朝列大夫、交趾国达鲁花赤（民政官），负责在交趾普查人口，招募军队，征收赋税。

而高丽刚刚经历了林衍之乱，忽必烈更是不敢掉以轻心。至元七年（1270年）正月诏令，崔坦所献的西京等五十城划归辽阳行省东宁府。以慈悲岭为界（今朝鲜黄海南道的灭恶山脉），将朝鲜半岛北方大片领土并入蒙古帝国。任命蒙哥都为安抚高丽使，佩戴虎符，镇守西京。

高丽主王禃眼睁睁看着国土沦陷，却只能咬碎了牙齿吞下肚，一个字也不敢吭。反而在二月率世子王谌等四百人，到中都去觐见忽必烈，以答谢他的扶持大恩。更窝囊的还在后头。朝会排序时，王禃及世子王谌被排到蒙古宗王的屁股后面。

王禃满脸委屈："我可是一国之主啊，说什么也比那些平西王、镇南王高一个等级吧。"

忽必烈安慰说："你虽是一国之主，可是内附在后，班列诸王之下，那是很正常的。当初畏兀儿先附，阿兰国后附，所以成吉思汗让畏兀儿国主在前排，阿兰国主在后排。"

忽必烈趁王禃在外，下令头辇哥杀进高丽王京，清除反蒙势力。林衍不甘心失败，煽动夜别抄军把各州郡的老百姓都赶到海岛上居住。可是不久林衍气忧成病，背上长了急性化脓肿，不治身亡。其子林惟茂擅袭令公位，也被高丽尚书宋松礼所杀。

忽必烈这才任命脱朵儿、焦天翼为高丽国正、副达鲁花赤，护送王禃回国。世子王谌乞求留在蒙古，并娶公主为妻，没想到忽必烈一口拒绝，只好酸溜溜地跟着高丽国王回家。

王禃到了王京之后，后宫嫔妃都从江华岛回来了。江华岛扮演了近三十年临时国都的角色也宣告结束。

尽管王禃有蒙古人撑腰，但是他很快又遇到麻烦了。

六月，林衍余党裴仲孙、卢永禧率三别抄军（左别抄、右别抄军以及从蒙古逃回的高丽人组成的神义军）在江华岛竖起反旗，立承化侯王温为高丽国王。

连高丽这样的小国都搞不定，更别说征服南宋、日本了。蒙古万户宋某率兵一千、高丽金方庆带领六十余人，攻打裴仲孙叛军。宋万户自仁川下海之后，发现叛军的船只停泊在灵兴岛。金方庆准备进攻，但是宋万户望见大海茫茫就怕了，结果放跑了叛军，任其窜到最南方的珍岛去。宋万户就把灵兴岛逃出来的男女老幼千余人当作贼党，抓回去交差。

裴仲孙跑到珍岛之后，四处抄掠，攻陷济州、锦城等地，搞得高丽举国不得安宁。于是在九月，忽必烈任命都元帅阿海为高丽安抚使，与金方庆一道进剿珍岛。

十一月，阿海与裴仲孙叛军对阵于珍岛海面。叛军的战船都画上各种各样的魔鬼怪兽，遮天蔽日，在海上灵活自如、飞速转动，令阿海望而生畏。交战之时，叛军敲锣打鼓，高声呐喊，一片嘈杂。突然间冲进了蒙古人的军阵中，双方陷入一场混战。鏖战多日，难分胜负。

这时候有一个叫洪赞的高丽人从叛军中逃出来，向阿海告密说金方庆暗中私通贼军。阿海信以为真，上报达鲁花赤脱朵儿。脱朵儿大吃一惊，赶紧召回金方庆跟洪赞当面对质。发现是洪赞的诬告，但是让珍岛叛军获得了喘息的机会。

十二月，忽必烈又令阿海和金方庆攻打珍岛。三别抄叛军乘坐战船，气焰非常嚣张，旌旗林立，钲鼓敲得震天响，海面上一片沸腾。叛军又在侵占的各个城头上狂呼乱号，以助声威。

不像血性的兄弟阿术，阿海在船上吓得两腿发抖。他战战兢兢地跑下船，跑到岸上的营帐里躲起来。没多久，又下令退往罗州。

看得众人目瞪口呆，想不到蒙古人中也有如此贪生怕死的胆小鬼。金方庆哭笑不得，苦劝说："元帅啊，不能再跑了。你这么一跑，岂不是长叛军志气，灭自家威风？万一叛军乘势追杀过来，谁还能挡得住？一旦忽必烈追究责任，谁担当得起啊？"

金方庆一说，阿海有点怕了，再也不敢逃跑。

这个金方庆倒有点血性，他独自率领高丽官军，不要命地向叛军冲过去。叛军战船也像张开血盆大口的鲨鱼，气势汹汹迎面杀来。

高丽官军吓得四处逃散，金方庆大吼一声："决胜就在今日！"遂坐着战船杀入敌阵，结果被叛军的船只团团围住。乒乒乓乓！水面上箭矢齐飞，很快地，船上的箭用光了，金方庆跟部下都浑身挂彩，连站立的力气都没有，但仍开着战船不停地往前冲。

逼近珍岛岸边时，蓦地有一个叛军拿着明晃晃的大刀跳上船来。金方庆的随从金天禄操起短矛，把他捅死。金方庆一跃而起，又是大叫一声："宁可葬身鱼腹，也不死于贼人之手！"说完就要跳海自尽，金方庆的卫士许松延、许万之死命地扯住他不让跳。于是高丽官兵都豁出去了，跟叛贼拼命。金方庆坐在一把交椅上沉着指挥，击退叛军的多次进攻。

最后叛军船只越来越多，眼见金方庆就要葬身于此。幸亏高丽将军杨东茂坐着一条艨艟，乱砍乱杀，逼退贼船，把金方庆解救出来。

金方庆回到岸上之后，不敢对窝囊货阿海发脾气，只是指桑骂槐，痛斥将军安世贞、孔愉见死不救，要将他们斩首。阿海惭愧万分，赶紧为他们开脱。

第二年（1271年）正月，高丽国主王禃将安世贞、孔愉削职。但是阿海畏葸不前，王禃不敢擅自处置，只好派将军印公秀到中都去奏报忽必烈。忽必烈大怒，立即下令召还阿海，罢官处分。

襄阳战事胶着久悬不决，高丽珍岛又闹叛乱，搞得忽必烈焦虑不堪。可是更令他揪心的是，高丽人金有成、高柔去了日本之后依旧是空手而回。

忽必烈沉不住气了，决定派一位德高望重的国信使到日本去招降。陕西宣抚使赵良弼毛遂自荐，渡海赴日。此人原是女真人，本姓术要甲，做过京兆宣抚司的参议司事，可以说是忽必烈的老部下，甚有胆略。

忽必烈一瞧，赵良弼年过半百，满头白发，海上艰难重重，恐有不测。可是赵良弼老当益壮，拍拍胸脯说就算是沉到海底，也要落个千古美名。忽必烈实在拗不过，于是授予赵良弼少中大夫秘书监一职，充国信使，随从三千人同行。

赵良弼有点奇怪，说又不是去打仗，用那么多人干什么。结果只带上书状官二十四人以及忽必烈的一封国书，踏上日本之旅。

出发前赵良弼请示忽必烈，碰到了日本国王要行什么礼，忽必烈也被难住了，召来大臣们商议一下，大家都说蒙古跟日本君臣之礼未定，根本就无需什么礼仪。

赵良弼带着豪情壮志，踏上了充满凶险的日本之旅。

赵良弼抵临高丽王京之后，王禃亲自跑到郊外去迎接。赵良弼向他传达了忽必烈的圣旨：

朕惟日本昔通好中国，又与卿国地相密迩。故尝诏卿导达去使，讲信修睦。为渠疆吏所梗，不获明谕。朕意今复遣赵良弼充国信使，期于必达。仍遣忽林失、王国昌、洪茶丘将兵送抵海上，比国信使还，姑令金州等处屯驻。所需粮饷，卿可委官赴彼，逐近供给。鸠集船舰，待于金州，无致稽缓匮乏。

可是珍岛叛乱未平，打乱了忽必烈对东亚的整个布局，不但干扰了赵良弼的行程，而且影响到征宋甚至征日的计划。三月，忽必烈诏令忻都（成吉思汗四弟铁木哥的六世孙）及前左壁总帅史枢，代替阿海，前往珍岛平叛。

忽必烈的诏书上说：

朕尝遣信使通谕日本，不谓执迷固闭，难以善言开谕，此卿所知。今将
经略于彼，敕有司发卒屯田，用为进取之计。庶免尔国他日转输之劳，仍复
遣使持书，先示招怀。卿其悉心尽虑，禅赞方略。期于有成，以称朕意。

忻都、史枢在高丽凤州（今朝鲜黄海北道沙里院）等地设立经略司，负
责营军、屯田、储粮，为以后的远征日本做好物资准备。

叛军首领裴仲孙暗中派人邀请忻都去珍岛议和。忻都识破裴仲孙的缓兵
之计，断然拒绝："没有皇命怎敢轻易上岛？"立即上奏忽必烈，请跟忽林
赤、王国昌分兵围剿珍岛。

参与讨伐的人员众多，除了忻都、洪茶丘、金方庆、忽林赤、王国昌之
外，还有高丽永宁公王绰的两个儿子——信安侯王雍、光化侯王熙。

五月，忻都、洪茶丘与金方庆率领大军一鼓作气，大败叛军。叛军溃不
成军，抛妻弃子，狼狈而逃。洪茶丘第一个攻上珍岛，穷追不舍，虏获男女
万余人、战船数十艘。裴仲孙及伪王——承化侯王温来不及逃跑，也被洪茶
丘擒获。

王温是王绰的哥哥。王雍、王熙出发前，王绰曾经暗中嘱咐他们一定要
保住王温的性命。由于洪茶丘的父亲洪福源是被王绰陷害致死的，所以洪茶
丘对王绰一族恨之入骨。结果王雍、王熙还没有登上珍岛，王温跟儿子王
桓、裴仲孙都成了洪茶丘的刀下鬼。

漏网的叛军余部在三别抄军统将金通精的带领下逃往耽罗岛。为了寻求
日本的支援，金通精派人假冒高丽使者，到日本去报告说高丽国遭到蒙古大
军的侵略。

金通精的谎言在日本引发全国大恐慌，蒙古人即将入侵的流言到处蔓

延。北条时宗也是紧张兮兮的，九月十三日差遣御家人（幕府将军的下属武士）小代右卫门尉子弟等到九州岛去，加紧警戒。

就在这当头，赵良弼跟高丽通事别将徐称、校尉金贮等人，于十九日抵达日本九州岛的筑前今津湾。

当地的老百姓登时吓坏了，惊呼蒙古人杀到了。武藤资能之子、太宰府少贰筑后守（筑后国的长官）武藤经资连忙调集军队，准备厮杀。赵良弼却大摇大摆地舍舟登岸，向凶煞一般的日本人宣读忽必烈的圣旨。日本人这才把赵良弼等带到一座木屋里，外头由一大堆士兵看守着。

第二天，武藤经资率军亲自去审问赵良弼。赵良弼见到武藤经资就大骂日本人不知礼数，蒙古帝国多次送来国书请求通好，结果都得不到回复，实在是无礼至极。

武藤经资听得不耐烦了，伸手就要看国书。赵良弼一瞧武藤经资的模样顶多是个七品芝麻官，马上回绝说："国书是给国王的。如果不给国王看，最少也得给宰相、元帅之类的人物。不然，休想看到国书一个字。"

武藤经资有点恼火："没有一个外人能够见到天皇，也没有一个外人能够踏出这屋子半步。"

赵良弼丝毫不退让："要么让我去见你们的国王，要么你就砍了我，抢走国书。"

忽必烈的国书就放在一个盒子里，用金锁锁住。赵良弼把它看得比生命还要宝贵，紧紧守护着。

武藤经资没辙了，只好灰溜溜走了。几天之后，武藤经资又来了。他对赵良弼耍了个幌子："自古以来没有一个外国使臣到过太宰府以东的地方。今天贵国遣使而来，如果不拿出国书，谁相信不是假冒的？"

孰料赵良弼精通史书，反驳说："隋文帝曾经派遣裴清来访，你们的国王还在京郊举行盛大的欢迎仪式。唐太宗、唐高宗的使者来了，你们的国王也都亲自接见。为什么就不见蒙古帝国的国信使？"

双方僵持了许久，最后赵良弼拿出国书的副本，交给武藤经资。武藤经资一瞧，上面写道：

盖闻王者无外，高丽与朕既为一家，王国实为邻境，故尝驰信使修好，为疆场之吏抑而弗通。所获二人，敕有司慰抚，俾赍牒以还，遂复寂无所闻。继欲通问，属高丽权臣林衍构乱，坐是弗果。岂王亦因此辍不遣使，或已遣而中路梗塞，皆不可知。不然，日本素号知礼之国，王之君臣宁肯漫为弗思之事乎。近已灭林衍，复旧王位，安集其民，特命少中大夫秘书监赵良弼充国信使，持书以往。如即发使与之偕来，亲仁善邻，国之美事。其或犹豫以至用兵，夫谁所乐为也，王其审图之。

兹事体大，武藤经资慌忙送到镰仓去。北条时宗看了之后，依旧一语不发，让大纳言（相当于礼部尚书）藤原实兼将蒙古国书转呈给京都的龟山天皇。龟山天皇也不敢做主，赶紧去找老父后嵯峨法皇。后嵯峨法皇又把球踢给了菅原长成："让长成写封答书吧，稍微修饰一下即可。"

踢来踢去最后球回到了北条时宗脚下。桀骜不驯的北条时宗仍是那句话："蒙古国书用辞无礼，不必回复。叫太宰府把蒙古使者赶走吧！"

事情闹到这个地步，战争恐将不可避免。十一月，龟山天皇下令大作炽盛光佛顶法，祈祷大日如来佛保佑。其后又让权中纳言藤原公守到伊势神宫去，祭祀天照大御神、丰受大御神，消弭蒙古入犯之灾。

赵良弼本是信心爆棚而来，没想到又碰到一个硬钉子。正在赵良弼惶惶无计之时，武藤经资担忧冲撞了蒙古帝国，招来兵祸，于是暗自跟赵良弼商议，派遣弥四郎等十二人，伪称是日本使者，随同赵良弼回国。

三、创建大元王朝

当赵良弼带着忐忑不安的心情踏上归国之途时，曾经响彻云霄的蒙古帝国已经不复存在了。十一月十五日，忽必烈听从太保刘秉忠的建议，颁布《建国诏令》，正式定国号为大元：

诞膺景命，奄四海以宅尊；必有美名，绍百王而纪统。肇从隆古，匪独我家。且唐之为言荡也，尧以之而著称；虞之为言乐也，舜因之而作号。驯至禹兴而汤造，互名夏大以殷中。世降以还，事殊非古。虽乘时而有国，不以利而制称。为秦为汉者，著从初起之地名；曰隋曰唐者，因即所封之爵邑。是皆徇百姓见闻之狃习，要一时经制之权宜，概以至公，不无少贬。

我太祖圣武皇帝，握乾符而起朔土，以神武而膺帝图，四震天声，大恢土宇，舆图之广，历古所无。顷者耆宿诣庭，奏章申请，谓既成于大业，宜早定于鸿名。

在古制以当然，于朕心乎何有。可建国号曰大元，盖取《易经》"乾元"之义。兹大冶流形于庶品，孰名资始之功；予一人底宁于万邦，尤切体仁之要。事从因革，道协天人。於戏！称义而名，固匪为之溢美；孚休惟永，尚不负于投艰。嘉与敷天，共隆大号。

《建国诏令》的颁布标志着忽必烈彻底走出大蒙古帝国的圈子，从此以后与西域诸汗国——金帐汗国、察合台汗国、窝阔台汗国，甚至伊利汗国撇清关系，融入中原，成为与尧舜禹、夏商周、秦汉、隋唐一脉相承的"正朝"王朝。

"大哉乾元"出自儒家经典《周易》第一卦《乾卦》的卦辞："大哉乾元，

万物资始，乃统天。"意思就是说，宇宙天地、世间万物，全都来源于一种蓬勃辉煌、无所不包的乾元之气。

这四个字在舆论上把奄奄一息的南宋朝廷抛到中原正统的最边缘，无疑是争夺所有汉人民心的最大利器。

刘秉忠朗朗念出《建国诏令》的那一刻，忽必烈心中一定是痛苦并快乐着。此时的西域诸汗王，完全忘却了自己都是成吉思汗的子孙，沦为毫无干系的几个君主，为争夺地盘和利益杀得不可开交。他们仿佛生存在宇宙的另一侧，跟大元帝国之间的距离，已经不能用尺子在地图上直接量出。

自至元六年（1269 年）的怛罗斯会议之后，窝阔台汗王海都就一直扮演着中亚主宰者的角色。为了阻止察合台汗王八剌接近河中的重镇布哈拉，海都屯兵于布哈拉附近，并不时责问八剌违背了怛罗斯会议精神，没有向他缴纳赋税。

在海都的逼迫和指使之下，八剌开始了夺取伊利汗国呼罗珊地区的军事行动。八剌认为，巴德吉斯草原、哥疾宁与印度河之间的那块地盘本来是察合台汗国的属地，阿八哈应该还给他。

遭到阿八哈的拒绝之后，八剌试图策反阿塞拜疆境内的察合台后裔宗王捏苦迭而。此人是察合台长子穆直·耶耶的儿子，率领一万人马参加旭烈兀西征，来到波斯，很受阿八哈的器重。

八剌偷偷派人赠给捏苦迭而一支叫作秃坚纳的箭。使者临行前暗示捏苦迭而，那支箭很有名堂。捏苦迭而剖开之后，果然在箭中找到八剌的亲笔书信。八剌说："亲爱的捏苦迭而，我们都是一家人，血浓于水。现在我要攻打伊利汗国，希望兄弟保持中立。"

于是捏苦迭而请求阿八哈，准许他回到老家格鲁吉亚。阿八哈想不也想，马上答应了。可是就在捏苦迭而卷起铺盖准备走人的时候，呼罗珊传来急报，发现了八剌的军队，阿八哈赶紧召来捏苦迭而商议。

眼见无法脱身，捏苦迭而一不做二不休，干脆告诉部下，要取道打耳班关，穿越里海以北的金帐汗国境内，到河中去与八剌会合。但在偷越打耳班关时，遭到伊利汗国守将的截击。捏苦迭而的部队伤亡惨重，仅率一千骑兵溜出打耳班关。结果慌不择路，捏苦迭而误闯进格鲁吉亚的深山老林。

格鲁吉亚大维德王奉劝捏苦迭而："这座森林没有出路，你还是回到阿塞拜疆吧。"

捏苦迭而沮丧地走出森林，孰料冤家路窄，绕了一大圈，又撞见打耳班关守将。这一回再次把捏苦迭而打惨了。至元七年（1270年）二月，捏苦迭而走投无路之下，只好带上老婆儿子，向阿八哈自首。死罪可免，活罪难逃。阿八哈虽然饶他一死，却把他软禁起来直到死去。

策反捏苦迭而的阴谋败露，八剌恼羞成怒，立即兵分四路，渡过阿姆河入侵呼罗珊。

伊利汗国守军措手不及，向西边里海南岸的马赞兰德溃退。阿八哈闻讯之后，迅速集合军队，四月初六从阿塞拜疆出发，杀奔向东。二十八日，八剌攻陷你沙不儿城，进行了野蛮的大屠杀。

阿八哈抵达也里城之北的巴德吉斯草原之后，为了避免流血冲突，同意割让哥疾宁至印度河之间的领土，以换取八剌撤出呼罗珊。但是八剌杀昏了脑袋，蛮横地拒绝了阿八哈的和平倡议。

敬酒不吃吃罚酒，那就等着挨揍吧。七月初三，八剌被诱至也里城的伏击圈，阿八哈把他杀得魂丧胆裂，惊坠落马，差点儿成了俘虏。是役，察合台汗国大军几乎被歼灭，八剌仅率领五千残余逃回布哈拉城，从此一蹶不振，又因坠马落个半身不遂，渐渐病入膏肓。那些宗王都弃他而去，投奔海都汗。

鹬蚌相争，渔翁得利。

俗话说无毒不丈夫，海都汗决心落井下石，趁着八剌一脚踏进鬼门关，干脆又踹一脚，送他入地狱，一劳永逸地剪除了察合台汗国的势力。于是海都借口要去救援八剌，率领两万骑兵，杀奔布哈拉城。夜里抵达八剌的营帐，下令十面埋伏，准备第二天亲自去看望八剌这个老朋友。孰料当夜八剌就惊悸而亡，尸体被草草埋葬在一座高山上。

察合台汗国的宗王木八剌沙率领全体万夫长、千夫长，跪在海都面前宣誓："从今以后海都汗就是我们的君主，我们俯首听从你的一切命令！"

八剌死后，察合台汗国大乱，察合台之孙、撒班之子聂古伯继位。他不甘心向海都屈服，结果也被海都所杀。海都立八剌的儿子笃哇为汗，将察合台汗国变为自己的附庸。

从此海都成了西域的混世魔王，没有人能制服得了。他四面出击：向东，联合笃哇，夺取天山南路，屡屡入犯漠北，甚至攻入和林；向西，不断侵入伊利汗国；向北，支持白帐汗国的分裂势力；向南，占据哥疾宁，把势力范围扩展到印度。海都的窝阔台汗国成了历史上最后一个强大的中亚帝国，是大元帝国的真正死敌。

为了遏制海都东扩，保卫大元帝国的边疆，忽必烈派遣二皇子真金到称海（今蒙古国科布多东南）巡边抚军，派万户伯八、断事官刘好礼镇守吉尔吉斯、谦州，派遣四皇子北安王那木罕进军别失八里。

在忽必烈的努力之下，帝国的版图基本上稳定下来。西起谦河的吉尔吉斯、谦州、称海、别失八里一线，北至贝加尔湖、外兴安岭，东北及库页岛，东与高丽国为邻，南与赵宋、缅国（今缅甸北部）接壤，是当时并存的蒙古汗国之中最大的一个。

大元帝国的疆域虽然比不上成吉思汗、窝阔台时期的蒙古帝国，但是吞灭南宋之后，舆地之广堪比威名赫赫的汉帝国、唐帝国，大哉乾元，也并非浪得虚名。

由于海都汗挡住了向西扩展的道路，忽必烈只好把目光转向东方。征服亚洲所有的国家，包括南宋、日本、高丽、交趾、缅国等，成了忽必烈一生中最大的梦想。

为了实现这个宏伟的梦想，忽必烈首先改组领导机构，加强中央集权。

自成吉思汗一直到蒙哥汗的半个多世纪里，蒙古帝国的最高行政首长是大断事官，管刑狱和民户分配，第一任断事官是参加过三峰山大战的失吉忽秃忽，汉人尊称为胡丞相。断事官之下是大必阇赤，汉人称之为中书令。契丹人名臣耶律楚材就做过必阇赤，深受世人的爱戴。但断事官、必阇赤只是草原政权的朝廷要员，跟中原王朝的丞相无法相提并论。

忽必烈继位之后，实行全盘汉化，仿照中原王朝，设置中书省。最早的一批中书省长官是中统元年（1260年）四月任命的平章王文统、张文谦。三个月后，牙剌瓦赤任丞相，王文统、赵璧为平章，张易为参知政事。第二年，忽必烈对中书省进行了大改组，这一回竟然有十二个中枢要员。右丞相不花、史天泽，左丞相忽鲁不花、耶律德铸，平章政事王文统、塔察儿、廉希宪、赛典赤·赡思丁，右丞张易，左丞张文谦，参知政事商挺、杨果。

众口难调，一整天就是吵吵嚷嚷，导致办事拖拉。于是在至元四年（1267年）六月，忽必烈又精简机构，中书省长官缩编为右、左丞相各一个，平章政事两个，右、左丞各一个，参知政事两个。一共八个，称八府。

到了至元九年（1272年）正月初五，忽必烈对朝廷中枢进行第三次改组，把负责执行任务的尚书省并入到中书省，阿合马、张易并为平章政事，左丞张惠，参知政事李尧咨、麦术丁。孰料这一次大动作事与愿违，让大奸臣阿合马占尽便宜，独揽大权。此人狡诈多端，贪得无厌，权力欲极强，是个十足的野心家。但也并非一无是处，他改革财赋、推行专卖制度，国库收入快速增长，能够支撑庞大的军费开支。忽必烈认定他是一个理财奇才，言无不听、计无不从，非常信任。

二月初三，又将中都改名为大都——大元帝国的国都。十一日，在大都兴建阿合马、张易等中枢要员的办公楼——中书省署，那儿将是忽必烈征服天下的指挥所。

这次改组之后，大元帝国似乎面貌焕然一新，接下去该是攻占襄阳，统一区宇的时候了。

四、张氏兄弟的悲歌

元军按照张弘范的战法，在万山、灌子滩安营扎寨，就像一把巨大的捕鼠夹，紧紧地夹住了襄、樊两城。宋军这才慌了，援兵如救火，接二连三，在汉水上来回穿梭。可是无一不败得灰头土脸，铩羽而归。

至元八年（1271年）四月二十五日，蒙古都元帅阿术派遣万户阿剌罕在湍滩（今湖北宜城东南）迎战范文虎的水军，俘虏宋军统制朱胜等一百余人。

为了孤立襄阳守军，五月初三，陕西汉中的赛典赤·赡思丁、郑鼎水陆并进，南下嘉定。汪良臣、彭天祥出重庆，札剌不花出泸州，曲立吉思出汝州，对四川等地的宋军发起牵制性的进攻。元军乘坐木筏顺流而下，遇到浮桥就砍断浮桥，遇到宋军就消灭宋军，一路凯歌高奏。

面对元军的咄咄逼人之势，宋军也不甘屈服，六月十一日，发动了围城以来最大规模也是最后一次的救援行动。据史书记载，范文虎跟两个部将苏刘义、夏松率军十万、战船上千艘，浩浩荡荡地直奔襄阳城而去。结果在鹿门山遭到阿术的截击，损失战船百余艘。

元军万户解汝楫又乘胜追杀，在丹滩大败范文虎，俘虏宋军总管朱日新、郑皋，吓得范文虎抛弃战旗、锣鼓，趁夜狼狈遁逃。

襄阳守将吕文焕听说范文虎来援，也在七月二十四日派出部将来兴国，出击百丈山的元军阵地。此山号称襄阳城南第一关，一旦被宋军攻陷，就可以跟范文虎取得联系，打破元军苦心经营了四五年的包围圈。元军万户阿剌罕凭险据守，击溃来兴国的突击队，并转入反攻，追到淄滩，歼灭宋军两千人。

百丈山之战大挫吕文焕锐气，但元军里的蒙古兵与汉兵意见不合，使得襄樊前线平静了大半年。次年（1272年）正月初五，忽必烈重新调整各部队的指挥人员，蒙古兵由阿术统率，汉兵由刘整、阿里海牙统率。

经过调整之后，蒙古兵与汉兵更加协调了，于是在三月，元军开始进攻樊城。阿术、忙兀台的蒙古兵一鼓作气，攻克樊城古城。其后又战于安阳滩，俘获宋将郑高。刘整、阿里海牙的汉兵也不甘落后，紧密配合阿术，扫清樊城外郭的全部据点，斩首两千余级。樊城守将张汉英被迫退守内城，元军在外郭增筑工事，把内城包围得如同铁桶一般密实。

襄樊被围五年，虽然城内粮食充足，但是盐、木柴、布帛等日用品严重匮乏。张汉英认为，要想打通襄樊的外援通道，跟郢州、江陵的宋军取得联系，关键看能否突破元军的鹿门山封锁线。

五月，张汉英招募一批水性好的潜水员，把求援蜡书藏在发结中，躲在水草下面泅渡出去。不料那些潜水员游到鹿门山时遇到了麻烦，元军发现江面上水草繁茂，准备勾上来晒干之后烧火煮饭。结果宋军的潜水员全部成了俘虏，发结中的蜡书也被搜出来，郢州、江陵的入援水道至此断绝。

宋度宗一看大事不妙，赶紧让李庭芝把指挥部从江陵北移到郢州去，所有的京湖战区将帅都调防新郢、均州、河口，固守长江的各个渡口和要隘，挡住上游的元军。

李庭芝得知襄阳西北的房州、均州之间有一条清泥河，流入汉水，由此救援襄阳，不过百余里。李庭芝就下令在房州、均州打造小船一百条，每三条结连成一个小编队，中间那条装载敢死队员三十人以及盐一袋、布两百匹等日用品，左右两条弄空船底作为掩护。然后在襄阳、郢州以西重金招募了剽悍的山民三千人，再从军中选拔两个骁将张顺、张贵为统领，组成一支敢死队。

张贵绰号"矮张"，张顺绰号"竹园张"，这两人智勇双全，浑身是胆，打起仗来都是不要命的主。拯救襄阳城、拯救大宋的使命就落在他们肩上。

誓师大会上，张顺、张贵慷慨激昂地喊话："这次行动有去无回，如果只是贪恋赏金，滥竽充数的，那就趁早滚蛋，省得坏了我们的大事！"

敢死队员们听了之后，无不精神激奋，必死的口号喊得震天响。

于是宋蒙战争史上悲壮的一幕发生了。

时值雨季之后，汉水潮涌。敢死队员们搭乘一百条小船，五月十二日，从团山出发。二十四日，顺流而入高头港。在此扎成方阵，每条船上都装备了火枪、火炮、热炭、巨斧、强弩等武器。大家都抱着必死的决心，要跟元军拼命。

夜里一更三刻（夜晚八时许），敢死队起碇开拔，以红灯为指挥信号，张贵领头，张顺殿后，乘风破浪，直冲向元军密集的船阵。到了磨洪滩（白河入汉水处），江面上元军的战船黑压压的一大片，犹如铜墙铁壁，根本就过不去。

张顺冲锋在前，冒死砍断元军的铁索，率领数百只木筏，就像无数把尖刀飞入元军船阵中。登时喊杀声四起，火光冲天。元军慌忙应战，无奈张顺太勇猛，一下子就把敌军船队冲得五零四散，长驱一百二十余里，所向披靡，二十五日黎明时分抵达襄阳城下。可是当夜四更，南风大作，张顺的船只被刮到北岸去。元军千户崔松嵟出命来，冲上前朝着张顺乱射一通。元军怀盂军奥鲁官（负责后勤的长官）大达里也率部火攻张顺，生擒宋军都统副将四人，缴获战舰二十艘。

城中宋军已经大半年没有见到一个援兵了，听到张顺杀来的消息，无不勇气倍增，纷纷站在城头摇旗呐喊。可是敢死队进入襄阳之后，发现张顺失踪了。几天之后，有一具身穿甲胄、手执弓箭的浮尸逆流漂上。宋军捞起一看，竟然是张顺，已经身中四枪六箭，脸上横眉怒视，勃勃如生。宋军哀叹不已，惊为天神下凡，将他隆重安葬。

吕文焕很感激张贵的雪中送炭，邀请他留在襄阳一起守城。但是张贵仗着自己一身的本事，不想窝在襄阳城内做了瓮中之鳖，打算回到郢州去。他悬赏招募了两个号称"浪里白条"的特种兵，带着蜡书去郢州找范文虎搬救兵接应。

张贵入援的消息惊动了元军上下，阿术和刘整下令全天候警备，几十里长的江面上布满了大大小小的各种船只，日夜不停地巡逻着。为了防止宋军的潜水员在水下活动，元军又在江底钉了数不清的木桩，比天上的繁星还要多。阿术和刘整自以为这回可以高枕无忧了，如此周密的布防就是连小鱼小虾也难以逾越，更别说大活人了。

没想到这两个特种兵好像学会了遁形术，悄悄地溜到元军的眼皮底下，在水中潜伏好几天，渴了生吞江水，饿了随手抓条鱼儿充饥，遇到挡路的木桩就用铁锯锯断，竟然神不知鬼不觉地游到郢州去，向范文虎送去了求援蜡书，又游回襄阳城。范文虎答应发兵五千驻扎龙尾洲，预定日期跟张贵的敢死队前后夹击元军。

可在即将出发的那一天，张贵发现敢死队里有一人不见了。此人曾经犯了错误被张贵鞭挞过，张贵大惊，计划已经泄密了。但是心中犹存侥幸，认为元军还没有拿到情报，如果马上行动还来得及。

九月初九，张贵虚晃一招，朝天发炮，高声叫喊，趁着黑夜起航。敢死队势如破竹，冲破元军的层层阻拦，到半夜时抵临小新河。元军统将阿术、阿里海牙早已在此布下重兵截击。张贵率领敢死队没命地往前冲，元军则在汉水两岸点燃芦苇，把整个夜空照得如同白昼一般。张贵且战且行，杀到了勾林滩柜门关，遥遥望见前方的龙尾洲战船整然，旌旗飘扬，不禁大喜。

敢死队员们也是欢欣鼓舞，腾跃不止，纷纷跑到船头，举起流星火，拼命地摇晃，快来救援啊！龙尾洲方向的战船看到了信号之后，也是飞奔而来。张贵更加兴奋，打点好行李，准备回家！

忽然间前方炮声震天响，随即乱箭如雨下，铺天盖地直朝敢死队而来。一声声惨叫之后，敢死队员纷纷落水。张贵蒙了，定睛一瞧，登时泄气了。这哪里是范文虎的援兵，分明是元军的水师战船。原来两天之前，范文虎派遣的五千援军到达龙尾洲之后，遇到了暴风雨，吓得他们退后三十里。而阿术、刘整得到敢死队叛卒的密报，抢先占领了龙尾洲，以逸待劳，布下天罗地网，就等着张贵前来撞墙了。

前有狼后有虎，张贵被夹在中间进退不得。连续苦战，已身心俱疲，无奈之下，只好做最后一搏。张贵出其不意，竟然向元军发起反冲击。敢死队陷入死地，慨然赴死，杀得元军哭爹叫娘，哀号不已。无奈寡不敌众，敢死队伤亡殆尽，最后所剩无几。张贵浑身挂彩，成了一个血人，跟两千敢死队员为元军所俘。张贵宁死不屈，遂遭杀害。

阿术让四个投降的敢死队员抬着张贵的尸体，在襄阳城下喊话："你们可认识矮张吗？"

襄阳守军痛苦不已，士气一落千丈。吕文焕大怒，派人冲出城去，杀掉那四个降卒，抢回张贵的尸体，把他安葬在张顺的坟旁。

祝愿两个大英雄天上再聚首吧！

屡次救援襄阳城失利，全都是因为南宋的叛徒刘整替蒙古人卖命，宋度宗一天从早到晚为此茶饭不思。李庭芝献上一条计策，离间忽必烈与刘整的君臣关系。

自古以来，离间成功的案例不计其数，如战国时期的长平大战，赵国弃用老将廉颇，重用纸上谈兵的赵括，导致四十万赵军被坑杀。宋度宗大喜，十一月二十五日下诏赐刘整为卢龙军节度使，封燕郡王。并派一个永宁和尚带着宋度宗颁赐的委任诏书、金印、牙符以及李庭芝的亲笔书信，去见刘整。

结果永宁和尚刚踏入大元帝国的境内，就被抓住了。忽必烈得知后大发雷霆，让张易、姚枢去审问刘整。

刘整赶紧亲自去大都觐见忽必烈，说这是宋国害怕我被大元所用，夺取襄阳，所以搞了这么一个借刀杀人的离间之计。忽必烈恍然大悟，差点儿就中了南宋的奸计，自毁长城，马上重赏刘整，让他回到襄阳前线，安心打仗，并处死永宁和尚，遣使痛斥南宋朝廷的阴险狡诈。

张顺、张贵救援失败，离间刘整又失败，吕文焕至此被严严实实堵在襄阳城内。李庭芝不由得连声哀叹，深恨有心杀贼，无力回天！

元军的斩腰行动，到了最关键的收官阶段。

五、攻陷襄樊城

畏兀儿统将阿里海牙奏告忽必烈：“襄、樊唇齿相依，襄阳之所以久攻不下，就因为与樊城互为掎角。只要集中兵力，先拿下樊城，襄阳守军就吓破了胆，不攻自破。”

忽必烈虽然赞同阿里海牙的看法，但是樊城的防御工事跟襄阳一样，坚不可摧，要想在朝夕之间将它拿下，谈何容易。正当忽必烈为此而忧心忡忡时，从西域的伊利汗国来了两位制炮专家：别马里思丹（今伊朗境内）人亦思马因和木发里（今伊拉克摩苏尔）人阿老瓦丁。他们献上了一种新式的攻城大杀器——回回炮的制造秘诀。

至元五年（1268年）忽必烈苦于军中使用的抛石机射程近、威力小，听说波斯人善于制炮，就遣使到伊利汗国去取经。伊利大汗阿八哈选取了国中两个造炮世家的传人——亦思马因和阿老瓦丁，让他们到东方去，为忽必烈效劳。两人携妻带子，长途跋涉，辗转万余里，走了四年才抵达大都。

忽必烈特意建了铸炮厂房，供亦思马因和阿老瓦丁造炮。造出来的回回炮威力无比，炮架是虎蹲式的木架结构，炮梢前端悬着一块巨石或者铁块。末端的甩兜里放着一块重约一百五十斤的礌石弹。平时用铁钩把炮梢末端固定在炮架上，作战时蓦地松开铁钩，炮梢前端急骤下坠，撬动炮梢，猛地抛射出甩兜里的礌石弹。因为是机械力抛射，所以破坏力远比宋军的人力抛石机强大。

当年的钓鱼台之战，宋军砸死蒙哥汗的抛石机就够牛了，但其抛射出来的礌石弹最大不过十来斤，而回回炮所用的礌石弹可达一百五十斤，击砸力何止是宋军抛石机的十倍、二十倍。更牛的是，宋军抛石机是人力牵引，每次抛射需要四五十人，甚至两三百人，而回回炮利用重力原理，不但节省人力，而且大大提高射程和破坏力。

亦思马因和阿老瓦丁造出来的第一批回回炮共五门，忽必烈让士兵把它们拉到大都五个城门前表演一番，果然威力非凡。忽必烈喜不自禁，立即命亦思马因到襄阳前线去助战。

决战之前，刘整让管军千户隋世昌在鹿头山修筑新堡垒。樊城守军出城跟元军抢夺鹿头山制高点，隋世昌边战边筑，不到一夜就竣工了。紧接着，刘整拨给隋世昌两百人，让他在樊城东南的拦马墙外筑起护炮栅栏，以置放亦思马因的回回炮。夜里大雪飘零，宋军从樊城内不断地抛石头、射箭，元军伤亡累累。隋世昌冒着枪林箭雨，终于在天亮之前筑起高高的护炮栅栏。宋军又出来抢夺拦马墙，企图破坏元军的炮兵阵地。隋世昌拼死保护，全身挂彩，鲜血淋漓。新军万户女真人刘国杰精于骑射，胆力过人，也在战斗中身受重伤。隋世昌又趁着风势，派人焚烧停泊在江面上的宋军战船。鏖战多时，把宋军逼回樊城。

在隋世昌的掩护之下，阿里海牙跟亦思马因、张荣把回回炮拉到拦马墙炮兵阵地。只待一声令下，就可以把樊城砸得破破烂烂。

吕文焕在襄阳与樊城之间的水中竖立大木桩，锁以铁链，上面铺设浮桥，可以行走人马，使得襄阳和樊城的防御体系一体化。元军统将张弘范进攻樊城时，襄阳宋军穿越浮桥援助樊城，张弘范的臂肘中了一箭，不得不退出战场。张弘范包扎好伤口之后赶紧去见阿术，告诉他："襄阳在汉水南岸，樊城在汉水北岸，襄、樊合为一体。我军从陆地进攻樊城，襄阳守军的水师就会跑过来救援。要想击破樊城，除了有威猛的回回炮之外，还必须切断襄阳与樊城之间的联系。"

于是元军水军总管张禧建议阿术，用铁锯锯断江中木桩，用斧头砍断铁链，用火烧毁浮桥，将襄樊防御体系劈为两半，无法相互救援。

一切准备就绪，至元十年（1273 年）正月，阿术和刘整下令总攻樊城。

元军的进攻部署是这样的：陆路从东北、西南两个方向，分五路进攻。东北方向主将有都元帅阿术、管军总管史弼等，西南方向主将有万户忙兀台、管军总把巩信、新军万户李恒等。

水路，新军万户刘国杰、假总管张兴祖、水军千户王守信等，负责拔除江中木桩，阻击襄阳水师战船北援樊城，并寻机从南面进攻樊城。

回回炮兵阵地主要有两个，一个在樊城西南的拦马墙，炮兵统将是阿里海牙、都元帅薛四家奴，另一个在樊城以南的骆驼岭一字城，炮兵统将是贾六十八、张奴婢（此君可不是弱女子，而是一个百发百中的神炮手）。薛四家奴和贾六十八都出身于炮兵世家，张奴婢是汉人世侯张荣之子，袭佩虎符。

攻城开始，拦马墙炮兵阵地上，阿里海牙、亦思马因、张荣的回回炮发出骇人的隆隆巨响，地动山摇，声震天地。百来斤重的巨石块从天而降，轰的一声，城内的屋舍倒塌一大片，巨石块也入地七尺。城中守军跟老百姓被眼前景象吓坏了，登时四处逃散，乱成一团。

拦马墙那边打得天翻地覆，骆驼岭一字城的炮兵阵地上却是一片沉寂，贾六十八虽然竖起回回炮以及其他的抛石机，但是引而不发，目的是迷惑守城的宋军。宋军果然中计了，以为元军的回回炮只有拦马墙一处。于是纷纷躲到樊城的西头去，忽然间又是一阵惊天动地的巨响，从骆驼岭一字城方向飞来了黑乎乎的超大石块，把宋军砸成肉饼，城头上哀号声一大片。在回回炮的掩护之下，贾六十八率领一队精锐士卒，突然间冲出来，一下子就将樊城西城踏在脚下。

张奴婢也不甘落后，在一阵猛轰之后，将樊城南门的牛角堡夷为平地，他率部不要命地冲向城下，亲手竖立回回炮，又是轰的一声，樊城的角楼哗啦啦塌陷下来了。

在回回炮巨大威力的压制之下，宋军丢魂丧魄，纷纷逃散。各路元军趁机发起冲锋，张弘范不顾重伤在身，一头扎到城下；千户赵贲亨手中拿着盾牌，奋不顾身地爬上云梯，很快就攻上城头；李阳军马总管、女真人高元长杀得眼红，挥舞着手中的女真长刀，乱砍乱杀；新军千户李庭用牛车运来木柴、土块，填平城下的壕沟之后，又竖起云梯。正要往上爬，宋军矢石如雨，很快就把李庭砸落在地，当场晕过去。他苏醒之后，草草包扎伤口，又猛冲上去；钦察人完者拔都架上云梯，像敏捷的猴子没几下就爬到城头上，放火烧毁敌楼和宋军的巨鹩望台。

管军总把巩信捷足先登，夺取樊城外围的土城之后，放火焚烧西南角楼。万户忙兀台更是凶悍，他率领五翼军冲在队伍的前头，先烧毁汉水南岸的宋军战船百余艘，又在北岸的柜子城下竖起云梯，一鼓作气，跃上城头，夺取西南角楼，第一个把胜利的红旗插在城头上。攻进城后，忙兀台下令部属抢占城中的粮仓，立下此战第一功，战后赏赐黄金百两。

陆地上炮声隆隆，杀得不可开交，江面上的元军也陷入了酣战之中。新军万户刘国杰率船队从下游溯流而上，沿途锯断宋军埋设的木桩。又冲毁樊城南面的木栅栏，攻其外城，派出精锐部队填平坑穴，攻上城头；假总管张兴祖督造云梯，又焚烧宋军的战船，阻止南边的襄阳宋军北援。

各路元军在回回炮的助战之下，纷纷杀入樊城。管军总管史弼负责主攻樊城的东北隅，他没头没脑地强攻了十来天，帐下百户岳天祯冒着矢石，抢在众人之前，登上樊城。

战至正月十一日，樊城陷落，惨烈的巷战又开始了。范文虎的侄儿、宋军荆湖都统范天顺望着尸首盈城的惨状，仰天长声悲叹："生为宋臣，死为宋鬼！"

元军蜂拥而入，还没有冲过来，范天顺就已自缢身亡。另一守将张汉英下落不明，或说在巷战中阵亡。但是两年之后，忽必烈派遣一个叫张汉英的同知济南府事去招抚李庭芝，至于两个张汉英是否同一人，那就不得而知了。

宋军统制牛富手下的士兵几乎战死，仅存百余人。但是他们决不投降，依靠着一座座残垣断壁，与元军总管史弼玩起猫抓老鼠的游戏，使得史弼的每一次进攻，都要付出巨大代价。牛富渴了，就喝血水解渴。围城期间，他屡次把书信射到襄阳城内，勉励吕文焕坚守到底，让襄樊成为世界上最坚固的堡垒。

周旋数日之后，牛富身受重伤，气竭力尽。正月十九日，元军放火焚烧民房，堵住了牛富的去路。牛富自知难逃一死，猛地撞向一根木柱，终于在烈火之中获得永生。牛富手下的裨将王福见此悲壮的一幕，大吼一声："牛将军为国捐躯，我独自活在世间又有何用？"说罢也冲入火堆，死在牛富的身旁。元军攻陷樊城之后，大肆屠杀，全城几无生还者，尸首遍地。樊城保卫战，何其残酷，又何其惨烈！

樊城失守，襄阳城内弥漫着恐慌。经过长时间的围困之后，守军完全濒临绝境，城中几乎什么都匮乏。没有木柴煮饭，人们只好拆下屋梁当柴烧火；没有衣服御寒，人们只好把文书、纸钞穿起来遮体。吕文焕每次巡城，都要站在城头向南恸哭一场后才下来。

襄阳形势危若累卵，南宋的当权者贾似道却漠然无视，仿佛事不关己。吕文焕告急的文书雪片般地飞入临安城，贾似道竟然大耍阴阳脸，表面上主动请缨到最危险的前线去，暗中又指使谏臣们上疏留下自己，搞得宋度宗晕头转向，不知如何是好。

樊城失陷之后，贾似道故技重演，整天对着宋度宗叽叽歪歪，非要皇帝下诏让他去前线不可。宋度宗大为感动，马上召集朝臣商议。监察御史陈坚振振有词："贾相国是朝廷的顶梁柱，可他分身乏术，顾得了襄阳战场就顾不了江淮战场，不如留在临安运筹帷幄。"

宋度宗想了想说的也是，贾似道要上战场的闹剧就这样草草收场了。

吕文焕却没有这个心情玩弄煽情的把戏，襄阳城下有十几万元军，日夜不停地挖地道、筑工事，很快就会架起云梯，像蚂蚁一样爬上城头，吞噬城中所有的一切。

更叫吕文焕心惊肉跳的还是元军的回回大炮。二月，阿里海牙与总管唆都把进攻樊城的回回炮都拉到襄阳城下，然后对准城中的建筑物猛轰烂炸。结果一炮就让襄阳的瞭望楼——谯楼灰飞烟灭。其爆炸声犹如一记惊天动地的响雷，炸得襄阳城摇摇坠坠，人心惶惶。宋军守将实在抵挡不了回回炮的巨大冲击波，纷纷跑出城去投降元军。

樊城大屠杀的惨景仿佛就在眼前，令吕文焕不寒而栗。如果再打下去，整座襄阳城都将被回回炮砸成粉末。可是要向刘整投降，吕文焕不但颜面无存，生命也恐将不保。

围城期间，刘整常常单枪匹马跑到城下，劝吕文焕献城投降。有一回要不是刘整身披坚厚的甲胄，差点儿就被吕文焕埋伏的弓箭手射穿一个大窟窿。所以刘整对吕文焕恨之入骨，扬言要踏平襄阳城，活捉吕文焕。

阿里海牙竭力劝阻刘整:"你这么放话,岂不是断了吕文焕的求生之路?困兽犹斗啊!"

刘整只好派遣俘将唐永坚进入襄阳城,向吕文焕宣读了忽必烈的招安圣谕:

尔等拒守孤城,于今五年,宣力于主,固其宜也。然势穷援绝,如数万生灵何!若能纳款,悉赦勿治,且加迁擢。

吕文焕不相信刘整有那个雅量,会饶恕自己。刘整在襄阳城下折箭对天起誓,这才打消了吕文焕的疑虑。

接着,元将大达里又去见吕文焕,吕文焕在城楼里大摆酒宴热忱款待。三天之后,即二月二十七日,吕文焕竖起白旗,宣布投降。他捧着襄阳城门的钥匙,恭恭敬敬地献给前来纳降的元军统帅阿术。轰轰烈烈的襄樊保卫战持续了五年之后,终于在吕文焕的手中画下句号。

投降之后,吕文焕马上成了一只摇尾乞怜的狗,不但向元军献上了进攻京湖战区总部郢州的策略,而且毛遂自荐,甘为鹰犬,充当先锋。忽必烈大喜,立即诏封吕文焕为襄阳大都督。

四月,忽必烈又任命史天泽、阿术、阿里海牙为荆州等路枢密院事,镇守襄阳。从此襄阳成了元军进攻南宋的前方基地,元军在此大造战船数千艘,训练水军数十万人。

眼见南宋即将有灭顶之灾,贾似道仍是无动于衷。听到吕文焕投降的消息之后,他反而厚颜无耻地埋怨宋度宗:"我屡屡请缨到襄阳去杀敌,你就是不答应。要是早听了我的话,事情就不会糟到这个地步。"

吕文焕倒戈了,但是吕氏军事集团仍然颇具实力。吕文焕的哥哥吕文福知庐州,吕文德的儿子吕师夔知静江府,都上表请罪。南宋朝廷不敢动他们一根毫毛，全没有过问。

六、剿平耽罗岛

国信使赵良弼从日本太宰府回到高丽国时，已是至元九年（1272年）的正月了，忽必烈刚刚完成了对朝廷中枢机构的第三次改组。

这次出使日本结果大不如人意，赵良弼无法交差，不敢回国，自己就留在高丽，先派书状官张铎带上弥四郎等十二人，冒充日本国使，去见忽必烈。二月初一，张铎抵达中都。两天之后这座世界上最繁华的城市改名为大都。

忽必烈在大都城内摆下酒宴，款待远方归来的使者。忽必烈亟盼赵良弼从日本给他带来好消息。

张铎一骨碌搬出了赵良弼和王禃预先商议好的台词："国信使赵大人派小的奏报陛下，去年九月与弥四郎等到太宰府西守护所。日本守将骂骂咧咧，说被高丽人骗惨了，说蒙古帝国要来攻打日本。见到赵大人之后，才知道蒙古皇帝好生恶杀、慈悲仁爱。因为日本京都非常遥远，守将先派弥四郎等人过来问好。赵良弼大人就让小的把他们都带过来见陛下。"

张铎摇头晃脑，说得煞有介事，忽必烈却越听越不是滋味，命翰林学士承旨和礼霍孙跑去问姚枢、许衡。姚枢、许衡心里都清楚此中必有蹊跷，多一事不如少一事，干脆替赵良弼遮掩过去："一切果然不出陛下圣断，日本国王害怕我们杀过去，先派几个人过来侦探虚实。陛下可降旨好言抚慰，但没必要召见弥四郎等，免得损了天威。"

但是忽必烈的眼睛雪亮雪亮的，谎言瞒得了一时瞒不了一世，很快就看穿了赵良弼要弄的花招。赵良弼只得又让王禃给日本国王送去书信，劝他趁早跟大元帝国通好结交。北条时宗接到书信，依然是不理不睬，并下令对九州岛的两个要塞肥前、筑前加强警戒，做好战争的准备。

元、日关系紧绷，战事一触即发。高丽世子王谌的随从在大都待了四五年，开始思念家乡了，都劝王谌借口要回国准备征讨日本，然后趁机逃脱。王谌却迷恋上了忽必烈的刁蛮公主忽都鲁揭里迷失，一时乐不思蜀。无奈之下，只好奏告忽必烈：

> 惟彼日本未蒙圣化，故发诏使，继枈军容，战舰兵粮方在所须。傥以此事委臣，庶几勉尽心力，小助王师。

忽必烈不知王谌肚子里打着什么主意，听他说得如此恳切，就派遣断事官不花、郎中马绛，护送他回国。王谌进入高丽之后，人们见他耳边垂着两束辫子，满头光秃秃的，只有前额一撮头发，身上穿的也是宽松的蒙古长袍，简直就是高丽人中的异类！不由得睹物思情，长声悲叹，甚至落泪哭泣。

高丽世子王谌走了，但是弥四郎等十二个日本贱民还待在大都，忽必烈瞧着心里就烦。他们简直就是买给和尚的梳子，无一点用处。于是在三月初七，忽必烈让中书省把弥四郎等打发回家。

忽必烈未雨绸缪，在跟日本隔海相望的高丽金州（今韩国庆州）驻扎一支军队，以备日后有事。但是赵良弼从高丽来信说：你既想跟日本通好，又驻军威胁，这岂不是自欺欺人？赶快把金州驻军移到别处去，省得日本人心中疑惧。

忽必烈把赵良弼的书信拿给丞相安童看，此人算是大元帝国的青年才俊。

安童认为，赵良弼纯属杞人忧天，金州驻军的事，日本人早就知晓了。这时候转移驻军，反倒是画蛇添足，多此一举。要是日本派来使者，我们解释说驻军是为了防备耽罗岛叛军，就足以打消日本人的疑虑。

为了褒奖高丽别将徐称以及校尉金贮，随同赵良弼出使日本有功，忽必烈让张铎给王禃传达圣谕，要他提拔重用徐称和金贮。

四月，张铎带上弥四郎等回到高丽王京。接到忽必烈的圣谕，王禃不敢怠慢，立即将徐称提拔为将军，金贮提拔为郎将，并让御史康之邵遣送弥四郎等回日本。

这时候王禃正为耽罗岛金通精的叛军而忧心如焚。金通精逍遥海外，建立了一个独立的王国。三别抄军成了什么都要抄掠的海盗，他们不但劫掠过往的商船，而且成群结队跑到陆地去。高丽沿海惨遭荼毒，到处一片哀鸿遍野。就连王京粮道也受到威胁，快变成一座孤城，日子越来越难过。王禃苦不堪言，于是在六月十三日上书忽必烈，请求发兵围剿金通精叛军。

没想到忽必烈比王禃还要急。耽罗岛处于朝鲜海峡的交通要冲，在忽必烈的远东战略中占据极其重要的位置。

忽必烈要将耽罗岛打造为一个海军基地，以便东击日本、南伐赵宋。如今金通精占岛为王，祸患高丽，更可恨的是耽罗叛军私通日本，成了东征大道上的巨大绊脚石。

忽必烈如鲠在喉，金通精不除，征讨日本就不会一帆风顺。

要征服日本，必先荡平耽罗岛。八月，忽必烈派遣侍卫亲军千户王岑到高丽去，向洪茶丘询问攻打耽罗岛的战法。洪茶丘给忽必烈支招："金通精的亲信都在王京城内。可让他们去耽罗岛招安，招安不成再攻打也不迟啊。"

忽必烈就派洪茶丘到罗州道去督造战船，并负责招降金通精。洪茶丘把这一使命交给金通精的侄儿、郎将金赞等五人。孰料五人一登上耽罗岛，就被金通精抓起来，除了金赞之外，其余四人都掉了脑袋。

阳关大道你不走，偏要走掘头路。不作死就不会死，金通精，你等死吧！

十一月十五日，忽必烈下诏征讨耽罗岛。讨伐军超过一万人，包括屯田军二千、汉军二千、高丽军六千，以及精锐的武卫军二千人。

次年（至元十年，1273年）正月初四，忽必烈又任命了讨伐军统帅：忻都、郑温、洪茶丘。

可是讨伐军还没有出动，就传来了消息称，耽罗岛叛军袭击合浦（今韩国庆尚南道马山），烧毁战船三十二艘，十多个蒙古兵成了叛军的刀下鬼。这时候，阿术已经攻下了南宋的樊城。元军连坚不可摧的樊城都能拿下，还怕一个小小的耽罗岛？忽必烈给忻都下了一道死命令：不荡平耽罗岛，就待在海上不要回来了。

元军出动了大部队，王禃也是跃跃欲试，二月，任命金方庆为高丽中军行营兵马元帅，率精兵八百跟随忻都攻打金通精。

顷刻之间，罗州的潘南县海面上密密麻麻，汇聚了从高丽各道远赴而来的数百艘战船。可是老天不助讨伐军，正准备起锚起航时，突然刮来一阵飓风，把战船都刮到海里去，只剩下全罗道的一百六十艘侥幸逃过此劫。

万把人马只好在这一百六十艘战船上挤作一堆，冒着大风浪摇摇晃晃出海了。半夜抵达楸子岛，大风越刮越猛。黎明时分，耽罗岛遥遥在望，人们可以看见岛上的叛军旗帜。

但是海面上的惊涛巨浪让耽罗岛可望而不可即，讨伐军的战船卷入可怕的旋涡之中，完全失去控制。眼看就被大海吞噬了，金方庆站在船头仰天悲叹："高丽社稷安危在此一举，可老天不肯相助，我们都要死无葬身之地啊！"

金方庆叹声未尽，奇迹发生了，暴虐的大海突然间风平浪静，一片沉寂。忻都大喜，立即下令兵分三路进攻耽罗岛。

中路进攻耽罗岛东北的咸德浦。金方庆担任主攻，他率领船队刚刚停靠在咸德浦，成群的叛军突然间从峭拔林立的岩石间杀出。金方庆大喝一声，指挥船队往前冲锋。队正（基层军官，下辖二十人）高世和身先士卒，第一个冲向叛军。高丽官兵争先恐后杀奔过去，将军罗裕最为勇猛，率领一队锐卒猛砍乱杀，斩获如麻。

左路搭乘战船三十艘，从耽罗岛西边的飞扬岛直捣三别抄军的老巢。叛军不堪一击，望风而溃，只得退守内城。讨伐军占据外城之后，又逾墙而入。顷刻之间内城火光四起，烟焰涨天，箭如飞蝗，杀得叛军狂呼长号。有一个降兵告诉忻都，叛军已是穷途末路，再打下去必然完蛋。

右路从东面的城山浦登岸之后，迅速与左、中两路会合。讨伐军士气大振，攻势如潮涌。金通精众叛亲离，仅带领七十余人逃往耽罗岛中央的汉拿山。金通精一跑，三别抄军群龙无首，叛将李顺恭、曹时适等见大势已去，只得投降。

金方庆一鼓作气，攻入内城。叛军的老少妇孺家眷蜷缩一团，啼泣不已。金方庆和颜安慰说："这次平叛只严惩首犯，从犯不治。你们不必担忧！"

三别抄军除了少数逃到南方的琉球群岛外，一千三百人投降，俘获金通精的亲信三十五人，其余的全部被歼。叛将金元允等六人，被拉到街上去斩首示众。

平定耽罗岛叛乱之后，忻都留下蒙古兵五百，金方庆也让将军宋甫演、中郎将康社臣、尹衡率领京军八百、外别抄军二百，共同镇守耽罗岛。

由于耽罗岛特殊的地理位置，忽必烈设招讨司管辖，任命蒙古人失里伯为耽罗国招讨使，高丽人尹邦宝为招讨副使。

失里伯做过河南行省断事官，曾经佩戴金符，率领四万水师参加襄樊大战。进攻樊城时，失里伯表现英勇，忽必烈颇为倚重，所以把镇守耽罗的重任交给他。

忻都、金方庆班师回到罗州时，摆下酒宴犒师之后，就地解散讨伐军。

金方庆派遣儿子金绥及祇候金珹、别将俞甫等告捷于王禃。心患已除，令王禃眉开眼笑，立即大行封赏，提拔金绥为大将军、金珹为工部郎中、宋甫演为中郎将、队正高世和为郎将。

闰六月，留镇的高丽将军宋甫演在汉拿山发现了金通精的尸体，掌控高丽政局长达半个世纪的三别抄军至此覆没。

忽必烈任命逊摊为达鲁花赤，耽罗岛从此划入了大元帝国的版图，隶属辽阳行省。为了征讨邻近各国，元军大量涌入耽罗岛，并在此开荒垦田。

一切尽在忽必烈的预料和掌控之中，攻陷襄阳城之后，元军占据长江中上游，将南宋拦腰斩断。现在又踢走了金通精这块绊脚石，东征日本的海路畅通无阻。

形势一片大好，忽必烈信心爆棚，决定左右开弓，同时开辟南宋、日本两个战场，准备将这两颗最难啃的核桃一口气吞下肚。如此一来，忽必烈征服东方的宏图大计就彻底实现了。

七、风暴的前夕

此时的南宋朝廷上下七慌八乱，襄阳失守的消息传来，吓得人们破胆寒心，整座临安城笼罩着恐慌气氛。忠义之士无不殚精竭虑，苦思拯救国难的良方。

太学生郭昌子献上六条防守措施：其一，在长江南岸打游击战，牵制元军渡江。其二，重兵固守秭归、三峡要塞，确保四川不失。其三，布防鄂州、汉口。其四，精兵守备江汉，构筑新的长江中游防线。其五，加强长江下流的防御。其六，固守各个隘口和要害。

前四川宣抚司参议官张梦发也献上三条应急之策：第一，封锁汉江各个渡口；第二，在荆门与当阳的交界之处玉泉山筑建城堡；第三，在长江三峡沿岸扎建联营、堡垒，招募流民，实行耕战结合。

但是贾似道贪图安逸，整天只顾着过上糜烂奢侈的日子，早已把国家兴亡抛到九霄云外去了。倒是宋度宗有点担忧老祖宗留下的江山，着手布防江淮一线，构筑临安的最后屏障。按照李庭芝的要求，将两淮战区分为淮东、淮西两个战区。淮东战区总部设在扬州，李庭芝为淮东制置使兼知扬州；淮西战区总部设在庐州，夏贵为淮西制置使兼知庐州。

襄樊沦亡，京湖战区彻底崩溃。总部设在黄州的沿江战区成了宋军抵御元军的最前线，宋度宗任命贾似道的亲信陈奕为沿江制置使兼知黄州。这个陈奕善于溜须拍马，他巴结贾似道的玉匠陈振成，从屁大的裨将一步步高升，先后做了防御使、都统制、知江陵府、殿前都指挥使，直到沿江制置使。

但是襄樊在忽必烈手中，就像一把达摩克利斯之剑，随时就会往南宋的脖子上砍下来。而吕文焕的投降，更让忽必烈如虎添翼。大都陷入一阵狂热，朝廷上所有的王公将相、文武百官汹汹而起，纷纷要求忽必烈诏告罪行，南伐赵宋。

到处都在弥漫着好战的声音，忽必烈再也坐不住了，赶紧召来谋臣姚枢、许衡、徒单公履等，询问对策。谋臣们口径一致，攻打南宋正是其时。徒单公履更是激动地大吼大叫："只要趁热打铁，便可势如破竹，一举拿下临安城。"仿佛南宋不灭，他就无法生存下去。

既然众志成城，上下一心，那就打呗。忽必烈首先任命宰相伯颜为南征统帅，都督各路攻宋大军。其后又按照阿里海牙的要求，向襄樊增派十万签军。

攻伐南宋的部署正在有条不紊地进行时，远征日本的战争也渐渐拉开了序幕。

早在九年前的至元二年（1205 年），听了高丽人赵彝的吹嘘之后，忽必烈就开始心动。三年前的至元八年（1271年），有个叫曹介升的日本通告诉忽必烈："高丽人故意带领国信使黑的、殷弘走弯路。其实去日本有一条海上捷径，遇到顺风顺水，半天就到。如果跟使臣同行，我不敢带路。但是大军东征，我愿为向导。"

忽必烈由此愈发憧憬那个遍地黄金的日本国。

赵良弼第一次出使日本，无功而返。至元十年（1273年）三月，忽必烈又令赵良弼第二次出使日本，可是傲慢无礼的北条时宗依然把他挡在太宰府的大门之外。

六月，赵良弼垂头丧气地回到了大都。但两次出使并非一无所获，赵良弼回国后将他在日本的所见所闻，诸如君臣爵号、州郡地理、名姓人物、风俗土产等等记录下来，献给忽必烈。忽必烈听了赵良弼出使日本的经过之后，竖起拇指，盛赞真可谓不辱君命。

几次派人出使日本，均遭冷眼，连一句礼貌的话也听不到，更别说能够见到日本国王，让他乖乖献上降表了。忽必烈彻底失去耐心，日本岛夷是不见棺材不掉泪！

既然如此不识抬举，那还跟它客气什么。蒙古人的铁蹄所至，无坚不摧。成吉思汗子孙的锋芒，这个世界上还没有谁能够抵挡得了。忽必烈决心用铁拳去粉碎日本人的骄横与傲慢。

问题是攻打南宋需要渡江，远征日本需要跨海，无论渡江还是跨海，都需要成百上千艘战船。可蒙古人是马背上的民族，去哪里找到这么多的船只？忽必烈只好下令在国内和高丽分头行动，大造战船。征日的战船在高丽建造，共九百艘，其中千料舟、拔都鲁轻疾舟、汲水小舟各三百艘。千料舟排水量约二百五十吨，每只可载运两百名士兵及相应的粮草。拔都鲁轻疾舟即两栖小艇，用于运送登陆抢滩小分队。汲水小舟主要作用是淡水补给。

忽必烈派遣察忽如、洪茶丘负责造船，定于至元十一年（1274年）正月十五日开工。攻宋的战船共需八百艘，二月二十五日在开封开工。

诏书来到高丽王京，王禃乱成一团麻。由于时间紧迫，王禃任命侍中金方庆为东南道都督使、枢密院副使许珙为金州道都指挥使、右仆射洪禄遒为罗州道指挥使，负责造船。又命大将罗裕为诸道部夫使，到处抓壮丁，征集造船工匠、苦力三万零五百人。一时间，各地的使者如织布般在道路上不停地来回穿梭，昼夜不息，搞得老百姓怨声载道。

既然是打仗，就要付出代价。忽必烈也顾不上高丽老百姓的死活了，攻宋与征日的准备工作依然在紧锣密鼓地进行之中。

三月初二，忽必烈下诏让王禃劝课农桑，命洪茶丘掌管高丽国的农业，负责筹集军粮。十三日，远征日本的大军正式组建起来。统帅为凤州经略使忻都、高丽军民总管洪茶丘。远征军包括在高丽屯田的元军、女真军及水师，超过二万五千人。次日，忽必烈又把荆湖、淮西枢密院改组为行中书省。荆湖行省，伯颜、史天泽并为左丞相，阿术为平章政事，阿里海牙为右丞，吕文焕为参知政事。淮西行省，合答为左丞相，刘整为左丞，塔出、董文炳并参知政事。荆湖行省和淮西行省，是攻宋的领导机构。

攻宋与征日，一切准备就绪，时间都定在入秋七月。但是讨伐日本的征东军组建之后，忽必烈对茫茫的大海有些担忧，又召来赵良弼询问："到底日本国能不能打？"

赵良弼断然摇头否定。理由是他在日本待了一年，目睹了当地的习俗，坚信日本人是一个嗜杀好斗的民族。他们几乎没有伦理的概念，不知父子之礼、不懂君臣之礼，群居杂交，跟野蛮人打仗，是不会占到任何便宜的。而且日本都是山地森林，根本就无法种植庄稼。纵然攻下了整个日本国，也是竹篮子打水，空欢喜一场。一群野蛮人不听教化，让你束手无策；贫瘠的山地种不上任何庄稼，让你望而发愁。更何况渡海远征，风浪无常，灾祸难测。所以赵良弼认为，攻打日本国，无异于驱赶那些有价值的老百姓，去填埋无穷深的沟壑。

虽然赵良弼说得头头是道，但是忽必烈一个字也听不进。征服日本，忽必烈志在必得。二万五千征东军战士正磨刀霍霍，枕戈待旦，准备大干一场。由于担心兵力不足，忽必烈又派人到高丽去，让王禃出兵五千六百，助击日本。

此时王禃正为打造战船的事筋疲力尽，日夜不得安宁。在全罗州道负责监造战船的洪茶丘手下有三万多人，三万张嘴巴简直就是一个无底洞，很快地就把储粮扫荡一空。

王禃不得不把金州、晋州内的大米，都调到罗州去，供应给洪茶丘。本来精壮的劳动力都拉去造船了，这么一来，又得需要大量的人力转运粮食，结果荒废了耕田，耽误了农时，一时民声鼎沸。王禃只好硬着头皮，派遣上将军李汾禧去见洪茶丘，向他求情。洪茶丘一听，也觉得很不对劲，于是下令每条船留下五十人，其余都放回家耕田去。

虽然农耕暂时获得喘息，但是高丽国用不足，农业尤其落后，根本就应付不了一场大规模的战争。四月，王禃派遣陈议大夫郭汝弼去大都，上表乞怜，要求忽必烈放粮赈济：

向者洪茶丘移书金方庆曰：船三百艘，艄公、水手一万五千人，宜先备之。小邦地偏人稀，加以丧乱。往昔征耽罗，兵卒篙师，悉赴造船之役。今征日本之师，将以何出？小邦北界诸城，及西海道逋租之民，往投东宁府者，皆习操舟，请悉刷还，以补军额。又自庚午至今五年，供军粮饷，早曾乏绝。今此造船屯田及洪总管军、济州留守军粮，悉令陪臣及百姓供给，尚不能继。特蒙圣慈运米二万硕，以补之。又赐粮价绢匹，报谢无阶。然公私既竭，又因造船，农失其业，货绢峙粮，恐不如意。

五月十一日，王禃又派遣世子王谌入元迎娶忽都鲁揭里迷失公主。她的生母是阿速真皇后。

忽必烈的后宫众多，只有得到正式册封的才称得上皇后。忽必烈按照成吉思汗的宫帐制度，建立了四个斡耳朵，每一个斡耳朵都由一个皇后守着。帖古伦皇后守第一斡耳朵，她是按陈之孙，脱怜之女。可惜帖古伦皇后很早就弃世，而且没有生下一男半女。察必皇后守第二斡耳朵，她是按陈之女。塔剌海皇后守第三斡耳朵。伯要兀真皇后守第四斡耳朵，她是成吉思汗的四杰之一博尔忽之女。此外还有速哥答思皇后、阿速真皇后、八八罕妃子、撒不忽妃子等。

阿速真皇后虽然没有守护着斡耳朵，但是她得到忽必烈的册封，也算得上正宫娘娘。

忽必烈把嫡系公主嫁给了高丽世子，表明他非常重视跟高丽国的政治联姻。王谌迎娶忽都鲁揭里迷失公主宣告了大元帝国从此与高丽和同为一家，世代捆绑在一起。

既然是一家了，就要联手起来共同对付日本国。王谌抵达大都的同时，忽必烈的二万五千远征军也进驻高丽。洪茶丘监造的九百艘战船业已完工，全部停泊在金州。攻打日本国，万事俱备只欠东风。

按照预定的时间，再过一两个月，二万五千元军以及配属的五六千高丽兵，就会浩浩荡荡地横渡朝鲜海峡。

六月十五日，忽必烈布告天下，问罪于宋。诏谕大元帝国的各地行省以及蒙古、汉军万户千户，痛斥南宋当政者贾似道背弃盟约、拘留郝经，犯下滔天罪行。诏曰：

爰自太祖皇帝以来，与宋使介交通。宪宗之世，朕以藩职，奉命南伐，彼贾似道复遣宋京诣我，请罢兵息民。朕即位之后，追忆是言，命郝经等奉书往聘，盖为生灵计也，而乃执之，以致师出连年，死伤相藉，系累相属，皆彼宋自祸其民也。襄阳既降之后，冀宋悔祸，或起令图，而乃执迷，罔有悛心。问罪之师，有不能已。今遣汝等水陆并进，布告遐迩，使咸知之。无辜之民，初无预焉，将士毋得妄加杀掠。有去逆效顺，别立奇功者，验等第迁赏。其或固拒不知及逆适者，俘戮何疑！

攻宋的战争开始了，征日的大军也该出征了。不料在这关键节点上出了意外，高丽主王禃积劳成疾，死在堤上。此时世子王谌正在千里之外的大都城内，跟忽都鲁揭里迷失公主如胶似漆，过着甜蜜的日子，一时回不了国。高丽的文武百官只好遥尊王谌，让他继承王位。

高丽国丧不久，南宋也国丧了。七月初九，宋度宗死去。贾似道把四岁的嘉国公赵㬎拱上皇位，朝政大权旁落在太皇太后谢道清和贾似道手中。日本国内也是一团糟，由于皇位纠纷，龟山天皇在独裁者北条时宗的逼迫之下，把皇位禅让给八岁的儿子世仁亲王，也就是后宇多天皇。

东亚三国相继出现君主更替，打乱了忽必烈的部署。南宋和日本都是幼主在位、权奸当政，似乎更加有利于忽必烈的征伐大业。但是高丽国丧，王京城内哀乐缭绕，世子还在大都，国中群龙无首，一片混乱。于是在十九日，忽必烈敕令同知上都留守司事张焕册封王谌为高丽国王，让他回去继位。由于王禃的葬礼定于九月十二日举行，忽必烈不得不把征日的时间往后推迟。

征日可以推迟，攻宋却已是箭在弦上，一发而不可收了。

二十一日，伯颜启程南下，大殿之上君臣话别。忽必烈勉励他说："古往今来，只有宋国的曹彬最善于攻取江南。你从不滥杀，就是大元的曹彬。"

望着斗志昂扬的南征大军，忽必烈雄心骤起。荆湖行省左丞相史天泽却有点担忧："如今战争才刚刚开始，就设置了荆湖、淮西两个平起平坐的行省。如何做到军心齐一，号令严明？恐将相互扯腿，坏了伐宋大事。"

忽必烈一听，有理。赶紧改淮西行中书省为行枢密院，参与指挥攻宋战争。

九月初十，襄阳城内突然涌进了数十万大军，成了一个庞大的兵营。伯颜率大军与史天泽、阿术、阿里海牙、刘整、吕文焕等会师。十三日，元军兵分三路，齐头并进。左路招讨使翟文彬率万人取江陵。右路千户唆都率万人入淮水。中路伯颜、史天泽、阿术、阿里海牙等率骑兵、水师，沿着汉水，直取宋军京湖战区的总部郢州。

二十日，伯颜、阿术兵临郢州以北二十里的盐山。襄樊沦陷之后，宋军在郢州布下了十万重兵，战船千余艘。为了扼住元军战船南下，宋军守将都统制张世杰在汉水中筑起一个万胜堡，两侧铁索横江，将几十条大船连在一块，水中又栽植木桩，架设弓箭、石炮，筑起一道牢不可破的水上封锁阵地。

郢州全都由巨大石块垒成，坚不可摧。元军屡屡进攻，均遭到张世杰的狠狠打击。

伯颜派人招降张世杰，张世杰宁死不降。正当伯颜在郢州城下急得团团转的时候，阿术抓了几个南宋的老百姓。他们向元军泄露了天机："宋军京湖战区的精锐都集中在郢州一城，如果元军搭乘战船顺流而下，没有两岸骑兵的保护，都将成为移动的活靶子。郢州附近黄家湾西边有条沟渠，经鹞子山向南流入藤湖，可通汉水，可以把战船都开到黄家湾的小沟，拖进藤湖，出唐港，只要再走两三里的水路，就到汉水去了。"

吕文焕大喜，如此则绕过郢州坚城，直捣临安城了。可是立即遭到元军将领的反对，绕过郢州不攻，万一宋军在背后猛捅一刀，断了我军退路，那可就大事不妙了。

统帅伯颜当场拍板，我看行！用兵轻重缓急，一切尽在我的掌握之中。

我们这回南下是要攻取整个南宋的，而不是郢州一座城。

于是元军舍弃了郢州顺流南下，伯颜派遣总管李庭、刘国杰攻黄家湾。宋军在此筑下大坝，配以战船数百只与大坝互为依仗，又建城堡，驻兵防守。结果元军突然杀到，宋兵一触即溃。拿下黄家湾堡之后，伯颜下令凿开大坝，按照南宋老百姓所说的把战船都拉到藤湖，最后由唐港浩浩荡荡地开进汉水。

伯颜、阿术自率百骑殿后，张世杰见有机可乘，派副都统赵文义带领两千精骑尾后追击。伯颜、阿术赶紧调集大部队，杀了个狠狠的回马枪，在泉子湖大败宋军，擒斩赵文义以下五百人。元军就这样不费吹灰之力，轻而易举地突破了宋军的江汉防线，继而挺进汉江之滨的沙洋堡、新城。

八、攻取对马、壹岐

几乎是在伯颜绕过郢州，继续向长江中游前进的同时，被推迟了三个月的征日战争终于爆发了。

八月二十五日，高丽世子王谌回到王京，在忽必烈册封诏书的琅琅声中，他身披黄袍，缓缓登上王位，成了高丽王朝第二十五位君主。安葬好父亲王禃之后，王谌做的第一件事就是履行藩臣的义务，为大元帝国的东征大业尽心尽责，贡献一切。

一个多月后的十月初三，高丽南部港口合浦（今韩国镇海湾马山浦）的洋面上，九百艘战船旌旗蔽空。征东大军整装待发，一俟女真人的后续部队赶到，就会遮洋蔽海，杀向日本国。

征东军包括蒙、汉兵二万五千人，高丽兵八千人，号称三翼军。另有艄公引海水手六千七百人，总数近四万人。

统将：都元帅忻都、右副都元帅洪茶丘、左副都元帅刘复亨、昭勇大将军阿剌帖木儿、总管察忽如、将军三没合等。

高丽都督金方庆，知兵马事朴之亮、金忻，副使任恺。

左军使为枢密院副使金侁，知兵马事韦得儒，副使孙世贞。

右军使为上将军金文庇，知兵马事罗裕、朴保，副使潘阜。

刘复亨之父刘通曾经是木华黎国王帐下的一员虎将，授封镇国上将军、左副都元帅。刘通死后，刘复亨相继升任千户、万户，跟随蒙哥汗参加过闻名于世的钓鱼城大战。

投靠忽必烈后，刘复亨镇守草原都城和林，又参与平定李璮叛乱，颇有战功。忽必烈见他久经沙场，战斗经验丰富，是一把随时就可以出鞘的利刃，于是将他调到高丽去，加封昭勇大将军、凤州等处经略使，协助忻都筹划征日战争。

金方庆为新罗末代王金傅之后，在耽罗岛平叛中战绩斐然，堪称高丽第一悍将。其他的高丽将军也都是国中的佼佼者。

此时风势非常有利于海上航行，但忻都、洪茶丘、金方庆等眼睛都看花了，就是不见一个女真人的踪影。忻都急不可耐，只好下令出航。

元军进攻的第一个目标是对马岛，替日本王室养马的右马允宗助国负责镇守该岛。他年已六十八岁，据称跟日本第八十一代天皇——安德天皇有渊源关系。

十月初五的大清早，宗助国像往常那样精心照料他的母马。突然间有个土著屁颠屁颠跑来报告说，岛上那座供奉战争之神——八幡大菩萨的祠庙火光冲天，还有一群洁白的鸽子从北方飞来，落在八幡神庙的屋顶上。

宗助国奇了，八幡神庙从未居住过人，哪里来的火？白鸽从远古时代就是八幡菩萨的信使，这一定是菩萨在警告我们灾难即将来临。

果然在午后时分，对马岛西面的海域上密密麻麻一大片，庞大的战船群犹如乌云一般渐渐压过来。宗助国惊恐地大喊大叫："蒙古人来了，大家都集合起来保卫对马岛啊！"

可是叫声还未落地，四百名元军就搭乘几条战船在对马岛西边的佐须浦（今日本对马岛小茂田浜）上岸扎营。宗助国登时慌了手脚，仓促之间纠集了八十多个骑兵急呼呼地冲过去，想把元军赶下水。但已是半夜四更天了，漆黑一团谁也不敢贸然发起进攻。

翌日清晨六时，宗助国先派精通高丽语及蒙古语的真继男等四五个人搭乘一只小船，朝着魔怪般的元军战船而去，准备跟忻都等沟通。可是真继男一爬上元军的战船，就被剁成碎肉。旋即箭如雨下，朝着宗助国劈头盖脸飞去。又有七八艘战船靠岸，一千多名元军在乱箭的掩护之下，呼啸着冲杀过来。

宗助国吓得脸色纸白，赶紧下令战斗。元军涌潮似的，很快就吞没了日本人。乱战之中，宗助国亲手射杀数人，其子宗马次郎把一个骑着苇毛马的蒙古人射落马下，养子宗马弥次郎也射杀一人。但宗助国和他的骑兵们根本就不是元军的对手，交锋不久全军覆没。宗助国和宗马次郎、宗马弥次郎、八郎以及宗氏家族的刑部丞，家仆三郎、庄太郎、源八在厅左近，还有两个流配在对马岛的肥后人江井藤三、源三郎，通通成了元军的刀下冤魂。只有家兵小太郎和兵卫次郎侥幸逃出，冒死向太宰府传去噩耗。

仅仅几个时辰，对马岛就落入元军之手。紧接着，令人骇闻的大屠杀开始了。蒙古人和高丽人杀得眼红，都失去了理性，他们试图要抹去岛上所有的活口。男丁被杀光，妇女被掳走，元军一天之内至少杀戮了六千人。还有一千颗日本兵的头颅被带回船上。几天之后，本来就人烟稀少的对马岛再也看不到一个活人了，只有一些失去主人的马匹游荡在冒着硝烟的废墟之前。

十月十四日傍晚，同样的灾难又降临在距离九州岛只有三十多里的壹岐岛。该岛恰好在九州岛和对马岛的中间点，方圆不过二十万亩，历来都是日本跟朝鲜半岛贸易的中继站。

负责打头阵的依然是高丽军，朴之亮、赵抃率领四百人，搭乘两条战船分别在壹岐岛北部的胜本、西部的汤本爬上岸，竖立红旗。日本人早已在岸边列阵，挡住了高丽人的前进道路。

高丽三翼军的表现颇为神勇，他们如同猛虎下山，一个冲锋就杀得日本人屁滚尿流。日本人要弄诡计，摇着白旗假装投降，趁着高丽人失去警惕，又搞突然袭击。

洪茶丘、朴之亮、赵抃被激怒了，下令吹起号角，大开杀戒。三翼军的后续队伍在三郎浦登岸之后，兵分多路猛插猛打，打得日本人丢盔弃甲，落荒而逃。

有一股日本人试图发起反冲击，张牙舞爪地直扑向金方庆的中军。只见金方庆金刚怒视，拉开弓箭，大喝一声，吓得日本人倒退几步。高丽统将朴之亮、赵抃、李唐公、金天禄、中奕勇气倍增，奋不顾身地往前冲。日本人彻底被三翼军的气势压垮了，无不心惊胆战，四处溃散。高丽人乘胜追歼，顷刻之间敌军尸首盈野，血流成河。在远方观战的忻都对高丽人的昂扬斗志大为吃惊，不由得竖起大拇指，盛赞说："就是蒙古人打起仗来也没有这么狠过！"

攻占胜本、汤本之后，元军又合击附近的樋诘城。此时已是日落黄昏，壹岐守内左卫门平景隆（又称平经高）闻讯之后，立即率领一百多名家兵出城迎战，结果也是螳臂当车，一下子被冲得七零八落。黑夜渐渐逼近，平景隆败下阵来，只好退守樋诘城，以做最后一搏。

樋诘城只能算一座堡垒，城门用大石块堆砌而成，外边有一条小小的护城河。两侧低矮的城墙除了装扮的用途之外，根本就算不上防御工事。平景隆缩进城内，顿时成了瓮中之鳖。他躲在低矮的城墙背后，放箭射杀元军。但是跟蒙古人比赛射箭，无异于关公面前耍大刀。蒙古人佩带的短弓虽然只有一尺半长，射程却有二町，超过两百米，而且箭的末端涂有毒药，人中皆死，杀伤力极大。日本人箭的射程不及蒙古人的一半，结果交手不久，平景隆的两个家兵就中箭毒发。

更令日本人吃尽苦头的是元军配备的铁火器震天雷，类似于今天的手榴弹。内填火药，有脑袋瓜那么大。投掷出去之后虽然杀伤力有限，但是火药爆炸的声音如同响雷，震得日本人头晕目眩，两耳轰鸣。

经过元军的狂轰滥炸之后，平景隆的一百家兵只剩下浑身伤痕累累的二十五人，已经没有任何战斗力。平景隆决心搞一次轰轰烈烈的集体切腹，以证明日本武士与生俱来就有宁可玉碎、不能瓦全的英雄气概。但是平景隆实在不忍心看着女儿姬御前陪着自己一起下地狱，就让家臣宗三郎带着她，趁着黑夜逃离壹岐岛，到太宰府去报信。结果姬御前没跑多远，就身中一箭，无法动弹了。为了不累及宗三郎，姬御前毅然自尽。

姬御前死后不久，平景隆也命丧黄泉。十五日，樋诘城陷落。在元军冲进城之前，平景隆和最后的二十五名武士同时挥刀切腹。

蒙古人沿袭了一贯的暴虐行径，壹岐岛重现对马岛的骇人杀戮。男人几乎被杀光，妇女也被手掌心穿绳，绑在战船的舷侧。经过血洗之后，岛上三千人口只剩下六十五人，尸首覆盖全岛。除了虐杀还有掳掠，金方庆俘走了童男女二百人，作为献给高丽主王谌和忽都鲁揭里迷失公主的新婚贺礼。元军还抓走了壹岐岛上的七千头牛。

十六日，征东舰队逼近九州岛，这也是日本本土历史上第三次遭到外来武装的侵入。

第一次是在清和天皇、醍醐天皇时期（相当于唐朝末年）的新罗海盗抄掠，第二次是在后一条天皇宽仁三年（1019年）四月的女真入寇。前两次顶多算国境受骚扰而已，这一次将永远给日本人带来难以磨灭的深刻伤痕。

金方庆率三翼军进攻肥前国（今日本佐贺、长崎县）沿海各郡邑，摧毁了平户岛、鹰岛和能古岛的松浦党人基地，在日本人身上砍下血淋淋的第一刀。

肥前国有一个割据的武士团体，包括十几个不同的豪族和武家姓氏，结合成一个派阀，号称松浦七党。他们自发揭竿而起，保卫家乡。结果在高丽人的横扫之下，荡然无存。松浦郡佐志村的地头（小土豪）佐志房和三个儿子佐志直、佐志留、佐志勇等数百名松浦党徒，或战死，或被俘。至于肥前一带居民的悲惨境遇，也不在对马、壹岐二岛之下。

从对马岛和壹岐岛侥幸脱身的小太郎、兵卫次郎、宗三郎，奔告筑前、博多。太宰府少贰武藤资能及儿子武藤经资、武藤景资，赶紧驰报镰仓和京都，同时从九州岛各地紧急调集军队，准备迎战。

除了少贰氏的武藤资能父子之外，还有镇西奉行出羽守大友赖泰和弟弟大友重秀，肥后守菊池隆泰和次子菊池武房、三子菊池有隆、八子菊池康成，西乡隆政、西乡隆经兄弟，以及叶室高善、菊池隆泰的叔父托磨别当赖秀、难波在助、千叶介赖胤，肥后人竹崎季长、江田秀家、三井资长、三郎资安，肥前人山田重基、白石通泰，筑后人光友又次郎，松浦党人山代阶、石志兼及儿子石志二郎，还有龙造寺氏、大村氏、有马氏、高木氏、深堀氏、原田氏、山鹿氏、青屋氏、纪井氏、臼杵氏、日田氏、儿玉氏等大小姓，几乎是全民皆兵倾巢而出，集结于博多与太宰府。由武藤景资担任总指挥，总数超过十万二千人。有人也认为实际上投入战斗的日军不过万余人。

元军成功登陆肥前之后，在日军的九州沿海防线撕开了突破口。但是在陌生的敌境作战，地形不熟，元军并未趁机扩大战果，向纵深发展。统帅忻都、洪茶丘等更是犯下了一个严重的错误，将元军主力转移到博多湾，准备长驱直入，一举攻夺太宰府，结果撞上了日军的大部队。

九、绞杀博多湾

十月十九日，元军兵分两路，在筑前今津湾以及东边邻近的生松原一带登岸，他们就像凶猛的鳄鱼，吓跑了海滨的日本人。可是元军马上发现走错了路，这一带地形狭小，周边都是高山耸立、河川密布，根本就不利于大部队作战。夜幕降临之前，元军只好沮丧地撤回船上，准备第二天找个开阔的地点重新登陆。

翌日清晨，元军舰队沿着博多湾继续向东寻找合适的滩头阵地，最后忻都、洪茶丘和金方庆选择了早良郡百道原以北的侄浜作为登陆地点。有人认为元军分别在百道原、赤坂、箱崎三地登陆，但是从一天的战况来看，先行上岸的元军不过一万人，以金方庆的高丽三翼军为主，另有数千元军蒙、汉部队。其余的两三万人就留在战船上，等待时机扩大战果。由于元军先遣队兵力不多，不可能同时展开多路进攻。

元军冲上百道原之后，遇到的是松浦党人残余势力以及原田氏等。按照日本人的作战规矩，在冲锋之前都要来个宋襄公式的战法，要么自报家门，从十八代祖宗开始，向对方背出一连串族谱上的名字，要么射一支鸣镝箭，通知对方开始打仗了。这个任务交给武藤资能的一个十二三岁的孙子，他吱嘎吱嘎拉开弓弦之后，鸣镝箭没跑多远就掉进海里，立即引发元军的一片哄笑声。

元军把战鼓擂得震天响，以示反击，惨烈的大战就这样戏剧性地开幕了。元军井然有序地摆好阵势，指挥官站在高处击鼓发号施令。士兵们闻鼓而动，很有节奏感。

松浦党人发誓要血洗前仇，交战一开始，就不要命地冲过去，结果落入元军的重围。毒箭如雨注，松浦党人像割稻草似的成片倒下。

元军又抬出铁炮，发出的弹丸大如蹴鞠，落在松浦党人阵中，响声似雷。烟雾四处弥漫，让他们分不清东西南北，顷刻之间死伤相枕。交手不久，就有两三百人倒在元军刀下。

正面对抗吃了大亏，松浦党人出动奇兵千余人，企图从背后偷袭元军。不料偷鸡不成蚀把米，山代阶、石志二郎等多人被杀。原田氏族人一败涂地，抱头鼠窜，仓皇之间掉进了泥泞的水田里。元军追上，又是斩杀无算。

青屋氏、日田氏各有两三百骑兵出战。可是元军铁炮隆隆的爆炸声，吓得青屋兵的战马没头没脑地乱窜，结果闯进元军阵中，自撞刀口，全部被杀。

山田重基、托磨别当赖秀等人率领二百三十名骑兵，呼呼地冲向元军。元军一哄而上，胡乱砍斫，将山田重基、托磨别当赖秀剁成碎肉。竹崎季长、光友又次郎身受重伤，侥幸捡回了性命。叶室高善、平入道、手光左卫门等殊死搏斗，陷入苦战之中。元军一鼓作气，喊杀声如山崩，听得日本人心惊肉跳，纷纷掉头逃跑。

初战告捷，金方庆等在距离百道原六里之处的鹿原扎下营帐，以巩固滩头阵地，等待忻都、洪茶丘、刘复亨等后续大部队的到来。忻都上岸之后，命令大军沿着海岸继续向东进攻。

日军主力集结在博多和赤坂之间，败讯传来，武藤景资赶紧下令菊池武房、竹崎季长、三井资长、白石通泰、福田兼重、大矢野种保兄弟等向西出击，以挡住元军。

元军与日军相向而行，终于在赤坂和鸟饲之间不期而遇，上午巳时（九时至十一时）爆发了开战以来最激烈的战斗。

菊池武房、赤星有隆、菊池康成率八百骑兵，在赤坂附近阻击元军。日本人发疯似的杀入元军阵中，菊池武房手斩数人，赤星有隆也砍下了一名元军队长的头颅。元军迅速展开反包围，鏖战不久，日本人伤亡殆尽。菊池康成的突击队孤军深入，几乎被歼。菊池康成仅以身免，但也是奄奄一息。

菊池武房率残部退往博多方向，途中遇到竹崎季长，快马加鞭赶来。竹崎季长见菊池武房手中提着一大串蒙古人的头颅，看得眼红，马上向武藤景资请战，要找蒙古人拼命。

这个竹崎季长地位较为卑微，武藤景资似乎瞧不起他。但是经不住他的强烈要求，只好答允。没等武藤景资下令，竹崎季长就迫不及待地向西驰去，结果在鸟饲撞上了一大股元军。

竹崎季长邀功心切，展开自杀性的冲锋，要与元军同归于尽。慌得元军乱箭齐发，把竹崎季长的部下都射成刺猬球。竹崎季长也身中数箭，在马背上晃来晃去。元军猛扑过去，准备将其生擒。

眼见竹崎季长就要遭殃了，多亏武藤资能、武藤景资、大友赖泰等带着三千骑兵赶到。肥前御家人白石通泰率一百余骑，忽如刮过一阵风，杀退元军，救出竹崎季长。后来日本有一幅图文并茂的《蒙古袭来绘词》，详细描绘了元日之间那场惊心动魄的大厮杀，其主角就是表现突出的竹崎季长。

恰逢忻都、金方庆率元军主力也适时杀到。狭路相逢，勇者必胜。武藤景资已无退路，下令吹响战斗的号角。登时喊杀声迭起，元日两军就像两大群饥饿的野兽，血口大张，同时扑过去，撕咬成团。

鸟饲湿地上战鼓咚咚响，箭如飞蝗，兵刃相接。双方士卒你来我往，每一个人都杀红了眼，恨不得将对手撕裂成碎片。血战多时，蒙古人抛射出球形铁炮，顺沿着山坡滚滚而下，其状像车轮，声震如霹雳，耀眼似闪电。铁炮落入日军阵中，顿时爆炸声此起彼伏，到处火光一片，日本人被烧得体无完肤。鸟饲城里的仓库也起火了，烟炎张天。日本人无心恋战，渐渐落在下风。

金方庆又是一声大吼，高丽人像打了鸡血，斗志暴起，争先恐后猛冲过去。日本人抵挡不住，阵脚大乱。战至日落时分，武藤资能身负重伤，武藤景资只好下令向水城方向撤退。水城在太宰府西边，六百多年前唐朝名将刘仁轨在白江口大破倭国水师，当时的天智天皇吓破了胆，为了抵御唐军或新罗军的进攻，在筑紫兴修大坝、水库，称之为水城。

元军诸将乘胜追击，相继攻克了博多湾沿岸的各个要塞。沿途日本人的尸体犹如地上的蚂蚁，密密麻麻，令人触目惊心。来不及撤退的日本人也惨遭劫掠，老幼妇女被掳一千五百多人。

忻都等列阵松林，丰后御家人大友赖康、萨摩御家人岛津久经率队来攻，很快就被打得落荒而逃。元军拿下博多之后，又北上进攻箱崎。日本人无不望风而逃，就连供奉神圣八幡大菩萨的筥崎宫也丢弃了。筥崎宫与京都石清水八幡宫、大分县宇佐神宫号称日本三大八幡宫。元军杀到之后，放火焚烧民舍，殃及筥崎宫，烧得屋瓦不全。

也有人认为，攻击博多、箱崎的元军并非鸟饲大战中的那支元军，而是在多良浜、箱崎直接登陆的另一队元军。不管怎么说，鸟饲之役打残了日本人，几十里的海岸边，伏尸如麻，血流成河，自神武天皇时代起，还没有这么惨过。

左副都元帅刘复亨率部穷追不舍，他身躯伟岸，长须飘胸，披穿赤甲，骑着一匹青聪马，颇有三国关羽的神韵。但也过于刚猛，差点儿像关羽那样败走麦城。刘复亨坐在青聪马上，傲气十足，指挥元军在战场上一路猛冲，紧跟在武藤景资的屁股后面，追得他都喘不过气来。眼见就要追上了，孰料这个东洋战将也是神箭手，拿起弓瞄准，只听见扑通一声，刘复亨坠落马下。元军群龙无首，队伍大乱，武藤景资趁机脱逃。

元军厮杀了一整天，筋疲力竭，箭都射光了。刘复亨又受重伤，再加上天色已晚，忻都只好下令停止追击，全军退回战船。

当夜忻都召开军事会议，商讨下一步作战计划。金方庆犹有战心，把胸脯拍得噼里啪啦响："兵书上说，千里悬军，其锋不可当。我军虽少，但如今已深入敌境。死地则战，要抱着破釜沉舟的决心，像孟明视那样焚舟励兵、韩信那样背水一战。我请继续战斗下去！"

忻都看到白天的惨烈战况，开始动摇了。他也引用《孙子兵法》的一句话"小敌之坚大敌之擒"，认为弱势之军，如果一味死守，早晚会被强敌消灭的。元军远道而来，已成一支疲惫之师。日本人却有本土优势，后援源源不断，再打下去几无胜算。一天的战斗已经杀得日本人胆破心寒，不如见好就收，早早班师！

由于刘复亨伤势加重，第一个率队回去。刘复亨一走，元军将领们都打起了退堂鼓，于是各作鸟兽散。正当元军将士欢天喜地，准备回家跟老婆儿子团聚的时候，突然间博多湾刮起大风浪。元军的九百艘战船，就像旋涡中的树叶，在黑夜中四处翻滚，完全迷失方向，结果被刮向周边的岩崖峭壁，撞得支离破碎，木屑满天飞。可怜无数元军战士，一个个葬身海底。

元军回到高丽合浦，因战死、病死、淹死，有一万三千五百人永远沦为异国他乡的孤魂野鬼，另外还遗弃了五十万石粮食。

二十一日清晨，躲在水城背后的日本人紧张兮兮地准备迎接新一天的血战。可令人纳闷的是，四周是死一般的沉寂，根本就看不到一个蒙古人的身影。武藤景资赶紧派出斥候侦探一下，得到的消息让他一阵狂喜："蒙古人逃跑了。"武藤景资立即派大友赖泰率战船追击，博多湾的海面上一片狼藉，飘满了破烂的木头、衣服、布料。一只元军战船搁浅在志贺岛，船上有两百多人。元军见了日本人，纷纷合掌乞降。大友赖泰却不懂什么意思，又不敢逼近。元军头目以为投降被拒，干脆跳海自杀。日本人这才一拥而上，抓获了一百二十个蒙古人，押送到水城将他们全部斩首。

忽必烈的第一次征日战争至此宣告结束。因这一年日本纪元仍用龟山上皇的文永十一年，所以日方称之为文永之役。

二十二日，镰仓的北条时宗和京都的龟山上皇、后宇多天皇父子才得知对马岛陷落了。而十一月六日，元军退去的消息才传到京都。龟山上皇们自然又是乱蹦乱跳，又是给神社奉币进香，认为这都是神灵们的佑护。

日本史书《一代要记》说得有鼻有眼，太宰府军大败之时，半夜有两艘不明来历的幽灵船暗中赶走了元军的战舰，那是神明出手拯救日本啊！另一部叫《八幡童训》的书写得更加离奇，说日军败绩，士卒到处逃亡。半夜从箱崎八幡祠跑出三十个身穿白衣的人，拿着弓箭，朝着蒙古人乱发一通。蒙古人大骇，神色沮丧，由是大败。

但是第一次征日战争，元军只能说是虎头蛇尾，先胜后败。战争开始接连大捷，歼敌如麻，杀得日本人几无还手之力。可在撤退时老天不佑，折戟沉沙博多湾。元军之败，就败在统帅忻都、洪茶丘、金方庆等深入陌生敌境，不知天时地利，睁着眼睛瞎打仗，结果反胜为败。